東亞人文

Journal of East Asian Humanities　2014年卷

Robin Visser、樂鋼 主編

韓晗 執行主編

學術委員會

*按姓氏筆劃排列

王德威	哈佛大學 Harvard University
王瓈玲	中央研究院 Academia Sinica
令狐萍	杜魯門州立大學 Truman State University
李鳳亮	深圳大學 Shenzhen University
胡智鋒	中國傳媒大學 Communication University of China
孫　玫	中央大學 Central University（Taiwan）
孫康宜	耶魯大學 Yale University
陳曉明	北京大學 Peking University
陳思和	復旦大學 Fudan University
梁　鏞	特里爾大學 University of Trier
張隆溪	香港城市大學 City University of Hong Kong
董　健	南京大學 Nanjing University

葉維麗	麻州大學波士頓分校
	University of Massachusetts Boston
葉海煙	成功大學
	Cheng Kung University
楊恩洪	中國社會科學院
	Chinese Academy of Social Sciences
楊福泉	雲南省社會科學院
	Yunnan Academy of Social Sciences
楊鳳崗	普度大學
	Purdue University
趙毅衡	四川大學
	Sichuan University
樊　星	武漢大學
	Wuhan University
劉劍梅	香港科技大學
	Hong Kong University of Science & Technology
錢文忠	復旦大學
	Fudan University
譚繼和	四川省社會科學院
	Sichuan Academy of Social Sciences
羅　鵬（Carlos Rojas）	杜克大學
	Duke University
羅福林（Charles A. Laughlin）	維吉尼亞大學
	University of Virginia

編輯委員會

樂　鋼	北卡羅來納大學教堂山分校
	North Carolina University at Chapel Hill
魏若冰	北卡羅來納大學教堂山分校
	North Carolina University at Chapel Hill
韓　晗	中國科學院
	Chinese Academy of Sciences
宋　彥	北卡羅來納大學教堂山分校
	North Carolina University at Chapel Hill

發刊詞

　　一百年前的1914年，當時還是青年學者的胡適、任鴻雋、趙元任等人，在美國創立了「中國科學社」，並在中國上海出版發行了《科學》雜誌，誰也沒有想到，幾年之後，這本「闡發科學精義及其效用為主」、「以傳播世界最新知識為職志」的雜誌，成為了一場文化運動的重要推手。

　　一百年後，斗轉星移。先哲精神，笳吹弦誦。「科學」之於當代中國不再陌生，然而，「人文」卻成為了中國最為迫切需要的精神產物。隨著全球化的推進，科學技術中心主義的氾濫，人文的缺失成為了當代中國人必須直面的精神困境。在人文缺失的情況下，漢語人文學術也呈現出了從未有過的危機。衰弱的創新意識、緩慢的觀念更新，以及罹患「失語症」的話語表述，凡此種種，都使得當代中國學人在承擔學術道義與責任時，變得更加艱辛與勉強。

　　這是我們在美國教堂山創立《東亞人文》雜誌的精神動因，「東亞人文」這四個字的刊名是敝刊創刊人、主編樂鋼先生所命名的。「立足東亞」是我們的立場，「弘揚人文」則是我們的意願。在此，我們願意借用敝刊學術委員譚繼和先生為本刊創刊的兩句贈言與諸君共勉：「不羨千金買歌舞，儒化東亞是生涯。」

　　本刊的創立，意在兩點：一是期望能夠重新樹立「人文」意識，使得好的知識在傳播的過程中能夠產生打動人心的魅力與意義，為社會道德重建貢獻我們的綿薄之力；二是期望可以為發揚漢語學術、造福東亞文化研究而做出一些細微的貢獻，這也是我們編委會同仁一致的心願。

　　《東亞人文》願與學界同仁攜手並進，為這一心願而努力。

《東亞人文》編委會

目次
CONTENTS

專題
————

魯迅與王國維
——中國現代文化的發生

學、詩、史：民初上海遺民之學術與著述

陳丹丹

紐約州立大學法明代爾州立學院　助理教授

　　1911年辛亥革命之後，一批以清遺民自居的文人陸續聚集上海，形成一個文化／學術群體，內中重要人物，包括沈曾植、王國維、羅振玉、陳三立、鄭孝胥、繆荃孫、汪辟疆、楊鍾羲、沈瑜慶、於晦若、徐乃昌、李詳、況周頤、朱祖謀、麥孺博、潘若海、俞恪士、陳仁先、吳鑒泉、王旭莊、林貽書、李拔可、夏劍丞、樊增祥、姚賦秋、唐元素等。對此批遺民而言，既立意遠離政治，則不妨避入學術。王國維曾自述：「乙卯春歸國展墓，謁方伯於上海……方伯莞然曰：『君為學乃善自命題，何不多命題，為我輩遣日之資乎？』因相與大笑。」[1]羅振玉亦有言：「前返里過滬，初與方伯相見，方伯為予言，君與靜安海外共朝夕賞析之樂，可忘濁亂。」[2]說來輕鬆適意，彷彿學術只是離世的手段，實則不管是王、羅還是沈，對於學術背後的使命都看若千鈞，決非只是消磨時日之具。1917年劉承幹（嘉野樓主）擬聘王國維編校藏書目錄，王氏以其「乃養老性質」辭卻。而在愛儷園的工作雖環境污穢，「於研究學問則可有自己所好者為之」，故留之。在王國維等人的視野中，學術決非「虛談」、「浮文」，實與國運相契。羅振玉曾追念王國維東渡後之學術轉向：「方今世論益歧，三千年之教澤不絕如線，非矯枉不能返經。士生今日，

---

[1] 王國維：〈爾雅草木蟲魚鳥獸釋例自序〉，《王國維遺書》（第三冊），上海：上海書店出版社，1983年。

[2] 羅振玉：〈五十日夢痕錄〉，《雪堂自述》，南京：江蘇人民出版社，1999年，88頁。

萬事無可為，欲拯此橫流，舍返經信古未由也。」[1]所謂「守先待後」，學術著述本身成為具有象徵意義的政治／文化行動。王國維稱讚羅振玉之搜求書籍、器物，將「學術存亡」與「小雅盡廢」之「無妄之世」相聯繫。認為學術不只與「一代興亡」相關，更為「萬世人紀之所繫」，故「學術存亡之所繫」，亦「等於人紀之存亡」[2]。其著名的《沈乙庵先生七十壽序》亦論「國初學者」「多勝國遺老」，「所為致用之學」，乃因其「離喪亂後，志在經世」。而「道咸以降之學」同樣出之於「政治風俗已漸變」，「士大夫有憂之而不知所出」。王國維認為，既有此背後之價值訴求，則「其所陳夫古者，不必盡如古人之真，而其所以切今者，亦未必適中當世之弊，其言可以情感，而不能盡以理究。」[3]王氏所循理路，亦即由「學」通向背後的「價值」，而在「價值」已遭「剝離」的當世，此舉無疑帶上了濃厚的「遺」的意味。

此時，清遺民多於上海之十里洋場「閉門」「樓居」（比如沈曾植有海日樓，鄭孝胥有海藏樓）。既增添了學術的內容，閉門樓居就不只是隱居的一種方式，更成為存「道」與存「學」的最後陣地。羅振玉認為「人心陷溺，仍從學術補救」：「人生今日，除閉門自守，活一日是一日，否則有飲醇，近婦，博弈，鴉片。」[4]「百尺樓」其後乃有「千帙書」。所以不管怎樣自許「荒寒枯槁，是吾輩人襟抱」[5]，或口口聲聲從此「神州袖手」[6]，然正如王國維評沈曾植所

---

[1] 羅振玉：〈海寧王忠愨公傳〉，見《王國維先生全集續集・附錄》，臺北：臺灣大通書局，1976年。

[2] 見王國維為羅振玉撰〈雪堂校刊群書敍錄序〉，《觀堂集林》。

[3] 王國維：〈沈乙庵先生七十壽序〉，《觀堂集林》。

[4] 見《羅振玉王國維往來書信》，王慶祥、蕭立文校注，羅繼祖審定，長春市政協文史和學習委員會編，北京：東方出版社，2000年，484、486頁。

[5] 金甸丞為楊鍾義作〈題松窗輯書弟三圖〉，楊鍾義《來室家乘》（下卷），22頁。

[6] 陳三立自號「神州袖手人」。

言──「遺世而不忘世」[1]，對於此輩仍舊胸懷大志的遺老來說，當然決不甘心只做「荒江獨釣翁」。是以此時遺老詩文雖鋪滿殘敗意象，彷彿早已身如槁木，心如死灰，紙背後胸腔中卻決非波瀾不驚。事實上，單單「窮」且「餓」並不就能完全符合遺民的標準，尚須有「孤懷之抱」方成「與道共存」之真正孑遺。本來，此輩遺老大都與張之洞政見略同，即將「學」視為「國體」層面的問題。張之洞《勸學篇序》開篇即言：「世運之明晦，人才之盛衰，其表在政，其裡在學。」[2]此時政事上的心灰意冷使得士夫們紛紛轉道為「學」，所以鄭孝胥表彰勞玉初國變後猶自勞山講學，關注的正是「學」之弘揚於世道的補救作用。然而不可逃避的是，隨著新學日盛，老一代士夫念茲於心的「道」與「學」，實則已日趨於「孤」。當昔日「文酒過從」的「書院盛會」越來越成為記憶中的「前塵往事」，遺老們便只能退而為「讀書以自遣」的「樓中人」、「廬中人」。陳三立記李鴻章之子李經方「國變後避地上海，晚歲移家僑居大連灣，閉門讀《易》自晦」。[3]鄭孝胥題《劉幼雲潛樓讀書圖》曰「潛樓非人間，東海意已蹈。此中不廢讀，放眼覷群盜。紛紛亂未止，恃此昌吾道」，亦將「樓」與「學」與「吾道」聯繫在了一起。[4]羅振玉向劉翰怡推薦王國維信言：「比來神州陸沉，三千年來禮樂文物，掃地垂絕，二三名節之士，戢影滬上，獨抱遺經，忍饑待盡，聞公一一禮聘，得贍其生。」所以時人描述一眾老輩，每每強調其「獨抱遺經」[5]。

「獨抱遺經」之外，「學術」成果此時也進入商業交易市場──王國維曾因陳田（松老）之窘迫，想將其所著《爾雅義疏》稿本賣與蔣孟蘋。1919年11月9日王國維致羅振玉信言：「前日探蔣孟蘋語氣，

1 　王國維：《沈乙庵先生七十壽序》，《觀堂集林》。
2 　張之洞：《勸學篇》，上海：上海書店出版社，2002年，1頁。
3 　陳三立：《清授資政大夫署郵傳部左侍郎合肥李公墓誌銘》，《散原精舍文集》（卷十七），民國三十八年，上海中華鉛印本。
4 　鄭孝胥：《海藏樓詩》（卷十），影印民國三年武昌刻本。
5 　見《羅振玉王國維往來書信》，307頁。

似不能出重價，蓋不知此書在學問上之價值也。」[1]又王國維1918年2月14日致羅振玉信，言「雪老歲暮甚窘，以嚴鐵橋《全上古三代六朝文》稿本並一他書售諸蔣孟蘋，得四百元。」「聞今年雪老欲開一書鋪，亦請夔笙為之籌畫，夔笙於辛亥後曾開一書店，云雖不得利亦不蝕本。然此君於經濟極疏，雪老又過之。」[2]凡此種種，皆為前代遺民所難以想像。

「賣文」、「鬻書畫」也是另一條生存大道。雖然陳三立祭悼昔日故舊範肯堂，將自己以「孑遺之軀，懸禍亂之會，老不愧恥，反蹈君昔所賤者，以未死之日或尚役於文字，得錢求活」，歎為「身世可悲」[3]，但其中更多還是不為世用的憤慨。1917年10月28日王國維致羅振玉信，「笑」述自己為況周頤「捉刀」事：「今日以三時間作克鼎、曾伯二跋，為況夔笙代筆。夔笙蓋為人捉刀以易米者，而永又為代之。二跋共得千字，（賣文者以多為貴。）隨筆寫出，亦有數語道著，可笑也。」[4]。楊鍾羲《來室家乘》錄其《偶書絕句二首》：「樓名詩話閣詩徵，前輩風流謝未能。破屋一閒書萬疊，殘煤禿管短檠鐙。」「月戀餐錢語近詼，不應迂叟故遲徊。千升罪孽消除盡，莫遣他生識字來。」下記：「第二首代人編書事也。」[5]此處將自家「著述」與為人「編書」作比。在王國維與楊鍾羲二人的敘述中，皆是自嘲的意味要遠過於恥辱感。事實上，在其時士大夫的敘述中，遺民之「賣文」、「鬻書」之舉比之前代，每每被賦予了更多誇讚的渲染。朱祖謀記金甸丞：「六十供事通志局，朝夕與乙庵相叩擊……七十賣文海上，主周氏晨風廬。」[6]金甸丞《〈雪橋詩話二集〉序》則記楊鍾

---

[1] 見《羅振玉王國維往來書信》，477頁。
[2] 見《羅振玉王國維往來書信》，347頁。
[3] 陳三立：《〈范伯子文集〉跋》，《散原精舍文集》（卷十二）。
[4] 見《王國維全集・書信》，227頁。
[5] 見《來室家乘》（下卷），19頁。
[6] 朱祖謀：《〈�湖遺老集〉序》，轉引自《沈曾植集校注》（錢仲聯校注），北京：中華書局，2001年，408頁。

義：「國變後遁居滬瀆，其所交皆遺黎遁叟文行兩美之士，不沾屠沽一錢半菽，以賣文自活，於世俗無所詘。」柳肇嘉《清道人傳》狀李瑞清：「辛亥事起，江寧官吏，紛紛出走。……（先生）以庫金數十萬付縉紳，黃冠野服，孑身而去，從此隱姓埋名，自署清道人矣。鬻書滬上自給，求者如市，然非其人，雖千金不可得。」[1]陳三立《〈清道人遺集〉序》亦記其「家累數十，僦椽僻區屢空且斃，稍鬻書為活」。[2]汪辟疆《光宣詩壇點將錄》亦記：「梅庵於清遜國後，服道士服，往來寧滬間，鬻書畫自給，署清道人。」[3]在這裡，「鬻書自給」已足為士夫「潔身」與「自傲」之證。而「醫」、「手工」等「賤業」若能支撐文人的本色當行，也是可接受的。鄭孝胥作詩贈李經羲：「誰識伯休真賣藥，還從太白細論文。孑遺聊勝蠹沙盡，危行寧妨鳥獸群。稍喜等身書已就，埋頭端欲事邱墳。」[4]表彰的正是其以「醫」養「文」——即養背後的傳統之「學」。鄭氏之詩亦正反映當時遺老對生計的普遍態度——如何生存本身乃是次要，關鍵是「生計」背後的「精神」要依舊「清明」。

由此不難看出遺老對「商業」的態度雖是前所未有的寬容，就中仍有尺寸的分辨。劉承幹《〈雪橋詩話三集〉序》狀楊鍾羲：「（留垞）狹廬專室，長物蕩然，故人有閔其窮者，束脩之奉，升米之貸，倚恃為活，至於今茲。仕不爭利於朝，隱不爭名於市。」[5]相似者如前所述柳肇嘉《清道人傳》，亦強調其賣書「求者如市」，然一旦「非其人」，「雖千金不可得」。身處本來求「利」的行業，卻仍以「氣

---

[1] 見錢仲聯編：《清詩紀事・光緒宣統朝卷》「李瑞清」條，《清詩紀事》（廿一），南京：江蘇古籍出版社，1987年，13757頁。

[2] 《散原精舍文集》（卷十四）。

[3] 見《汪辟疆文集》，上海：上海古籍出版社，1988年，333頁。

[4] 鄭孝胥：《贈李經羲觀察》（題注：時方業醫滬上）：「誰識伯休真賣藥，還從太白細論文。孑遺聊勝蠹沙盡，危行寧妨鳥獸群。稍喜等身書已就，埋頭端欲事邱墳。」（下注：君著諸子文粹不日刊行），《海藏樓詩》（卷九）。

[5] 見楊鍾羲：《來室家乘》（下卷），24頁。

節」自許或許人，可見對遺老而言，「從商」畢竟只是藉此生存的方式，故縱然具備由此「發達」的條件，也一定強調以「溫飽」、「存身」為限，最關鍵的，仍是生存之後的「學」與「文」。

與「退」而為「學」相表裡的，還有遺老們的「退」而為「詩」。汪辟疆《近代詩人小傳稿》記沈瑜慶：「濤園以名父之子，故早有匡濟之志。……即值辛亥光復，乃徙居海上，以詩人終老。」[1]正如前所述，此輩遺老早年多為擊節高歌的風雲人物，一旦隨時事遷移而轉為幽居獨「吟」，就中之落差令人喟歎。懷帶著「治國平天下」的大抱負，只因「時不我與」而不得不推枰撒手，由「奇士」而為「詩人」，對此輩遺老，當然決非情願。汪辟疆於《光宣詩壇點將錄》中題送丘逢甲的詩句──「天意茫茫難自料，縛將奇士作詩人」[2]，其實頗可拿來贈予這一群同樣「遭天相棄」的遺老。陳衍評張元奇「才筆馳騖自喜，中年以後，時時斂就幽憂」[3]，亦實可做這一批遺老的像贊。由「意氣道上」而至老來頹唐，時世剝落的何止是少年心性！既然學書學劍皆不成，至少要以詩「鳴」，而世間大不平，以劍不能消之，所得便惟有詩卷──在這個意義上，余越園《讀亡友黃晦聞蒹葭樓詩集，淒然有感》詩中所哀歎的「平居深識思垂教，窮老傷心反輟詩」[4]，可改為「窮老傷心反為詩」。陳三立題陳詩《隴上草》亦云：「鬖髮凋疏面目黧，莽穿關塞命如絲。更彈地變天荒淚，成就窮邊一卷詩。」[5]陳氏《〈俞觚庵詩集〉序》起言「辛亥」之大「亂」，其下筆勢一轉，小結曰：「其稍稍獲償而荷其賜者獨有海濱流人遺老，成就賦詩數卷。」[6]此種「江山之助」實是令人酸鼻。張元奇《酬王逸

---

[1] 見《汪辟疆文集》，436頁。

[2] 同上，368頁。

[3] 見《清詩紀事・光緒宣統朝卷》「張元奇」條，《清詩紀事》（十九），13158頁。

[4] 見汪辟疆：《光宣以來詩壇旁記》，《汪辟疆文集》，576頁。

[5] 見《清詩紀事・光緒宣統朝卷》「陳三立」條，《清詩紀事》（十九），13225頁。

[6] 陳三立：《散原精舍文集》，卷十。

塘》歎「垂老百無成」，「所得只詩卷，僅足怡餘情」[1]，鄭孝胥《海藏樓夜集》亦言：「海上無山可似歸，登樓詩卷暫相依。」[2]事實上，此種「千愁百憂」之作，未必真能「怡餘情」，倒很可能如陳衍言：「近作清苦不怡，遂足以感召憂患，中夜徬徨，良久乃釋。」[3]

　　講究「意態閑閑」的士夫傳統，使得遺老描述並不那麼情願的蟄居生活，也忍不住要渲染為一派雅致從容。鄭孝胥《答洪鷺汀》一面抱怨「滔天四顧無歸日」，一面「卻羨愚園好懷抱，能將餘事作詩人」[4]。楊鍾羲《壽散原七十》則將自稱為「獷野激急」的陳三立狀如「入定老僧」：

> 早日聲名四公子，晚年淵靜一詩人。
> ……炳燭自娛閑歲月，倚樓還望舊星辰。[5]

　　貌似曠達的平淡，實則仍湧動著一種莫可奈何的感傷。事實上，被楊氏狀為「淵靜」的三立本人，自己也始終對不得不由「實務」轉為「虛文」耿耿於懷。

　　既然早年多以經國大事為己任，為文為詩，在此輩心中，實為末事。所以遺老論及自己及友朋，每每著意強調「為詩」決非儕輩之志。陳三立記沈曾植早年為詩，每每隨手丟棄，可見其於寫詩並不看重[6]。陳衍為沈瑜慶所作《濤園詩集正陽篇詩序》言：「濤園少為詩，未成。喜言經濟家言，足以推倒一時豪傑。」[7]《石遺室詩話》亦稱其並「不專心致志於此事」，至於「行坐誦吳梅村詩，虞子山《哀江南

1　見《清詩紀事・光緒宣統朝卷》「張元奇」條，《清詩紀事》（十九），13160頁。
2　鄭孝胥：《海藏樓詩》（卷十一）。
3　見《清詩紀事・光緒宣統朝卷》「張元奇」條，《清詩紀事》（十九），13158頁。
4　詩下注：「時洪寄居愚園」，鄭孝胥：《海藏樓詩》（卷十一）。
5　楊鍾羲：《聖遺詩》，1935年鉛印本。
6　陳三立：《海日樓詩集跋》，見《沈曾植集校注》，18頁。
7　見《清詩紀事・光緒宣統朝卷》「沈瑜慶」條，《清詩紀事》（十九），13104頁。

賦》」[1]，不過由抱負無從施展而激發。王賡《今傳是樓詩話》記於晦若「辛亥前絕少作詩」[2]；陳三立為俞明震、瞿鴻禨詩集作序跋，亦強調其早年為官為宦，用心於政務，為詩不過是餘事，至「亂」後方詩作稍多，乃是「遭遇世變，辟世孤往而然也」[3]。「窮」且「老」且見棄於世，加之「上海」於文本中輕易就可轉為「海濱」，這使遺老在表述中很輕易就上接到徘徊江邊的屈子。陳三立《〈蒿庵類稿〉序》記馮煦：「避亂滬瀆，儵梂棲息，髯鬢皓然，跼天蹐地之孤抱無可與語，輒間托詩歌以抒其伊鬱煩毒無聊之思，宛然屈子澤畔、管生遼東之比。」[4]為朱祖謀所作墓誌銘亦言：「晚處海濱，身世所遭與屈子澤畔行吟為類，故其詞稱文小而其指極大，舉類邇而見義遠，其志潔，故其稱物芳，固有曠百世與之冥合者，非可偽為也。」[5]在《海日樓詩集跋》中，陳三立更將沈曾植之詩提到「一世之離騷」的高度：

> 晚歲孤臥海日樓，志事無由展尺寸，迫人極之汩圮，睨天運之茫茫，幽憂發憤，益假以鳴其不平。詭蕩其辭，窅寐自寫，落落懸一終古傷心人，此與屈子澤畔行吟奚異焉？則謂寐叟詩為一家之離騷可也，為一世之離騷可也。[6]

張爾田《寐叟乙卯稿後序》評沈曾植：「公宏邵廣攬，走東南者以為望。詩何足以盡公？顧自邦宇崩沸，流人遵海上，一觴一豆，一花一鳥一拳石，永曛旦，敘殷勤，非是無以寄其抱。」[7]此處慨歎的亦是沈氏之能，遠超寫詩之上，惟因家國破敗，只能借描幽居、詩

---

[1] 同前頁注7。
[2] 見《清詩紀事・光緒宣統朝卷》「於式枚」條，《清詩紀事》（十八），12918頁。
[3] 陳三立：《〈俞觚庵詩集〉序》，《散原精舍文集》（卷十）。
[4] 陳三立：《散原精舍文集》（卷七）。
[5] 陳三立：《朱文直公墓誌銘》，《散原精舍文集》（卷十七）。
[6] 見《沈曾植集校注》，18頁。
[7] 見《沈曾植集校注》，14頁。

聚、吟詠花鳥蟲魚聊抒心志。雖一再以古之前賢自比，然空負著「佐世之才」，而以布衣書生老死，對遺老而言，「到底意難平」。鄭孝胥《九日與劍泉介庵同游徐園》言：「空將目力送歸鴻，意氣頹然一禿翁。辟世猶能作重九，汙人終自厭西風。無山易敗登高興，得酒聊忘失路窮。霜菊名園堪從倚，未妨同戀夕陽紅。」[1]陳三立祭悼昔日故舊范肯堂，將自己以「孑遺之軀，懸禍亂之會，老不愧恥，反蹈君昔所賤者，以未死之日或尚役於文字，得錢求活」，歎之為「身世可悲」[2]。前所引《〈俞觚庵詩集〉序》，雖一再寬慰自己將抑鬱發諸詩並不為非，其下卻筆勢陡轉，歎曰：

> 然而生世無所就，賊不得殺，瑰意畸行無足顯天壤，僅區區投命於治其所謂詩者，朝營暮索，斂精盡氣，以是取給為養生送死之具，其生也藉之而為業，其死也附之而獵名，亦天下之至悲也。[3]

所以時人或後人論及此輩遺老，亦每每強調不能徒以「文人」、「詩人」目之。歐陽竟無《散原居士事略》論散原：「得志則改革致太平，不得志則抑鬱發憤而一寄於詩，乃至喪命。徹終徹始，純潔之質，古之性情肝膽中人。發於政不得以政治稱，寓於詩而亦不可以詩人概也。」[4]又陳三立為其父所作《行狀》記隱居時「往往深夜孤燈，父子相語，仰屋歔欷」，[5]吳宗慈《陳三立傳略》承此記散原：「往往深夜孤燈，父子相對歔欷，不能自已。」「先生晚年，自號散原，所以識隱痛也。」「庚子後，歲開復原官，終韜晦不復出，但以文章自

---

[1] 鄭孝胥：《海藏樓詩》（卷八）。

[2] 陳三立：《〈范伯子文集〉跋》，《散原精舍文集》（卷十二）。

[3] 陳三立：《散原精舍文集》（卷十）。

[4] 歐陽竟無：《散原居士事略》（見《歐陽竟無集》），202頁。

[5] 陳三立：《先府君行狀》，《散原精舍文集》（卷五）。

娛，以氣節自砥礪。其幽憂鬱憤，與激昂磊落慷慨之情，無所發洩，則悉寄之詩。世或僅以詩稱先生，豈為深知先生者耶？」[1]揚聲昭《讀散原詩漫記》亦言：「縱其生平，殆有烈士志士之概，不得徒以文人目之。」[2]而陳氏自己為由革命派而為遺老的蔣觀雲作序，同樣強調：「蔣君豈詩人哉！後之讀君詩者，因其聲以求其心，因其心以論其世。」為朱祖謀所作墓誌銘更以「物傷其類」的傷感言辭收束：

> 三立與公遊處久，故哀其志行，不徒以詞人傳也，為銘其幽。
> 銘曰：進為國直臣，退為世詞宗。天荒地變，江長海遠，有巫
> 陽下，察僵蹇之孤蹤，芳菲不沬兮終古，魂魄猶視兮幽官。[3]

所以對遺老而言，作詩便絕不只是「一宣憤悱之情」。沈曾植稱讀沈瑜慶詩要與其政策之文對讀[4]，陳三立描述梁鼎芬之作詩，更將其與「天下大計」鄭重地聯繫在一起：

> 當是時，天下之變蓋已紛然雜出矣，學術之升降，政法之隆
> 汙，君子小人之消長，人心風俗之否泰，夷狄寇盜之旁伺而竊
> 發，梁子日積其所感所營，未能忘於心，幽憂徘徊，無可陳說
> 告語者。而優閑之歲月、虛寥澹漠之人境，狎互古於旦暮，萬
> 象於一榻，上求下索，交縈互引，所以發情思蕩魂夢，益與之
> 無窮。[5]

---

[1] 見《清詩紀事・光緒宣統朝卷》「陳三立」條，《清詩紀事》（十九），13219頁。
[2] 見《清詩紀事・光緒宣統朝卷》「陳三立」條，《清詩紀事》（十九），13227頁。
[3] 陳三立：《朱文直公墓誌銘》，《散原精舍文集》（卷十七）。
[4] 見沈曾植：《濤園詩集序》，《清詩紀事・光緒宣統朝卷》「沈瑜慶」條，《清詩紀事》（十九），13103頁。
[5] 陳三立：《〈梁節庵詩〉序》，《散原精舍文集》（卷四）。

以詩求其「心」而知其「世」，其後更存著藉此「傳之來世」的念想。沈曾植曾希望羅振玉做「今世之梨洲、謝山」，甚具「傳古之熱心」的羅振玉由此在1917年10月15日去信王國維，雖歎曰：「然弟已頹然，如黃山茅棚中入定老僧，在不生不死見，尚能何為！」卻將沈之希望轉托於王，希其「將來能以稽古餘閒寫諸老之心事，俾昭示來茲，於世道人心，裨益甚巨。」並一再敦促其作詩，「且將廣之而傳記」。羅氏同月26日致王國維信亦曰：「作詩之事，不得不望之先生，且將廣之以傳記。今世之梨洲、謝山，舍公無第二人也。」[1]事實上，這也是其時遺民的普遍抱負。將「滿腔之氣」付之「吟事」，以求昭示來者。在這裡，「詩」便不只可以「群」與「怨」，更提供了回觀「世道」與進入「歷史」的途徑。既不能與世周旋，便不妨由「詩」而入「史」，這樣，遺老的筆兜兜轉轉，便又回到了早已綿延千百載的「詩史」傳統。

揚聲昭《讀散原詩漫記》稱陳三立「集中感時之作」，合當「諡為詩史」[2]。汪辟疆《光宣詩壇點將錄》引沈瑜慶語：「人之有詩，尤國之有史。國雖板蕩，不可無史。人雖流離，不可無詩。」並贊曰：「進於史矣，是為詩史。濤園之言語如是爾。」[3]於同書中，楊鍾羲、沈瑜慶、陳曾壽（仁先），皆被汪氏比擬為前代之「王官谷」、「野史亭」。如書中陳曾壽讚語：「晚年身世，又與王官谷、野史亭相近。忠悃之懷，寫以深語，深醇悱惻，輒移人情。」[4]沈瑜慶讚語曰：

<hr/>

[1] 羅振玉致王國維信（1917年10月15日）：「昨得手書及乙老函。……乙函所言，令人慘戚。彼望弟為梨洲，謝山，所望至厚，然弟已頹然，如黃山茅棚中入定老僧，在不生不死見，尚能何為！乙老望之弟者，弟不能不望之先生。將來能以稽古餘閒寫諸老之心事，俾昭示來茲，於世道人心，裨益甚巨。」見《羅振玉王國維往來書信》，299、307頁。

[2] 見《清詩紀事・光緒宣統朝卷》「陳三立」條，《清詩紀事》（十九），13227頁。

[3] 沈瑜慶《題崦樓遺稿》云：「人之有詩，尤國之有史。國雖板蕩，不可無史。人雖流離，不可無詩。」見汪辟疆：《光宣詩壇點將錄》，《汪辟疆文集》，348頁。

[4] 見汪辟疆：《光宣詩壇點將錄》，《汪辟疆文集》，342頁。

「易代相知野史亭，燎原終感是星星。」[1]楊鍾羲讚語亦曰：「王官谷、野史亭，誰其嗣者楊芷晴。」[2]。原本官江寧的楊鍾羲，窮十二載編纂「詳於山林野逸，尤詳於滿洲」[3]的《雪橋詩話》。楊氏亦每在詩中以王官谷之司空圖自比，比如《長至後一日作用身雲長至詩韻》云：「連天晦昧雨如絲，閉戶心情足自怡。野史事徵施北研，遺民詩詠戴南枝。日長添線閑方覺，夜話圍爐睡故遲。」《夜坐用身雲居士見贈詩韻》云：「賃春權作王官谷，詩卷還應署名一鳴。」《文衡山可菊草堂圖》云：「茅舍疏離小寄家，不將晚節負黃花。詩情合在王官谷，料檢秋光紀歲華。」[4]蓋司空氏即在黃巢亂後退居陵谷，以詩話自遣。其時同輩論楊鍾羲《雪橋詩話》，亦多揭櫫其隱藏在浩瀚掌故下的深意，如繆荃孫《〈雪橋詩話〉序》言：「前序意圍文集，以信陵密國擬意圍，今又以京叔遺山擬君。千古傷心人，當相喻於言意之表也。」[5]陳三立《〈雪橋詩話續集〉序》則言：「留垞所為詩話，掇拾所及，比類事蹟，甄綜本末，一關於政教，學術、風俗及其人行誼遭際，網羅放失，彰闡幽隱，儼然垂一代之典，備異日史官之採擇。……（留垞）辛亥之變，避亂滬瀆，踞天蹐地，累然安之。但取故紙殘帙，托之山海，日漁樵於其中，獲而獻，獻而自憙，不知日月之相代乎前也。姑寄其哀窈窕，思賢才，以默契聖尼『郁郁乎文哉，吾從周』之志，沒吾身而已矣。後之論者，考其世而察其所尚，其諸有哀於此歟！」[6]金甸丞《〈雪橋詩話三集〉序》評此書曰：「比之左氏之傳，嬪媽家世，旁連交友，並其時之升降，無所不生意同年之為此書，有似之者。談詩而懷國政，念舊俗，繫族世，序交遊，正得論

---

[1] 見汪辟疆：《光宣詩壇點將錄》，《汪辟疆文集》，348頁。
[2] 同上，361頁。
[3] 楊鍾羲：《雪橋詩話初集》自跋。
[4] 楊鍾羲：《聖遺詩》。
[5] 楊鍾羲：《來室家乘》（下卷），12頁。
[6] 同上，20頁。

世知人之旨，非徒博掌故已也。」[1]陳寶琛《〈雪橋詩話餘集〉序》則言：「子勤館丈以良史才出為外史。政變之後，避地滬濱，以著述自遣。……自勝國遺民以至昭代名臣，碩儒，畸人，逸士，或以人存詩。或以詩存人。……海上十餘年，露鈔雪纂，其用力至勤至苦。而三百年中，世運盛衰，治術之升降，人才之消長，讀此書可窺其崖略。信乎一代之良史。而不當以詩話目之矣。」[2]

聯繫前章所述「遺民」之「遺」的內涵向「文化」的轉移，不難看出，不論是將「千愁百憂」悉數傾注於「詩」，還是如楊鍾羲之寄命於「史」，王國維羅振玉之返身於「學」，凡此種種，均在以自家的文化創造，力圖挽住正在消逝的舊日世界——誠如《雪橋詩話餘集》陳寶琛序所言：「自頃世變日亟，一時宿學之士，多憂傷憔悴，佗傺而不自聊。子勤猶韜光晦精，以自謀其不朽。」[3]「遺」也正是在此意義上，成為一種正在消失「文化」的最後定格。

而與遺民的此種文化「守成」相對的，則是「新世界」的絕然而去。不只其「道德自律」幾乎被視若無睹，遺民之「警世」之舉（如梁濟與王國維的相繼棄世），其背後更沉痛而巨大的言說，亦可被「新」與「舊」，「進步」與「保守」的膚淺解釋輕易繞了去。當陳寅恪以沉痛筆觸解說王國維之自沉，此種不難窺見陳氏本人對前賢內心孤獨的深刻體會，此種沉痛又何嘗不是一種自注。「遺民心事」的失落，某種程度上，亦呈現了其後整個文化道德傳統與整個價值世界的失落。當「遺民敘述」被逐漸排除在與時俱進的「文化」脈絡之外，事實上也意味著原本參與「士人」與整個「士文化」自我想像與建構的「遺逸傳統」，已被新一輪的「文化」建設機制所割捨。由此，原本具有強大塑造力的「遺逸傳統」，也就此被剝去了對「文化」與「士人」正面書寫的能量，惟靠一二知己以心「承傳」，以心

---

[1]　楊鍾羲：《來室家乘》（下卷），24頁。
[2]　同上，25頁。
[3]　同上。

「體味」與「挖掘」，比如陳寅恪之於王國維，甚至後日的余英時之於陳寅恪。當「價值」與「世界」分離，傳統的聲音被聲勢浩大的時代喧囂日益抹去，這種承傳毋寧說是具有「私淑」的意味。用韋伯的話來說，伴隨著世界的「除魅」，「那些終極的、最高貴的價值，已從公共生活中銷聲匿跡，它們或者遁入神秘生活的超驗領域，或者走進了個人之間直接的私人交往的友愛之中。……今天，唯有在最小的團體中，在個人之間，才有著一些同先知的聖靈相感通的東西在極微弱的搏動，而在過去，這樣的東西曾像燎原烈火一般，燃遍巨大的共同體，將他們凝聚在一起。」[1]當原本足以「燃遍巨大共同體」的「遺逸」背後的「價值」，已經被「除魅」了的世界所剝離，只在極少數人身上閃現出來（比如王國維），也意味著它只能在極少數人中才能引起「微弱的搏動」。而每每與現時代格格不入的「遺」之為「遺」，也正在此意義上，成為真正的「孤子」情境。

---

[1] 見韋伯：《以學術為業》，《學術與政治》，北京：三聯書店，1998年，48頁。

影院空間、主體分裂與現代性暴力：
從魯迅的一次觀影體驗談起

張慧瑜

中國藝術研究院電影電視藝術研究所專任副研究員

一、為何是「黃臉的看客」？

在魯迅的雜文集《准風月談》中收入一篇談電影的文章《電影的教訓》，這篇文章發表在1933年9月11日的《申報‧自由談》上。文中，魯迅先後記述了小時候「在家鄉的村子裡看中國舊戲」、在上海以「下等華人」的身份看外國電影以及看國產電影的經歷，引出了魯迅對於被感動的「黃臉的看客」的批判，這似乎延續了魯迅關於「麻木的看客」和「國民性批判」的經典命題。這樣三個差異如此之大的文本為何能夠被魯迅放置在一起？其間的觀影環境也不同，魯迅為何會產生一致的「解讀」呢？

先看魯迅對於外國電影的理解：

> 但到我在上海看電影的時候，卻早是成為「下等華人」的了，看樓上坐著白人和闊人，樓下排著中等和下等的「華冑」，銀幕上現出白色兵們打仗，白色老爺發財，白色小姐結婚，白色英雄探險，令看客佩服，羨慕，恐怖，自己覺得做不到。但當白色英雄探險非洲時，卻常有黑色的忠僕來給他開路，服役，拚命，替死，使主子安然的回家；待到他預備第二次探險時，忠僕不可再得，便又記起了死者，臉色一沉，銀幕上就現出一

個他記憶上的黑色的面貌。黃臉的看客也大抵在微光中把臉色一沉：他們被感動了。[1]

　　按照《魯迅與電影》一書中的記述，魯迅很少看國產電影，這篇文章發表於1933年，正是中國左翼電影浮出影壇的時候，《春蠶》是第一部左翼電影，但魯迅談到最多的還是外國電影。在這個電影院中，除了魯迅等「下等華人」，還有樓上的「白人和闊人」。這種樓上／樓下的影院空間分別對應著現實社會中種族與階級的區隔，更有趣的是，銀幕上也上演著「白色英雄」與「黑色的忠僕」的故事。根據魯迅的理解，當這些白色英雄懷念自己「黑色的忠僕」之時，也是「黃色的看客」最為感動的時刻，「黃色的看客」只能把自己想像為「黑色的忠僕」的位置上。這延續了魯迅對於「麻木的看客」和「國民性批判」的訴求。在上面這段引文之前，魯迅還提到自己「未被教育成『讀書人』的時候」在自己的「家鄉」看「中國舊戲」的情景：

> 當我在家鄉的村子裡看中國舊戲的時候，是還未被教育成「讀書人」的時候，小朋友大抵是農民。愛看的是翻筋斗，跳老虎，一把煙焰，現出一個妖精來；對於劇情，似乎都不大和我們有關係。大面和老生的爭城奪地，小生和正旦的離合悲歡，全是他們的事，捏鋤頭柄人家的孩子，自己知道是決不會登壇拜將，或上京赴考的。但還記得有一齣給了感動的戲，好像是叫作《斬木誠》。一個大官蒙了不白之冤，非被殺不可了，他家裡有一個老家丁，面貌非常相像，便代他去「伏法」。那悲壯的動作和歌聲，真打動了看客的心，使他們發見了自己的好模範。因為我的家鄉的農人，農忙一過，有些是給大戶去幫忙的。為要做得像，臨刑時候，主母照例的必須去「抱頭大

---

[1] 魯迅：《魯迅全集》（第五卷），北京：人民出版社，2005年，309-310頁。

「哭」，然而被他踢開了，雖在此時，名分也得嚴守，這是忠僕，義士，好人。[1]

　　這是一個老家丁替主人定罪伏法的故事，魯迅提到了這個故事依然「打動了看客的心，使他們發見了自己的好模範」。如果說這個中國舊戲的故事，宣揚了作為僕人的義士／好人的「壯舉」，但是這恰好與國外的電影以白人探險為中心的故事不同。如果說前者的敘述重心是僕人，那麼後者的敘述重心應該是白人。也就是說，僅從敘述效果來看，前者認同的應該是僕人，後者認同的應該是白人。而魯迅卻認為電影院中的觀眾／看客也應該按照舊戲的閱讀邏輯。這導致了魯迅對於另外一部模仿白人探險故事片的中國電影《瑤山豔史》的解讀：

> 幸而國產電影也在掙扎起來，聳身一跳，上了高牆，舉手一揚，擲出飛劍，不過這也和十九路軍一同退出上海，現在是正在準備開映屠格納夫的《春潮》和茅盾的《春蠶》了。當然，這是進步的。但這時候，卻先來了一部竭力宣傳的《瑤山豔史》。

　　這部片子，主題是「開化瑤民」，機鍵是「招駙馬」，令人記起《四郎探母》以及《雙陽公主追狄》這些戲本來。中國的精神文明主宰全世界的偉論，近來不大聽到了，要想去開化，自然只好退到苗瑤之類的裡面去，而要成這種大事業，卻首先須「結親」，黃帝子孫，也和黑人一樣，不能和歐亞大國的公主結親，所以精神文明就無法傳播。這是大家可以由此明白的。[2]

　　《瑤山豔史》（編劇：劉吶鷗，導演：楊小仲）是1933年左翼電影創作處於高潮時，軟性電影一派的藝聯影片公司受美國蠻荒野獸獵

---

[1] 魯迅：《魯迅全集》（第五卷），北京：人民出版社，2005年，309頁。
[2] 魯迅：《魯迅全集》（第五卷），北京：人民出版社，2005年，310頁。

奇片的影響，以所謂「開化瑤民」、「溝通文蠻的分野、發掘原始的遺跡」為主題，到廣西苗族地區拍攝的，在電影史中被追溯為中國第一部少數民族電影，也往往被批評為對少數民族作了獵奇化和展覽化的描寫。也就是說，漢人是以白人的位置去「開化瑤民」，卻被魯迅解讀為一種依然是「也和黑人一樣」，也就是說，在魯迅的邏輯中，白人／黑人（黃人）／苗瑤之類的權力關係是固定的。魯迅眼中的看客，不可能佔據白人的位置，反而只能認同於受到白人奴役的黑人的位置。因此，魯迅不會質疑白人與黑人的殖民與被殖民的關係，反而把依然佔據白人位置的開放苗瑤的黃人指認為黑人。

魯迅並非第一次置身於這樣的「影院空間」，在他早年留學日本時，發生了著名了「幻燈片事件」，在放映幻燈片的教室中，有日本同學、有日本人砍中國人的頭、還有圍觀被砍頭者的看客。而魯迅正是從這次事件中「棄醫從文」走向了用新文藝啟蒙庸眾的道路。與魯迅對於這些電影的解讀相似，在「幻燈片事件」中，魯迅只注目於「看客」，而對作為劊子手的日本人「視而不見」。這也許與魯迅的半殖民地經驗有關，與殖民主／被殖民者的殖民地二元結構不同，殖民主不是魯迅首先要批判的物件，看客才是重要的啟蒙議題。這要從那次關鍵的「視覺性遭遇」說起。

二、「視覺性遭遇」與魯迅的主體分裂

關於「幻燈片事件」中的「幻燈片」究竟是幻燈片還是電影，已經成為「一樁無頭公案」[1]。由於無法在現存的日俄戰爭幻燈片中找到魯迅所論述的主題，至今還沒有定論[2]。再加上「幻燈片事件」是魯迅事

---

[1] [美]王德威：《想像中國的方法》，北京：生活・讀書・新知三聯書店，1998年，138頁。

[2] 張歷君：《時間的政治──論魯迅雜文中的「技術化觀視」及其「教導姿態」》，載於《視覺文化讀本》，桂林：廣西師範大學出版社，2003年，284頁。

後十幾年追溯的情景，是否屬實已無法考證，但無論真實還是虛構，都不影響敘述的效應，這件事在魯迅的記述中成為一次影響深遠的事件。眾所周知，「幻燈片事件」是指在日本求學的魯迅看到了幻燈片上被砍頭者和圍觀的看客，引發了他關於「愚弱的國民」的感慨。魯迅主要在兩篇不同的文章中敘述這件事，一是《吶喊·自序》（1923年）中用來闡述「《吶喊》的由來」，二是收入《朝花夕拾》的《藤野先生》（1926年）。根據魯迅的自述，我試著繪出如下圖表：

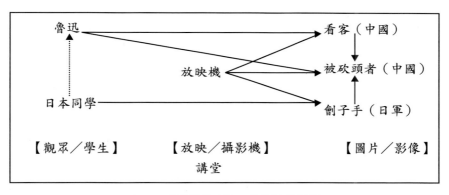

表二：「幻燈片事件」的視線分析圖

（箭頭代表觀看的方向，其中日本同學到魯迅的觀看是「虛線」，原因在於這是魯迅意識到自己是中國人之後想像之中的來自日本同學的凝視的目光）

讓我們先從幻燈片說起，不管它是圖片還是影像，這都是一幕富有戲劇感的場景。與單純的肖像照不同，這張幻燈片，由三個角色組成，一是綁在中間的被砍頭者，二是站在左右的看客，三是劊子手。顯然，看客和劊子手的視點都投向被砍頭者，其功能在於把（劇場中的）觀眾的視點吸引到被砍頭者那裡，以遮蔽照相機／攝影機的存在（所謂演員不能直視鏡頭的禁忌），也就是說這張圖片本身已經預設了觀眾的視覺中心，就是被砍頭者。如果真能找到這張圖片，被砍頭者應該處在透視中心的位置。從這裡，可以清晰地意識到，放映

幻燈片的講堂是一個典型的劇場空間或影院空間，作為學生的魯迅，
同時也佔據了觀眾的位置，這個位置是與他的日本同學共同分享的。
因此，魯迅的觀看是一次主動的觀看，佔據透視中心的被砍頭者和看
客都成為他的觀看對象，只是與他的日本同學從中看到了「勝利」
不同，魯迅看到了「愚弱的國民」：因為弱小所以被砍頭（被砍頭
者），因為愚昧所以帶著「麻木的神情」（看客）。這就是魯迅所看
到的，也成為他進行「國民性批判」的起點。這樣一個「我」預示著
主體／自我意識的形成，「我」來自於一種自我指認，而這種自我指
認是在被想像中的日本同學的凝視之下產生的，與此同時，這種被凝
視的自我又對看客產生一種觀看，使得看客成為被改造的國民性的代
表。也就是說，「我」既是一個被日本人觀看的對象／客體，同時
「我」也是觀看被砍頭者和看客的主體。問題在於魯迅為什麼會看見
呢？他怎麼會有這樣一雙「洞察」的眼睛呢？或者說他又是怎樣佔據
了這樣一個觀看的位置呢？這與魯迅所身處的現代教育空間有著密切
的關係。

　　發生「幻燈片事件」的場所，就在「教黴菌學」的教室，放映幻
燈片的機器是為了呈現「細菌的形狀」，只是這次被換成了「時事的
畫片」，而魯迅的觀看位置並沒有改變，觀看「細菌的形狀」與這次
觀看「砍頭的場景」具有同構關係。正如劉禾在《國民性理論質疑》
中所指出的，這種「國民性理論」的話語本身來自於西方傳教士的視
野，也就是說，愚昧、落後的國民，是一種西方視野中的產物，而魯
迅之所以也具有這樣的視野，顯然與上面提到的他所佔據的放映機的
位置有密切關係。正是因為魯迅擁有了「觀眾」的視點，他才看見／
透視出這張圖片的「真義」，因此，在這個教室裡，魯迅一邊學習西
方醫學知識，同時，也學習批判國民性的方法。從這個意義上說，魯
迅並沒有真正「棄醫從文」，反而在他從事文藝的運動中，成為了著
名的「醫生」。

在「幻燈片事件」中，存在著多重的看與被看的關係，而這種觀看方式是在教室這一現代教育空間中完成的。幻燈片的存在又使得這種教育空間疊加上某種意義上的電影空間，也就是說，放映機的存在使得幻燈片成了銀幕，學生成為觀眾。因此，這種觀看是一種影院空間式的觀看方式，作為觀眾的主體及其情感認同似乎應該內在於幻燈片的視覺呈現。但是，魯迅的國族身份使得他與他的日本同學分裂開來。畢竟，這種空間是教室的空間。因此，學生與幻燈片的關係，是一種主體與客體的關係，或者說呈現解剖圖的幻燈片是醫學研究的物件，所以，這裡存在著兩種不同的觀看方式及認同機制，即主體—客體的科學模式與主體—主體的鏡像認同。這樣兩種觀看方式是有內在邏輯的，對於主體來說，客體也是一種對象化的他者，而作為幻燈片中的主體，其以幻燈片的方式呈現已經是一種他者化了。因此，魯迅／我在幻燈片中看到了「自己」，並且，他也意識到自己作為「中國人／支那人」與日本同學之間的「不適」，並進而離開這間「教室」。但是，無論是看客還是被砍頭者顯然又是「我」所極力否認的負面的自我，而這種自我否定，又恰好是一種自我他者化／對象化的過程。也就是說，魯迅無法認同於教室這個空間所提供的位置，但同時又無法擺脫這個位置所帶給他的一種解剖、分析的能力。

「幻燈片事件」的視覺中心應該是劊子手與被砍頭者，但是這樣一種場景或者說關係卻在魯迅的「國民性批判」中被遮蔽掉了。這不在於魯迅沒有看到劊子手與被砍頭者，而在於被砍頭者也被統合到魯迅關於「毫無意義的示眾的材料和看客」的論述之中，從而無法在此場景中展開對劊子手的批判。魯迅不滿於那些無動於衷的圍觀者，連帶著也把這些充當俄國間諜的同胞作為了負面的國民代表。如果說把「我」與看客的關係作為中國人身份的一種內在分裂，那麼看客與被砍頭者的不同位置則成為第二重分裂。一個是帶著麻木神情的「戲劇的看客」，另一個是因充當帝國主義戰爭間諜而被示眾的砍頭者，

也就是說，作為負面國民的標識也存在著雙重位置。這樣兩個位置恰好吻合於中國20世紀「啟蒙與救亡的雙重變奏」[1]：如果說啟蒙的主體是愚昧、麻木、落後的看客，那麼救亡的主體則是被奴役、被剝削、被殺害的國民。因此，看客與被砍頭者的場景，既可以被講述為「啟」看客之「蒙」以引導出反封建的「文化」實踐，又可以被講述為「救」被砍頭者／國家之「亡」以完成革命與反帝的「政治」工程，儘管這種啟蒙／救亡、文化／政治的區分帶有80年代意識形態的印痕。這樣兩種主體位置卻在不同的啟蒙與救亡的敘述中被互相遮蔽，比如一方面中國人是需要被改造的愚昧的「國民」，另一方面中國人又是推動革命、歷史進步的「人民」。而「幻燈片事件」的有趣之處在於，這樣兩種彼此無法相容的主體位置卻是在同一個場景中被製造或生產出來的：「看客」圍觀「被砍頭者」——一群需要被啟蒙的主體觀看一個需要被救亡的主體。這是兩個被賦予不同主體位置的場景，而具有賦予或者說塑造這樣兩種主體位置的權力來自於「幻燈片」的觀看者，因此，「我」成為這齣20世紀甚至說近代以來中國遭遇現代的驚心動魄的「演出」中最為重要的角色。「我」以觀眾的身份參與「演出」，同時也在這種觀看的「演出」中建構了自我的身份，在魯迅的敘述中，這種身份是一個「啟蒙者」的位置，所以，看客的位置就被格外突顯出來。試想，如果注目於被砍頭者，「幻燈片事件」也完全可以被改寫為一齣革命者發現「被砍頭」的中國人而走向反帝、反殖的革命「大戲」。可以說，看客與被砍頭者的同時在場又互相遮蔽的情境恰好呈現了中國遭遇現代性的雙重處境：啟蒙與救亡彼此衝突又同時存在。而從另一個角度來說，無論是啟蒙，還是救亡，都涉及到一個重要的環節，就是喚醒看客或被砍頭者的工作，在這個意義上，啟蒙者與看客的關係與革命者與被砍頭者的關係都可以被描述為喚醒者與睡熟的人們的故事，所謂知識份子的啟蒙工作與作

---

[1]　李澤厚：《中國現代思想史論》，天津：天津社會科學院出版社，2003年，90頁。

為先鋒黨的「先鋒」邏輯之間存在著內在的一致性。因此，中國作為睡獅的寓言既可以被啟蒙故事所借重，也可以敘述為救亡圖存的國族神話。

按照魯迅的敘述，如果沒有「幻燈片事件」，他或許會留在仙台繼續醫學之旅，正是因為「幻燈片事件」使得魯迅無法與他的日本同學分享這樣一個教室空間，或者說，魯迅不得不逃離這間教室。但是，魯迅並非看到日俄戰爭的幻燈片就要離開，反而一開始還「常常隨喜我那同學們的拍手和喝彩」（《吶喊・自序》），這種喝彩建立對日本同學的認同之上（也許不僅僅是一種亞洲的認同之上），直到幻燈片上出現一個要槍斃的中國人以及圍著看的一群中國人時，「我」才從日本同學「萬歲！」的歡呼聲「意識到」：「在講堂裡的還有一個我」。也就是說，「我」的出現來自於魯迅指認出「被砍頭者」也是中國人之時，因此，「我」才感到異樣：「這種歡呼，是每看一片都有的，但在我，這一聲卻特別聽得刺耳」（《朝花夕拾・藤野先生》）。劉禾在比較《朝花夕拾・藤野先生》和《吶喊・自序》中關於「幻燈片事件」中的兩段論述後指出，「此段敘述與先前《吶喊》自序很不同，在此魯迅強調他與日本同學之間的差異，他無法如他們一樣拍手叫好，同時，也無法與中國旁觀者認同。他既是看客又和被觀看者重合（因為都是中國人），但又拒絕與他們任何一者認同」[1]。

具體地說，「我」的出現需要兩個步驟：第一步是，看見「被砍頭者」和圍觀者是中國人，意識到「我」也是和他們一樣的「中國人」；第二步是，「我」體認到也處在與「被砍頭者」相似的「被砍頭」的位置上，也就是說，中國人的身份使「我」感覺到來自日本同學的凝視，這不是日本同學有意識的觀看、羞辱「我」，而是「我」

---

[1] ［美］劉禾，宋偉傑等譯：《跨語際實踐——文學、民族文化與被譯介的現代性（1900-1937）》，北京：生活・讀書・新知三聯書店，2002年，91頁。

的一種主動的感受（魯迅的日本同學在亞洲的勝利中指認不出被砍頭者也是中國人，也指認不出魯迅的中國人身份，倘若被指認出來，這種放映顯然就變成了一種公開的挑釁），使「我」暫時或瞬間感受到「我」與日本同學是不同的，「我」應該屬於那些被砍頭的中國人。這種瞬間「遭遇」的身份並沒有使得魯迅認同於被砍頭者的位置，反而是把這種被看的處境表述為一種觀看者的位置。魯迅的憤怒不是因為劊子手／日本人／帝國主義對於中國人的侵略，而在於看客們的「麻木神情」。這也就是魯迅如何把一種外在的威脅轉化為一種內部的啟蒙邏輯，如何把被看的焦慮轉移為「我」觀看「看客」並進一步轉移為一種被看客圍觀的焦慮。在這個意義上，魯迅的離開，來自於日本同學對於自己作為中國人的漠視以及看客們無法看到自己的中國人身份，這種雙重漠視和傷害使得魯迅無法「安然」坐在教室之中。魯迅雖然逃離了這間教室，但並沒有放棄「我」與日本同學所共同佔據的「醫生」的主體位置。

不過，魯迅的離開也正是藤野先生所說的「我們」分裂了，或者說，觀眾分裂了：魯迅看到的是「愚弱的國民」，他的日本同學看到的是劊子手的「勝利」（而當這種勝利被作為亞洲的覺醒的時候，日本又成為東方的西方，成為「脫亞入歐」的典範）。這種「我」與日本同學的裂隙導致「我」這個中國人無法分享日本同學的「亞洲的勝利」，儘管亞洲的地理想像顯然包括中國在內。「我」、「看客」、「被砍頭者」的區分是建立在都是「中國人」的同一性之上，而不是「亞洲」的身份之上的。這種「中國人」的同一性，似乎也無法掩飾1905年前後，這種「我」與「愚弱的國民」的對立的還建立在清朝的留日學生和走向末路的清朝子民的區隔。或者說，「我」離開東京躲避「清朝留學生」的行為已經在「我」之外建立一個他者，即清朝及其傳統是腐朽沒落的他者（被象徵性地表述為中醫毒死了「我」的父親）。因此，「我」的出現，就是魯迅無法與日本同學分享「亞洲的

勝利」的時刻，也是「亞洲認同」出現裂隙的時刻。試想如果沒有被砍頭的中國人出現，魯迅是否也會認同於這種「亞洲的勝利」呢？

再進一步說，從「我」開始「隨喜我那同學們的拍手和喝采」（《吶喊・自序》）到「在講堂裡的還有一個我」（《朝花夕拾・藤野先生》），這種「我」的出現是在「我」無法「隨喜」日本同學之後發生的，日本同學的「在場」給「講堂中的我」產出了巨大的焦慮，並最終驅使「我」離開，原因在於「我」認出了看客與被砍頭者的「中國人」身份。這種國族身份的同一性，使得「我」瞬間感覺到劊子手上的屠刀也是砍向自己的，使「我」意識到來自日本同學的那份想像中的凝視的目光，因此，這種國族身份的獲得使「我」無法認同於「日本同學」的「拍手和喝采」。「我」與看客、被砍頭者的這種視覺遭遇建立在對中國人的認同之上，儘管「我」與看客、被砍頭者隔著空間的區隔（尤其是這種區隔是放映機這個現代性裝置造成的），但一種「想像共同體」可以穿越這種區隔，原因在於，這種現代性區隔恰好建構了一種雙重鏡像的過程：「我」認出了看客與被砍頭者也是中國人的身份，「我」與看客、被砍頭者是一種鏡像關係，這種自我的他者化導致「我」與「日本同學」的分裂，這種「分裂」建立在「我」與日本同學的鏡像關係之上。儘管沒有一面鏡子，但在「我」心中感覺到「我」的中國人身份使得「我」想像中成為日本同學眼中的他者，這種他者化又使得「我」更加確認了日本同學作為「我」的他者的位置。在這裡，「我」與看客、被砍頭者是同一的，這種同一性建立在與日本同學的區分之上。但是走出教室的「我」卻極力要把看客和被砍頭者區分為與「我」不同的國族身份，面對看客和被砍頭者，「我」應該何去何從呢？「我」是棄醫從文（「改造國民性」），還是投筆從革命（把被砍頭者從外人的屠刀下拯救出來）。

恐怕在選擇啟蒙還是救亡之前，要反思「我」的主體位置，「我」作為觀看者與看客和被砍頭者、作為被觀看者的視覺關係呈現了「我」

作為「醫生」——已然是被西方／現代所規訓的產物，也就是說「中國人」作為如同黴菌一樣的分析、研究物件被「解剖」為「封建」、「鐵屋子」、「棺木裡的木乃伊」，而當「我」意識到自己作為中國人（與看客、被砍頭者一樣的中國人）也是研究及視覺物件之時，「我」就從「醫生」的位置中劃入到病人的位置上，並使得「我」要離開這間「教室」，也就是說，「我」本身是一個分裂主體位置，兼具啟蒙者和被啟蒙者於一身，為了彌合這種分裂狀態，「我」要進行一種「自我」啟蒙，顯然，把被砍頭者從屠刀中解救出來也是一種獲得同一性的主體位置的方式。因此，遭遇看客、被砍頭者的過程，是形成「我」的過程（從「我們」變成了「我」），看客與被砍頭者都是「我」的他者，啟蒙的邏輯在於，把這些他者變成自我，或者說消滅他者，「同一」為「自我」，這種「我」與「他」的鏡像關係，就使得「幻燈片事件」成為一種典型的拉康式的獲得「主體位置」的故事。與此同時，也是「我」分裂為看客、被砍頭者的過程，這種分裂建立在「我」是和日本同學一樣的教室中的學生，看客、被砍頭者則是螢幕上的被解剖的物件，也就是說這種分裂是一種現代性的空間區隔，一種看與被看的權力分疏，同時也是主體與他者的界限，而「我」處在日本同學與「看客」之間，「我」既是「日本同學」的他者，「看客」又是「我」的他者。因此，這不是簡單的二元關係，而是處在日本同學——「我」——「看客」的視覺結構之中，在這個意義上，「我」是一個「被看」的「看客」。

「我」處在一種內在的精神焦慮和分裂之中，這產生了「我」與這些久違的中國人之間既同一又分裂的關係，同一性使得「我」離開教室，分裂使得「我」獲得啟蒙者的位置，進而再次彌合這種分裂（差異被抹除和同一的過程）。所以說，「我」與看客、被砍頭者之間的關係是同一、分裂、再彌合的關係，啟蒙的故事可以被解讀為一種主體的內在分裂與彌合的過程。在這個意義上，無論是啟蒙還是救

亡都是為了彌合這種分裂以完成主體的同一性的兩種方式，或者說心
理治療的處方。從這個角度來說，看客（封建的自我）和被砍頭者
（被殖民的自我）都是「我」的他者、異質性的存在，無論是啟蒙還
是救亡都是為了把他者變成自我，把異質變成同質，變成和「我」一
樣的覺醒的人。在這裡，呈現了兩種對待他者的方式，一種是把看客
改造、啟蒙為精神強壯的「我」，第二種就是砍頭，在肉體上消滅他
者，這也基本上是非西方地區遭遇資本主義／殖民主義的兩種「命
運」：要不被動或主動的自我更新，變成西方（如日本、俄國、中國
等，或者還有18世紀的美國），要不只能被屠殺（如美洲的原住民和
那些喪身海洋的黑奴）。因此，看客、被砍頭者是沒有主體位置的，
在他們被指認之時，也是被抹去的時刻。

　　可以說，「幻燈片事件」中所呈現的三種主體位置：「我」、
看客和被砍頭者，分別充當著不同的意識形態功能。但是，這三種主
體位置都是以「我」為中心組織起來的，或者說看客、被砍頭者成為
主體／「我」分裂的衍生物。從這個角度來說，看客、被砍頭者分別
對應著啟蒙與救亡的雙重議題。正如前文所討論的80年代形成的「救
亡壓倒啟蒙」的命題，不在於這種對20世紀中國歷史、尤其是革命歷
史的理解帶有深刻的80年代的烙印，而在於救亡與啟蒙作為兩個互相
悖反的二元對立恰好同時出現在魯迅的「幻燈片事件」之中，也就是
說作為啟蒙之主體的看客與作為救亡之主體的被砍頭者在這樣一種觀
看機制中被塑造出來。與80年代相反，魯迅的拯救國民靈魂的論述是
「啟蒙壓倒了救亡」，或者說啟蒙本身就是救亡的一種方式，抑或救
亡被轉化、轉移、置換為啟蒙議題，暫且不討論魯迅敘述的基本背景
是對辛亥革命（某種意義上的「救亡」）的失望與批判。而啟蒙與救
亡所對應的雙重主體位置都是20世紀中國不同的文化與政治實踐的創
造，這樣兩種主體的出現，與中國處在欠發達／第三世界的主體位置
有關。如果說啟蒙的邏輯是一種進步的、現代化的邏輯，那麼救亡則

成為一種反現代的敘述，所以說，這樣兩個主體位置，分別對應著西方／現代性的雙重故事，一個是在「中國＝封建」的落後的時間維度中鋪設啟蒙的鐵軌；另一個在「中國＝（半）殖民地」的空間遭遇中搭建／重建救亡的寶塔，這樣雙重維度都殊途同歸，即抵達或成為西方／現代，也就是說無論是「主動地」啟蒙，還是「被動地」救亡，其理想鏡像都是使他者變成自我。與此同時，自我也被他者所掏空或被他者化，這樣一種現代性遭遇，是所有非西方世界的普遍狀態。在這個意義上，中國的半殖民性依然面臨著去殖民化的問題。而更為複雜或麻煩的問題在於，清晰地把世界區分為西方與非西方、現代與非現代本身是殖民主義的衍生物，或者說去殖民化的工作不在於重新把中國與西方區分為自我與他者，或者說在後殖民的狀況下，很難找到純潔的自我與他者（當然，這種純潔性本身是殖民主義的神話之一，恰如每個民族──國家都被設想為是高度同質化的）。

　　從另一個角度來說，這樣三種主體位置只有「我」擁有絕對的觀看視點（看客雖然也在觀看，但是被「我」的目光所壓抑的），對於看客及被砍頭者來說，他們是被抹去的他者，他們是無法言說的他者。悖論的是，「幻燈片事件」試圖建立一種現代性的反思視野，但是這種站在現代性內部展開的反思依然無法穿越他者，他者依然沉默。在這個接受現代規訓與砍頭同時存在的空間中，日本同學／劊子手和「我」都是西方化的主體，被放逐和永遠沉默的只能是那些被砍頭者。這些沉默的被砍頭者，成了絕對的他者（這種把他者作為第一倫理哲學並把維繫他者的責任作為主體批判的方式是二戰後反思納粹對猶太人這一他者的屠殺的重要路徑，如列維納斯、德里達等）。這種不可穿越的他者因為死亡而成為對書寫最為徹底的否定，書寫、言說面臨著絕對的界限，死亡成為他者不可解構和穿透之物。在這個意義上，如何建立與他者／亡靈之間的聯繫就是一個重要的問題。

三、作為教室／影院的現代性空間及內在的暴力

在魯迅的「幻燈片事件」中，不管放映的是幻燈片還是電影，魯迅及其日本同學所置身的空間是一個類似影院空間的教室／放映室。在教室空間中，教師／啟蒙者與學生／被啟蒙者的關係，是現代性的核心隱喻，學生是被這種空間秩序所規訓的主體。正如「幻燈片事件」中的「我」在這個空間中，學會了解剖圖的畫法，也學會了改造國民性的方式，走出教室的「我」成了與藤野先生一樣的現代醫生／教師，在這個意義上，啟蒙的邏輯是一種同一化的邏輯，而在這個場景中，還有一個更為重要的角色，就是教師講授的內容和分析的物件，這成為學生變成一個合格的醫生所必須的知識、技能，這些知識、技能也是對象化的客體，是科學、理性的產物，是被解剖的屍體。在老師、學生和這些承載了現代性知識的對象之間的關係在教室空間中呈現為一種視覺性的關係，也就是教師引導學生「觀看」以講臺、黑板或投影儀為媒介對象的視覺關係。在這裡，教師既是啟蒙的仲介，又是學生視線的引導者。

「幻燈片事件」也可以被敘述為這種作為學生的「我」、藤野先生和「砍頭」幻燈片的故事，對於「幻燈片」所象徵的「亞洲的勝利」，「我」既認同但又要離開這間教室，認同的邏輯在於「我」、日本同學還有藤野先生都是「我們」這一普遍意義上作為「人類」的現代醫生的身份。在這個意義上，「我們」都分享「劊子手」的勝利，而離開教室在於「我」看見了「被砍頭者和看客們」都是和「我」一樣的中國人，也就是說，「我」從對劊子手的認同轉移到對被砍頭者、看客身上，「我」陷入了如何面對這另一個自我的焦慮之中。如果「我」和看客及被砍頭者一樣，那麼「我」怎麼可以坐在這間「教室」中，和「劊子手」坐在一起呢？可是，「我」選擇了啟蒙的位置，選擇了去改造這另一個自我的靈魂的路徑，這是把他者自我

化，也是一種自我拯救的方式。當「我」又可以分享「藤野先生」的位置的時候，「我」並沒有意識到，在這種啟蒙導師和劊子手之間存在著內在的關聯，當然，對於日本同學和藤野先生來說，劊子手作為「亞洲的」勝利掩蓋了劊子手作為屠夫的身份。在這裡，如果說「我」遭遇到另一個劣質的自我，那麼日本同學則遭遇了另一個理想自我，這種遭遇如同拉康的鏡像理論所指出的那樣，「自我」被另一個自我他者化了，與此同時也把他者自我化，這裡的「自我」是那個在教室中被規訓的現代主體，而他者則是與被現代主體所放逐的愚昧的、落後的亞洲／中國。正如「我」要把這種劣質的看客改造為精神「強壯」的現代中國，日本同學感受到的不是作為病夫的亞洲，而是戰勝了西方或者說超克了西方的「脫亞入歐」的現代日本，從而使得與這種現代性密切相關的現代／殖民、現代／暴力（大屠殺）的關係被放逐掉，一個缺席的「西方」卻又無處不在的「西方」使得同為亞洲的日本和中國共同分享這份「現代」的勝利。

在這份啟蒙的空間之中，關於理性、科學、客觀的知識、井然有序的空間秩序並非以排除掉暴力、血淋淋的方式而實現的，恰好是以充分暴露、呈現這種可見的「砍頭」場景來完成的，只是這種可見性遮蔽在強大的「啟蒙」之光中。在這個意義上，這份對於帝國主義所帶來的赤裸裸的殖民與暴力是一種在場的缺席。從這裡，可以進一步反思作為「現代性」的內在分裂是如何被統一在同一個時空秩序之中的，或者說啟蒙的邏輯是如何來壓抑這種暴力呢？尤其是對於「我」這種本來應該認同於被砍頭者的身份進而質疑這種空間秩序卻也最終由衷臣服於「精神之父」（去遠方尋找精神之父，以拯救肉身之父）的教誨呢？

對於日本同學來說，對這種「暴力」的「視而不見」或者說坦然是因為他們和劊子手一樣，是亞洲的勝利者，砍下的是「替俄國做了軍事上的偵探」的中國人，是帶著西方／俄國假面的中國人。因此，

是一種反西方的勝利，是對西方侵略日本的報復。悖論的是，這種反西方或超克西方的勝利，恰好是以成為西方的方式來完成的，就連印證這種勝利的方式都是採取西方入侵日本的方式來侵略中國實現的，只是在這種亞洲的勝利之戰中，充當靶心的是在「西方──日本──中國」的現代秩序中更為落後的中國作為侵略對象。在這個意義上，亞洲的勝利更是一種把西方內在化的方式，甚至直到今天，日本依然作為亞洲的西方而存在，是西方在亞洲的假面。所以說，這種對西方身份的內在化，顯然無法把遭受西方侵略的暴力轉換為一種對現代性的內在批判。對於「我」來說，能夠來到仙台就是為了學習近代日本如何以蘭學為仲介迅速「脫亞入歐」的，把日本內在化也是把西方／現代內在化，如果說日本同學在劊子手屠殺中國人的場景中無法喚起19世紀中期美國對日本的侵略，那麼「我」從這種被砍頭的中國人身上看到了中國的愚昧、麻木，看到了中國之所以被砍頭的「不幸」和「不爭」（「哀其不幸、怒其不爭」）。因此這種把自我他者化的方式是為了喚醒這些熟睡的人們，但是這種看客被他者化的前提在於「我」已然被西方式的主體位置他者化了，所以這種被殺害的創傷經驗轉化為一種啟蒙邏輯，從而使得暴力被合理化或無害化。所以說，現代性本身並非要掩飾暴力和殖民，而是把這種暴力的「馴服」，變成一種啟蒙的正面表述，但這並不意味著這間教室就成為維護現代性的「銅牆鐵壁」。

正如「幻燈片事件」中，日本取代了西方成為現代的在場，那麼日本對中國的殺害，也內在地詢喚出對於日本的反抗和批判。畢竟「幻燈片」中所提供的三個主體位置：劊子手、被砍頭者和看客，也就原則上提供了三種不同的認同位置。如果認同劊子手，就是日本同學；如果認同被砍頭者，就是奴隸、被壓迫者的位置。因此，魯迅關於「幻燈片」的敘述也可以改寫為中國人遭受日本帝國主義侵略與剝削的故事，從而把這種屈辱作為喚醒看客、被砍頭者來反抗日本／殖

民主義的強權，這樣，「我」就由一個啟蒙者變成了一個革命者。當「我」看到了自己的同胞在慘遭殺害，而周圍的「看客」又都在無動於衷地圍觀，因此，「我」的憤怒在於這些看客怎麼會如此麻木呢？在這裡，「我」既可以走向喚醒看客的啟蒙之路，也可以走向喚醒看客的革命之路，一個是改造落後、愚昧的國民為自立的主體，一個是喚醒未覺悟的人民為自主的主體，這樣兩種主體位置都是現代的主體，實現的目的也都是為了不再遭受肉體和身體的雙重侮辱。

在這個意義上，啟蒙的、被現代性所規訓的空間也內在構造著一種反現代性的邏輯，這或許也可以印證現代性自身的內在分裂。所以說，教室作為現代性空間的最佳比喻，有客觀的知識、有研究這些知識並傳授知識的人、有接受者或被啟蒙的對象，而且這三者被有效地組織到一種中心透視的視覺關係之中。啟蒙的過程在於借助老師的目光，引導學生「觀看」這些被對象化的知識。更為有趣的是，如果考慮到「幻燈片」的視覺結構：「看客」圍觀「劊子手」砍「被砍頭者」，與「學生」觀看「老師」解剖「知識」具有同構的關係，也就是說，這樣兩種雙重的視覺結構使得螢幕變成一個鏡像，日本學生對於老師的認同被投射到劊子手身上，而「我」對於看客的憤怒恰好對應著「我」和日本同學一樣處在看客的位置上，他們各自看到了另一個自我。在這裡，也可以看出，作為學生／觀眾的認同機制是一種影院機制，儘管「幻燈片」自身提供了作為視覺及權力中心的劊子手，也順利地使得這些日本同學認同於了這樣一個位置，但是「我」與「日本同學」的差異也導致「我」更關注於被砍頭者尤其是圍觀的看客們，而這些看客們對於日本同學來說，不過是一種視線的提供者，如同晚清畫報中的那些作為仲介者的看客一樣。

而這種從日本「教室」到中國「鐵屋子」的空間轉移中，另外一種作為現代性的基本區隔即城市與農村的區分也隱隱約約浮現出來，使得這種空間置換被現代／前現代的時間秩序所規約。儘管魯迅

沒有把「鐵屋子」寓言具象為城市與農村的分別，但如果仔細分析魯迅關於《故鄉》以及作為「戲劇的看客」的表述，就可以看出存在著兩種不同的主體位置。一種是「鐵屋子」式的清醒者與睡客的關係，第二種是曠野中、大街上出現的看客圍觀啟蒙者的場景（儘管這樣兩種主體關係存在著內在的邏輯）。在魯迅的空間故事裡，第一種只發生在「故鄉」的講述之中，「我」是絕對的觀看者，閏土、祥林嫂等是被觀看的對象，而第二種似乎是一種非故鄉空間，也就是非農村的空間，即城市空間。在這個意義上，日本仙台的教室所象徵的現代空間，被轉移為中國內部的城市空間。儘管這種城市空間依然無法完全等同於「現代」，因為無論是「故鄉」還是「謀食的異地」都在「鐵屋子」之中，這也就是「鐵屋子」的複雜和曖昧之處，即「我」作為清醒者為何會出現在「鐵屋子」裡面，最先接受現代性的近代都市也成為「鐵屋子」的組成部分。顯然，這種在「故鄉」的敘述中可以作為完整而自信的現代主體，在中國都市空間中就變成了一種被看的物件或者說遭受到凝視和屈辱的主體位置。這樣兩種主體狀態，恰好也是「我」走出教室「要拯救麻木的國民靈魂」和在教室當中感受到日本同學的內在凝視所佔據的兩種主體位置。在這個意義上，「鐵屋子寓言」完全複遝了「幻燈片事件」的故事。

從「鐵屋子」寓言再次反觀「教室」空間，「我」的逃離，不僅僅是認出自己是中國人而與日本同學具有不同的國族或種族身份並導致「我」從與「日本同學」一樣的學生位置中分離出來，而且這種分離在於「我」認出了「幻燈片」這一理想鏡像中的自己處在「被砍頭者」的位置中，或者說，「我」震驚於「幻燈片」把和「我」一樣的中國人物件化為砍頭的對象。如果結合教室空間，這種物件化就如同解剖課中需要解剖的屍體，「我」的出現和出走是對這種物件化的反抗，或者說，「我」看到了作為現代人卻被放置在現代性知識、技術的屠刀下面（正如現代性與大屠殺的內在關係）。在這一意義上，不

僅僅作為亞洲認同的「日本同學」、藤野先生和「我」出現了裂隙，而且在普遍的現代性的意義上，「我」從這種作為現代／西方／人類的醫生的位置中分離出來是因為「我」看到作為物件化的自己，也就是一個負面的自己。因此，「我」的離開就不僅僅是一種國族屈辱，而是對現代性自身的逃離或躲避。在這個意義上，日本同學、「我」以及劊子手、被砍頭者之間的國族身份遮蔽了這樣一種現代性的內在悖反：「我」是一個觀看的主體，同時「我」也是被看的對象（正如被圍觀的「我」也佔據著被砍頭者的位置），教室也可以作為另一間「鐵屋子」，福柯意義上的囚禁的空間。從這個角度來說，「鐵屋子」也並非同質化的封建禮教的空間，作為前現代象徵的「鐵屋子」與現代象徵的「教室」都是一種本質化的想像。或者說，將「鐵屋子」表述為一種非現代的空間，如同把屠刀下的中國人作為落後、愚昧的文明表述一樣，是為了論述啟蒙與現代的合法性。而有趣的問題在於，這把砍下的屠刀與其說是種族或現代的屠刀，也就是用現代的進步邏輯來改造差異性的存在；不如說這把屠刀也砍向了現代性自身，儘管這種血淋淋的創傷被表述為一種先進的理念對抗落後的現實、已然脫亞入歐的日本人和還依然睡熟的中國之間的文明與現代的等級。

在這裡，不僅僅要把「幻燈片事件」從一種普遍主義、現代性的視野中還原為一種特殊的空間及國族表述，也要把這種被具象化以日本人為現代自我、以落後的中國人為他者的區分中再返回到一種對現代性自身的內在批判。在這個意義上，教室空間所象徵的一種有序、文明的狀態與屠殺、傷口、血腥就密切的聯繫在一起。所以說，「鐵屋子」寓言並不僅僅是中國的故事，也不只是封建帝國的自我寓言，而是和教室空間一樣密切相關地呈現了這種現代性的內在分裂，呈現了現代性的「文明」與「傷口」。也就是說，現代性是被血淋淋的殺戮和屠殺掩飾起來的空間，這種掩飾不僅僅體現在如同「鐵屋子」寓

言中完全「看不見」，而且更以「幻燈片事件」的方式，即在把暴力和血污充分暴露出來的基礎上再把這種創傷置換、規訓為一種文明的、科學的、教化的、合理的、現代的空間秩序。如此看來，劊子手與被砍頭者恰好是這個教室空間中不可或缺的角色，他們被赤裸裸地方式呈現出來，但這種呈現本身卻是為了掩飾這份現代性的屠殺。

從日記和書信看蔡元培與魯迅的
「六同」關係[1]

張向東

西北民族大學文學院專任教授

　　同為「越中三傑」[2]的蔡元培與魯迅的「沒世不渝」的友誼，早已為人稱道[3]。他們的關係，我用「六同」──即學習德語的「同學」（蔡元培學習德語時與魯迅交換過學習技巧）、紹興的「同鄉」、教育部的「同事」、文學革命的「同人」、民主革命的「同道」、美術的「同好」來概括。當然，這「六同」只是異中之同，有此「六同」並不否認他們個性的差異。他們之間的友誼，既見諸公開的交往和言論，也隱藏於比較私密的個人書信往來和日記當中。通過對蔡元培、魯迅日記和書信所載有關二人交往事項的鉤沉，可使我們瞭解蔡、魯交往的始末、諸多真實感人的細節。

　　魯迅作為後學晚輩，一生得到蔡元培的很多提攜和扶助，這體現了蔡元培的寬厚包容，與魯迅的多疑和善怒形成鮮明的對照。如果說蔡元培是菩薩低眉，魯迅則是金剛怒目。有人據此質疑魯迅的人格，其實，魯迅生前寫過七論「文人相輕」，反對將正當的批評（「各以所長，相輕所短」）冠以「文人相輕」的惡名，反對在是非善惡面前

1　本文為2013年國家社科基金「清末的白話報刊與文學革命」[13BZW117]和「西北民族大學科研創新團隊計畫」階段性成果。
2　裘士雄：《許壽裳與蔡元培》，《魯迅研究月刊》，1998年第9期，68頁。
3　參見任訪秋：《魯迅與蔡元培》（《信陽師範學院學報》1985年第2期），張家康：《蔡元培與魯迅》（《文史春秋》2004年第6期）；黃玉峰：《魯迅與他的命中貴人蔡元培》（《語文新圃》2010年第6期）等。

「一律拱手低眉」，而是「一定得有明確的是非，有熱烈的好惡」[1]。蔡元培也有《文人》[2]七律一首，表達他對文人關係的看法。魯迅和蔡元培，既有「相輕」的一面，也有「相重」的一面，正是「君子和而不同」。

　　蔡元培日記從1894年陰曆六月初一開始，時斷時續，到1940年2月28日（逝世前5日）止，凡四十七年，其中有日記的三十一年。由於魯迅與蔡元培的直接交往並不算多，魯迅在蔡氏日記中出現的次數也有限。但這些記載，恰恰能說明他們的深厚的鄉誼、相近的志趣。

　　　　1911年4月4日：寄《中央文學報》（四月一日出）於周豫才。

　　　　1911年5月9日：寄周豫才《中央文學志》一冊。

　　　　1936年10月19日：是日晨五時，魯迅先生（周樹人、豫才）去世，孫夫人來院告我，並約我加入治喪委員會。

　　　　1936年10月20日：往膠州路萬國殯儀館吊魯迅，輓以一聯：
　　　　　著作最謹嚴，豈惟中國小說史。
　　　　　遺言太沉痛，莫作空頭文學家。

　　　　1936年10月22日：二時，往萬國殯儀館送魯迅葬，送至虹橋路萬國公墓。

　　　　1936年11月1日：午後二時，魯迅先生紀念委員會籌備會在清華同學會開會，議決推動上海各界開追悼會，教育界由我和黎曜生、鄭西谷接洽。

　　　　1937年5月13日：孝焱寄來季茀函，為魯迅遺集事，屬函告中央宣傳部，為作函致邵力子。

---

[1] 魯迅：《「文人相輕」》，載於《魯迅全集》（第六卷），北京：人民文學出版社，2005年，309頁。

[2] 1927年10月2日，蔡元培應孫伏園之請，給其編輯的《貢獻》雜誌錄呈《文人》一首：「文人自昔善相輕，國手圍棋抵死爭。大地知難逃壞劫，靈魂無計索真評。即留萬古名何用，寧似剎那心太平。鄧析惠施世多有，孰齊物論托莊生。」見《蔡元培全集》（第五卷），北京：中華書局，1988年，178頁

1938年4月19日：沈雁冰來，談《魯迅全集》付印事，攜有許廣平函，附全集目次。並有致王雲五函，屬轉致。

1938年4月20日：得馬孝焱六日嵊縣函，言一時未能來港。又言季茀為《魯迅全集》作序事，欲函商，屬我直接與通訊。

1938年6月5日：作《魯迅全集》序成，送致沈雁冰，並附去甲種紀念本一部之預約價法幣百元，取得收條。

1938年6月15日：得許廣平函，說《魯迅全集》作序事，並述季茀函中語。

1939年4月27日：前有魯迅先生紀念委員會幹事王紀元君來，攜有該會一函，言我既為《魯迅全集》作序，並力為提倡，會中議決，應贈乙種紀念本一部，前所收預定乙種紀念本之國幣百元，應送還云云。王君留函及款而去。我今日復該會一函，謝其贈書，又言「鄙人對於魯迅先生身後，終不願毫無物質之補助，請以此款改作賻敬，仍托王君轉致許景宋女士」云云。函、款均托喻卡爾送去。

1939年7月1日：得許廣平女士函，言我所送之賻敬百元，仍送紀念委員（會），將來舉行紀念事業時，此款再分配用途。[1]

一、學習德語的「同學」

在魯迅與蔡元培的交往中，他們何時第一次通信、第一次見面，都是非常重要的細節。

由於魯迅先於蔡元培辭世，他沒有留下有關與蔡氏交往的回憶文字。但不能排除在他們通信之前，魯迅在紹興早已目睹過蔡氏的風

---

[1] 本文所引蔡元培日記、書信，均引自中國蔡元培研究會編《蔡元培全集》（第十五～十七卷），杭州：浙江教育出版社，1998年。為了行文簡潔，不再標注每則日記、書信出處頁碼。

051

采，因為當魯迅於1898年離開故鄉去南京讀書時，三十一歲的蔡元培已是譽滿京師的翰林院編修，他在紹興的行動肯定受人矚目。

蔡、魯雖為同鄉，但他們首次交往的契機，則是他們共同的「外國語」——德語。

1903年4、5月間，蔡元培在上海宣傳革命活動受到清政府通緝，恰此時中國教育會與愛國學社鬧分裂，蔡元培憤而辭去教育會與學社一切職務，赴青島學德語，以備將來赴德留學。他說：「我在愛國學社時，我的長兄與至友湯蟄仙、沈乙齋、徐顯民諸君均願我離學社，我不得已允之，但以籌款往德國學陸軍為條件。湯、徐諸君約與我關切者十人，每年各出五百元，為我學費。及學社與中國教育會衝突後，我離社，往德的計畫將實現。徐君從陳敬如君處探聽，據言紅海太熱，夏季通過不相適宜，不如先往青島習德語，俟秋間再赴德。於是決計赴青島。陳君夢坡為我致介紹於李幼闓君。李君廣東人，能說普通話，諳德語，在青島承辦工程方面事業，設有《膠州報》，其主筆為廣東易季圭君。李君初於館中辟一室以居我，我租得一樓面後，乃遷居，自理飲食。日到李君處習德語，後李君無暇，薦一德國教士教我。」[1]中間幾經周折，直到1907年5月，蔡元培隨孫寶琦大使赴德，實現了他的留德夢[2]。

魯迅雖是蔡元培的晚輩，但他學習德語卻早於蔡氏。魯迅於1899年2月由江南水師學堂轉入礦路學堂後即開始學習德語[3]。在仙台醫專魯

---

[1] 蔡元培：《自寫年譜》，載於《蔡元培全集》（第七卷），北京：中華書局，1989年，293頁。

[2] 蔡元培1906年11月22日致汪康年函云：「弟此次進京銷假，本為最不安之事。徒以遊學德意志之志，抱之數年，竟不得一機會。忽見報載學部有諮送翰林遊學東西洋之舉，不能不為之動心。」見《蔡元培全集》（第十卷），杭州：浙江教育出版社，1998年，45頁。

[3] 魯迅在《瑣記》一文說：「這回不是 It is a cat 了，是 Der Mann, Das Weib, Das Kind。」見《魯迅全集》（第二卷），北京：人民文學出版社，2005年，305頁。

迅所學外國語也為德語。1906年魯迅從仙台醫專退學回到東京後，將學籍掛在「獨逸語[1]學協會」下設的德文學校，繼續學習德語。

蔡元培與魯迅最早的書信往來始於1911年4月4日，但這之前已開始神交。蔡元培後來回憶二人的交往時說：「三十年前，我在德國留學的時候，覺得學德語的困難，與留學東京之堂弟國親通信時，談到這一點。國親後來書，說與周豫才、豈明昆弟談及，都說『最要緊的是有一部好字典』。這是我領教於先生的第一次。」[2]

蔡元培日記中第一次見到魯迅的名字是1911年4月4日：「寄《中央文學報》（四月一日出）於周豫才。」此時，魯迅在陳子英任監督（校長）的紹興府中學堂任教並兼任監學（教務長）。由於蔡元培從1906年12月18日至1911年元旦之間沒有日記，不知蔡元培留德後，是否在此之前還有不為人知的書信往來。但就所能查閱的資料看，1911年4月4日蔡元培給魯迅從德國郵寄《中央文學報》是他們首次直接交往。所以，這份雜誌在他們的交往中意義非凡。

蔡元培寄《中央文學報》給魯迅的緣由、《中央文學報》是一份什麼樣的刊物等問題，都是耐人尋味的。查蔡元培日記首次出現「周豫才」前後，1911年2月4日有「寄子英報」（子英即光復會成員、魯迅留日時相識的紹興同鄉陳子英，此處「報」疑為《中央文學報》）。同年3月20日「寄《中央文學》報一冊」，3月28日「《文學應聲》13、《文學中央志》13，發出」，4月10日「寄《文學應聲》及《文學中央志》各一冊」，5月2日「寄《中央文學雜誌》一冊」。由此推斷，蔡元培可能先與同為光復會成員的陳子英[3]通信並寄德文《中央文學報》，魯迅在陳子英處看到後，便托陳子英向蔡元培函索此報。

---

[1] 「獨逸」為German（德語）日譯（ドイツ語）的漢語音譯。

[2] 蔡元培：《記魯迅先生軼事》，載於《蔡元培全集》（第七卷），北京：中華書局，1989年，145頁。

[3] 趙英在《魯迅故交陳子英》（《魯迅研究月刊》，1996年第9期）中說：「歸國後，陳子英於1910年8月，接任紹興府中學堂監督兼任德文教員，隨即邀請魯迅擔任該校監學並博物教員。」這說明蔡元培先給任德文教員的陳子英寄德文報

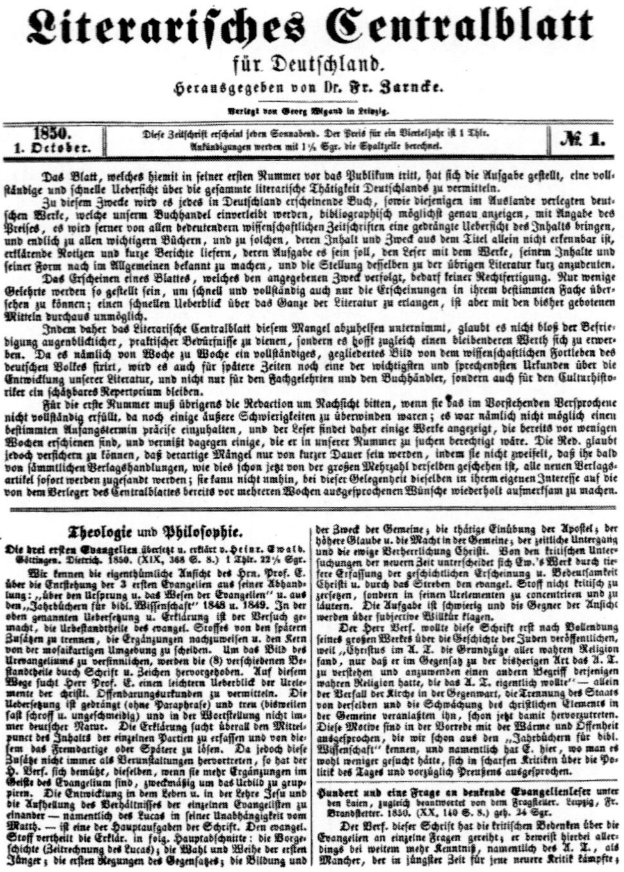

Literarisches Centralblatt

für Deutschland.

Herausgegeben von Dr. Fr. Zarncke.

Verlegt von Georg Wigand in Leipzig.

1850. 1. October.	Diese Zeitschrift erscheint jeden Sonnabend. Der Preis für ein Vierteljahr ist 1 Thlr. Ankündigungen werden mit 1½ Sgr. die Spaltzeile berechnet.	№ 1.

Das Blatt, welches hiemit in seiner ersten Nummer vor das Publikum tritt, hat sich die Aufgabe gestellt, eine vollständige und schnelle Uebersicht über die gesammte literarische Thätigkeit Deutschlands zu vermitteln.

Zu diesem Zwecke wird es jedes in Deutschland erscheinende Buch, sowie diejenigen im Auslande verlegten deutschen Werke, welche unserm Buchhandel einverleibt werden, bibliographisch möglichst genau anzeigen, mit Angabe des Preises, es wird ferner von allen bedeutendern wissenschaftlichen Zeitschriften eine gedrängte Uebersicht des Inhalts bringen, und endlich zu allen wichtigern Büchern, und zu solchen, deren Inhalt und Zweck aus dem Titel allein nicht erkennbar ist, erklärende Notizen und kurze Berichte liefern, deren Aufgabe es sein soll, den Leser mit dem Werke, seinem Inhalte und seiner Form nach im Allgemeinen bekannt zu machen, und die Stellung desselben zu der übrigen Literatur kurz anzudeuten.

Das Erscheinen eines Blattes, welches den angegebenen Zweck verfolgt, bedarf keiner Rechtfertigung. Nur wenige Gelehrte werden so gestellt sein, um schnell und vollständig auch nur die Erscheinungen in ihrem bestimmten Fache übersehen zu können; einen schnellen Ueberblick über das Ganze der Literatur zu erlangen, ist aber mit den bisher gebotenen Mitteln durchaus unmöglich.

Indem daher das Literarische Centralblatt diesem Mangel abzuhelfen unternimmt, glaubt es nicht bloß der Befriedigung augenblicklicher, praktischer Bedürfnisse zu dienen, sondern es hofft zugleich einen bleibenderen Werth sich zu erwerben. Da es nämlich von Woche zu Woche ein vollständiges, gegliedertes Bild von dem wissenschaftlichen Fortleben des deutschen Volkes fixirt, wird es auch für spätere Zeiten noch eine der wichtigsten und sprechendsten Urkunden über die Entwicklung unserer Literatur, und nicht nur für den Fachgelehrten und den Buchhändler, sondern auch für den Culturhistoriker ein schätzbares Repertorium bleiben.

Für die erste Nummer muß übrigens die Redaction um Nachsicht bitten, wenn sie das im Vorstehenden Versprochene nicht vollständig erfüllt, da noch einige äußere Schwierigkeiten zu überwinden waren; es war nämlich nicht möglich einen bestimmten Anfangstermin präcise einzuhalten, und der Leser findet daher einige Werke angezeigt, die bereits vor wenigen Wochen erschienen sind, und vermißt dagegen einige, die er in unserer Nummer zu suchen berechtigt wäre. Die Red. glaubt jedoch versichern zu können, daß derartige Mängel nur von kurzer Dauer sein werden, indem sie nicht zweifelt, daß ihr bald von sämmtlichen Verlagshandlungen, wie dies schon jetzt von der großen Mehrzahl derselben geschehen ist, alle neuen Verlagsartikel sofort werden zugesandt werden; sie kann nicht umhin, bei dieser Gelegenheit dieselben in ihrem eigenen Interesse auf die von dem Verleger des Centralblattes bereits vor mehreren Wochen ausgesprochenen Wünsche wiederholt aufmerksam zu machen.

Theologie und Philosophie.

Die drei ersten Evangelien übersetzt u. erklärt v. Heinr. Ewald. Göttingen. Dietrich. 1850. (XIX, 368 S. 8.) 1 Thlr. 22½ Sgr.

Wir kennen die eigenthümliche Ansicht des Hrn. Prof. E. über die Entstehung der 3 ersten Evangelien aus seiner Abhandlung: „über den Ursprung u. das Wesen der Evangelien" u. aus den „Jahrbüchern für bibl. Wissenschaft" 1848 u. 1849. In der oben genannten Uebersetzung u. Erklärung ist der Versuch gemacht, die Urbestandtheile des evangel. Stoffes von den spätern Zusätzen zu trennen, die Ergänzungen nachzuweisen u. den Kern von der mosaikartigen Umgebung zu scheiden. Um das Bild des Urevangeliums zu versinnlichen, werden die (8) verschiedenen Bestandtheile durch Schrift u. Zeichen hervorgehoben. Auf diesem Wege sucht Herr Prof. E. einen leichtern Ueberblick der Urelemente der christl. Offenbarungsurkunden zu vermitteln. Die Uebersetzung ist gedrängt (ohne Paraphrase) und treu (bisweilen fast schroff u. ungeschmeidig) und in der Wortstellung nicht immer deutscher Natur. Die Erklärung sucht überall den Mittelpunct des Inhalts der einzelnen Partien zu erfassen und von diesem das Fremdartige oder Spätere zu lösen. Da jedoch diese Zusätze nicht immer als Verunstaltungen hervortreten, so hat der H. Verf. sich bemüht, dieselben, wenn sie mehr Ergänzungen im Geiste des Evangelium sind, zweckmäßig um das Urbild zu gruppiren. Die Entwicklung in dem Leben u. in der Lehre Jesu und die Aufhellung des Verhältnisses der einzelnen Evangelisten zu einander — namentlich des Lucas in seiner Unabhängigkeit vom Matth. — ist eine der Hauptaufgaben der Schrift. Den evangel. Stoff vertheilt die Erklär. in folg. Hauptabschnitte: die Vorgeschichte (Zeitrechnung des Lucas); die Wahl und Weihe der ersten Jünger; die ersten Regungen des Gegensatzes; die Bildung und der Zweck der Gemeine; die thätige Einübung der Apostel; der höhere Glaube u. die Macht in der Gemeine; der zeitliche Untergang und die ewige Verherrlichung Christi. Von den kritischen Untersuchungen der neuern Zeit unterscheidet sich Ew.'s Werk durch tiefere Erfassung der geschichtlichen Erscheinung u. Bedeutsamkeit Christi u. durch das Streben den evangel. Stoff nicht kritisch zu zersetzen, sondern in seinen Urelementen zu concentriren und zu läutern. Die Aufgabe ist schwierig und die Gegner der Ansicht werden über subjective Willkür klagen.

Der Herr Verf. wollte diese Schrift erst nach Vollendung seines großen Werkes über die Geschichte der Juden veröffentlichen, weil „Christus im A. T. die Grundzüge aller wahren Religion fand, nur daß er im Gegensatz zu der bisherigen Art das A. T. zu verstehen und anzuwenden einen andern Begriff derjenigen wahren Religion hatte, die das A. T. eigentlich wollte" — allein der Verfall der Kirche in der Gegenwart, die Trennung des Staats von derselben und die Schwächung des christlichen Elements in der Gemeine veranlaßten ihn, schon jetzt damit hervorzutreten. Diese Motive sind in der Vorrede mit der Wärme und Offenheit ausgesprochen, die wir schon aus den „Jahrbüchern für bibl. Wissenschaft" kennen, und namentlich hat E. hier, wo man es wohl weniger gesucht hätte, sich in scharfen Kritiken über die Politik des Tages und vorzüglich Preußens ausgesprochen.

Hundert und eine Frage an denkende Evangelienleser unter den Laien, zugleich beantwortet von dem Fragsteller. Leipzig, Fr. Brandstetter. 1850. (XX, 140 S. 8.) geh. 24 Sgr.

Der Verf. dieser Schrift hat die kritischen Bedenken über die Evangelien an einzelne Fragen gereiht; er beweist hierbei allerdings bei weitem mehr Kenntniß, namentlich des A. T., als Mancher, der in jüngster Zeit für jene neuere Kritik kämpfte;

圖1　《德國中央文學報》1850年10月1日創刊號

《中央文學報》[1]是一份什麼刊物呢？目前可查的很可能也是唯一的中文文獻，是1975年人民出版社出版的《馬克思恩格斯全集》（第

刊推理是有根據的。

[1]《蔡元培全集》對此的注解是：「蔡元培時為魯迅購寄德國出版的《中央文學報》、《文學應聲》等。」見《蔡元培全集》（第十五卷），杭州：浙江教育出版社，1998年，441頁。

三十二卷）馬克思致恩格斯的信（1868年7月11日於倫敦）的附件（2）：
「可敬的孚赫的書評，《中央文學報》上發表的另一篇書評。兩篇書
評都請寄還給我。」[1]同日，馬克思給路德維希‧庫格曼信裏也提到了
《中央報》。這裏所說孚赫的書評和另一篇書評都是關於《資本論》
第一卷的評論。《馬克思恩格斯全集》（第三十二卷）索引對《中央
文學報》的注解為：「《德國中央文學報》（Literarisches Centralblatt für
Deutschland）──德國的一家文摘性的科學情報評論週刊，1850年至1944
年在萊比錫出版。」[2]

　　這個注解過於簡略，說它是「文摘性的科學情報評論週刊」也不
大準確，該報全稱《德國中央文學報》，由神父Fr. Zarncke創辦。1891
年他死後，由兒子Eduard Zarncke接辦。除了登載一些如前述對《資本
論》等的評述文章外，更主要的是介紹德語文學界的最新動向和新近
引進的外國文學作品。這一點正是魯迅對它感興趣的原因所在。

　　魯迅搜購德文書刊，始於從仙台醫專退學後寄居東京時期，周
作人說：「在仙台所學的是醫學專門學問，後來對魯迅有用的只是德
文，差不多是他做文藝工作的唯一的工具。退學後住在東京的這幾
年，表面上差不多全是閑住，正式學校也並不進，只在『獨逸語學協
會』附設的學校裏掛了一個名，高興的時候去聽幾回課，平常就只逛
舊書店，買德文書來自己閱讀，可是這三年裏卻充分獲得了外國文學
的知識，做好將來做文藝運動的準備了……他便竭力收羅俄國文學的
德文譯本，又進一步去找別的求自由的國家的作品，如匈牙利，芬
蘭，波蘭，波西米亞（捷克），塞爾維亞與克洛諦亞（南斯拉夫）、
保加利亞等。這些在那時候都是弱小民族，大都還被帝國主義的大國
兼併，他們的著作英文很少翻譯，只有德文譯本還可得到，這時魯迅
的德文便大有用處了。魯迅在東京各舊書店盡力尋找這類資料，發現

---

[1]　馬克思：《馬克思致恩格斯》，載於中央編譯局主編：《馬克思恩格斯全集》
　　（第三十二卷），北京，人民出版社，1975年，113頁。
[2]　同上，915頁。

舊德文雜誌上說什麼譯本刊行，便托相識書商向『丸善書店』往歐洲
訂購。」[1]

　　至於搜求這些德文書刊的動機，魯迅說他開始文藝活動時並不想
創作，注重的是紹介、翻譯被壓迫民族的作品，為此，「也看文學史
和批評，這是因為想知道作者的為人和思想，以便決定應否紹介給中
國。」[2]他要通過這些德文報刊瞭解歐洲弱小民族文學的發展動向，並
通過德文報刊上的批評和介紹，決定翻譯、紹介的對象。正如袁狄湧
所說：

> 魯迅的德文沒有在翻譯德國文學方面大顯身手，但在其他方面
> 卻結出了碩果，得到了意外的收穫。首先，他利用德文翻譯了
> 不少俄國和東歐文學作品，為促進國民的思想覺悟和推動新文
> 學的建設，作出了很大的貢獻；其次，他在德文著作中發掘出
> 了一些珍貴的材料。如《小俄羅斯文學略說》就是從凱爾沛來
> 斯著《文學通史》裏摘譯的。《小說月報》出弱小民族文學專
> 號，魯迅提供的關於保加利亞、芬蘭等國文學的資料，亦取自
> 該書。又如波蘭密茨凱維奇、匈牙利裝多菲等人的照片，也是
> 在德文書裏找到的。[3]

　　而蔡元培之所以給陳子英、魯迅郵寄《中央文學報》，是因為蔡
元培自己也對「德國文學史」比較關注，他1908年10月至1911年11月在
德國萊比錫大學學習期間，所聽關於「德語文學史」課程有Kitkowski
的「德國文學之最新發展」和「自古代至現代之德國文學概論」、
Kösterd的「十八世紀德國文學史」、「德國戲劇及演藝藝術史選讀並

---

[1] 周作人：《魯迅的青年時代》，石家莊：河北教育出版社，2002年，46-47頁。
[2] 魯迅：《我怎麼做起小說來》，載於《魯迅全集》（第四卷），北京：人民文
　　學出版社，2005年，525頁。
[3] 袁狄湧：《魯迅與德國文學》，《魯迅研究月刊》，1993年第7期。

附研究資料」和「十五世紀至二十世紀之舞臺發展」。[1]這說明此時的蔡、魯對德語文學有共同的興趣。

魯迅因家庭所累,不能實現他的「留德夢」[2],但回國後一直留心搜求德文書刊。

辛亥革命後,魯迅辭去山會師範學堂監督,想到上海商務印書館去當編輯:「他托了蔡谷卿介紹,向大書店去說,不久寄了一頁德文來,叫翻譯了拿來看。他在大家共用的沒有門窗的大廳裏踱了大半天,終於決定應考,因為考取了可以有一百多元的薪水。他抄好了譯文,郵寄上海,適值蔡子民的信來到,叫他到南京的教育部去,於是他立即動身,那考試的結果也不去管它,所以沒有人記得這是及第還是落第了。」[3]假如沒有辛亥革命的發生,魯迅很可能要用他所學的德文來謀生計了。

魯迅學習德語的興趣和對德語文學的關注,一直延續了下來。我們看他後來的日記和書賬,時有購買德語文學著作甚至德語字典的記載,如1930年1月4日,「下午往內山書店買文藝書類三本,共泉八元二角。」其中一本就是《現代獨逸文學》。又9月4日:「往內山書店買《史底唯物論》一本,《獨逸基礎單語四○○○字》一本,共四元六角。」[4]

---

[1] [民主德國]費路(Rolang Felber):《蔡元培在德國萊比錫大學》,載於《蔡元培研究會編:論蔡元培》,北京:旅遊教育出版社,1989年,462、463頁。

[2] 魯迅說:「我又想往德國去,也失敗了。終於,因為我的母親和幾個別的人很希望我有經濟上的幫助,我便回到中國來。」見《魯迅全集》(第七卷),北京:人民文學出版社,2005年,85頁。

[3] 周作人:《魯迅的故家》,石家莊:河北教育出版社,2002年,256頁。

[4] 本文所引魯迅書信、日記均出自2005年人民文學出版社《魯迅全集》,為行文方便,不再一一標注具體出處。

二、紹興「同鄉」

由於長期的農耕生活，中國人有著濃厚的鄉土情結。「同鄉」觀念即由此衍生而來，它主要包含著「地緣」和「人緣」兩種關係。一方面是對地理景觀、風俗民情的情感依戀，另一方面則是生存於同一地域的人與人之間的向心力。

紹興山水之美，早為人稱道：「山陰道上行，如在畫中游」。王羲之《蘭亭集序》說：「此地有崇山峻嶺，茂林修竹；又有清流激湍，映帶左右，引以為流觴曲水，列坐其次。」《晉書》記載：「（顧愷之）還至荊州，人問以會稽山川之狀，愷之云，千岩競秀，萬壑爭流，草木朦朧，若雲興霞蔚。」王獻之同樣稱頌山陰風景：「雲生滿谷，月照長空，潭澗注瀉，翠羽欲流，浮雲出岫，絕壁天懸。千岩競秀，萬壑爭流。草木蒙籠其上，若雲興霞蔚。山陰道上行，山川自相映發，使人應接不暇。」

魯迅對於紹興景物的描寫，散見於他的小說之中。紹興的夜景是這樣的迷人：「兩岸的豆麥和河底的水草所發散出來的清香，夾雜在水氣中撲面的吹來；月色便朦朧在這水氣裏。淡黑的起伏的連山，彷彿是踴躍的鐵的獸脊似的，都遠遠的向船尾跑去了，……最惹眼的是屹立在莊外臨河的空地上的一座戲臺，模胡在遠處的月夜中，和空間幾乎分不出界限，我疑心畫上見過的仙境，就在這裏出現了。」[1]難怪魯迅說：「但要我記起他的美麗，說出他的佳處來，卻又沒有影像，沒有言辭了。」[2]

蔡元培對於故鄉的「岩岩棟山，蕩蕩慶湖」充滿了自豪，並指出正是這樣的山水養育了魯迅等作家：「行山陰道上，『千岩競秀，萬

---

[1] 魯迅：《社戲》，載於《魯迅全集》（第一卷），北京：人民文學出版社，2005年，592-593頁。

[2] 魯迅：《故鄉》，載於《魯迅全集》（第一卷），北京：人民文學出版社，2005年，501頁。

鑿爭流,令人應接不暇」。有這種環境,所以歷代有著名的文學家、美術家,其中如王逸少的書,陸放翁的詩,尤為永久流行的作品。最近時期,為舊文學殿軍的,有李越縵先生,為新文學開山的,有周豫才先生,即魯迅先生。」[1]

　　鄉土觀念中的所謂「人緣」,既是對古聖先賢的認同,又是現實中同鄉之間的相互關照和提攜。

　　對於同鄉的古聖先賢,蔡元培和魯迅都有認同感。蔡元培在1895年所作《越中先賢祠春秋祭文》中這樣表達他對越中先賢的崇敬之情:

> ……後王嘗膽,任俠競趨。氣節慷慨,是焉權輿。勝朝致命,遂多偉儒。儒林大師,餘姚筆祖。千祀不祧,授經圖譜。新昌朴學,翼左程朱。良知證人,大啟堂廡。文苑之英,勝哉典午。麗筆法言,遞傳曾矩。都凡學派,前於後喁。先賢作傳,典錄成書。社祀於社,古誼燦如。……[2]

　　魯迅雖對其同鄉多有苛責[3],但也不否認他對作為歷史傳承的地方精神的高度認同與自覺繼承,他早年編輯《會稽郡故書襍集》即為「篤恭鄉里」:「會稽古稱沃衍,珍寶所聚,海嶽精液,善生俊異,而遠於京夏,厥美弗彰……是故敘述名德,著其賢能,記其陵泉,傳

---

[1] 蔡元培:《〈魯迅全集〉序》,載於《蔡元培全集》(第七卷),北京:中華書局,1989年,214頁。

[2] 蔡元培:《越中先賢祠春秋祭文》,載於《蔡元培全集》(第一卷),北京:中華書局,1988年,59頁。

[3] 魯迅在《朝花夕拾・瑣記》裡說:「S城人的臉早經看熟,如此而已,連心肝也似乎有些了然。總得尋別一類人們去,去尋為S城人所詬病的人們,無論其為畜生或魔鬼。」他在1911年1月2日致許壽裳的信裏說:「越中理事,難於杭州。佞儷奇觚,鬼蜮退舍。近讀史數冊,見會稽往往出奇士,今何不然?甚可悼歎!上自士大夫,下至臺隸,居心卑險,不可施救,神赫斯怒,湮以洪水可也。」

其典實，使後人穆然有思古之情，古作者之用心至矣！」[1]魯迅雖然知道他的故鄉和任何地方一樣，都有善惡兩面，但在《女吊》一文的開頭，他不無自豪地「誇飾」了其值得自豪的一面：「大概是明末的王思任說的罷：『會稽乃報仇雪恥之鄉，非藏垢納污之地！』這對於我們紹興人很有光彩，我也很喜歡聽到，或引用這兩句話。但其實，是並不的確的；這地方，無論為那一樣都可以用。」[2]

魯迅生前，蔡元培對他多次獎掖援助，死後更是對他恭敬有加。蔡元培日記共記魯迅13次，其中生前2次，死後11次。魯迅逝世後，蔡元培不僅親往弔唁和送葬，高度評價魯迅的學術貢獻和思想人格，還為《魯迅全集》的出版鼎力相助。這一方面是由於蔡元培的愛才惜才，但也與他們之間「鄉誼」和「世誼」有關。周作人對他們兩家的特殊關係曾這樣解釋：「蔡子民原籍紹興山陰，住府城內筆飛坊，吾家則屬會稽之東陶坊，東西相距頗遠，但兩家向有世誼，小時候曾見家中有蔡先生的朱卷，文甚難懂，詳細已不能記得……。」[3]另據日本學者波多野真矢考證，周作人在1908年7月進日本立教大學預科時的「保證人」是蔡元培的堂弟蔡元康（即在魯迅日記中出現70次之多的「谷青」或「谷卿」）[4]。周作人稱他們兩家「向有世誼」，可見不是一般的同鄉關係。

周氏三兄弟中，魯迅一生中主要的三份工作（教育部職員、北大兼職講師、大學院特約撰述員）都與蔡元培有關。周作人、周建人在工作上也多受蔡氏提攜。周作人於1917年受聘為北大國史編纂處編纂

---

[1] 魯迅：《〈會稽郡故書襍集〉序》，載於《魯迅全集》（第十卷），北京：人民文學出版社，2005年，35頁。

[2] 魯迅：《女吊》，《魯迅全集》（第六卷），北京：人民文學出版社，2005年，637頁

[3] 周作人：《記蔡子民先生的事》，載於《藥味集》，石家莊：河北教育出版社，2002年，30頁。

[4] [日]波多野真矢：《周作人與立教大學》，《魯迅研究月刊》，2001年第2期，42頁。

（當年9月才聘為文科教授），頗費蔡元培的周折。而早在1906年，蔡元培就曾給周作人安排過一份工作，只是由於周作人當時正在南京水師學堂就學而未能赴任[1]。周建人從1921年起即在商務印書館工作，1932年因遭戰火毀壞被解雇，生活無著，經魯迅請求，蔡元培多方奔走，才得以續聘。

另外，蔡元培也曾向商務印書館的張元濟推薦過魯迅堂叔周冠五（魯迅日記中稱「朝叔」）的小說。蔡元培1906年5月22日日記：「周冠五之偵探小說，交菊生。」但不知周冠五的小說何名，是否在商務印書館出版。

三、教育部（大學院）和北大的「同事」

辛亥革命後，蔡元培於1912年1月3日就任中華民國第一任教育總長，魯迅經好友許壽裳推薦[2]，到南京臨時政府教育部供職，兩人「始常見面」。教育部北遷後，魯迅被聘為教育部僉事、社會教育司第一科科長，開始了他十四年的公務員生涯。四年後的1916年11月，蔡元培從歐洲回國，恰逢魯迅回鄉省親，他在上海聽說蔡在紹興，到家後第三日即12月9日去蔡家拜訪，而蔡則已往杭州[3]。1917年1月4日蔡元培

---

[1] 周作人後來回憶說：「大約在光緒末年的乙巳年間吧（此處周作人的記憶有誤，應為「丙午」——筆者），他們請蔡孑民去辦學務公所，蔡君便托封變臣來叫我，去幫他的忙。我因為不願意休學，謝絕了他，可是沒有多久，蔡君自己也就被人趕走了。」《知堂回想錄》（上），石家莊：河北教育出版社，2002年，306頁。

[2] 許壽裳在《亡友魯迅印象記》一文說：「我被蔡先生邀至南京幫忙，草擬各種規章，日不暇給，乘間向蔡先生推薦魯迅。蔡說：『我久慕其名，正擬馳函延請，現在就托先生——蔡先生對我，每直稱先生——代函敦勸，早日來京。』我即連寫兩封信給魯迅，說蔡先生殷勤延攬之意。」許壽裳：《摯友的懷念》，石家莊：河北教育出版社，2002年，19-20頁

[3] 魯迅1917年12月9日致許壽裳的信中說：「在滬時聞蔡先生在越中，報章亦云爾；今日往詢其家，則言已往杭州矣。在此曾一演說，聽者頗不能解，或者云：但知其欲填塞河港耳。」《魯迅全集》（第十一卷），北京：人民文學出

就任北大校長後，7日，魯迅由紹興返回北京，10日就往北大拜訪了蔡元培，此後他們時相過從，互通音訊。魯迅於1920年8月2日被聘為北大講師，一直到1926年離開北京。魯迅日記中記蔡元培50次，其中29次出現在蔡任北大校長（1917年1月—1923年4月）期間，說明他們此時交往之頻繁。

魯迅南下後，幾經周折，於1927年10月抵達上海，處於生活困頓中的他，又一次得到了時任中華民國大學院院長的蔡元培的援助。又是許壽裳從中牽線幫忙，魯迅於12月8日收到月薪300元的「大學院特約撰述員」的聘書，直到1932年1月被解聘。有人統計，蔡元培主持大學院期間支付給特約撰述員魯迅的這筆「補助費」長達49個月，共計有14700銀圓，折合黃金490兩。

但是，正是魯迅在獲得這份「美差」過程中的一些言論常為人所詬病。而這些指責，無非是說魯迅從許壽裳處得知他將被聘為「大學院特約撰述員」的消息後（1927年12月同期聘任的還有吳稚暉、李石曾、馬夷初、江紹原），一方面急不可耐；但在遲遲等不來聘書的情況下，又故作清高；同時，又懷疑這是蔡元培敷衍他們，進而在與友人的通信中表達對蔡的不滿。這被認為是魯迅的以怨報德，忘恩負義。儘管魯迅的性格與蔡氏有別，但其在這件事中的表現也是人之常情。首先，魯迅之所以「急不可耐」，是因為靠譯書糊口、賣文為生的他缺錢花。他在1927年11月20日給江紹原的信裏說：「然則不得已，只好弄弄文學書，待收得版稅時，本也緩不濟急，不過除此以外，另外也沒有好辦法。現在是專要人性命的時候，倘想平平穩穩地吃一口飯，真是困難極了。」一個人在等待別人許諾的米下鍋而等不來的時候，說些「我亦不想去吃」等氣悶話，都是正常的。而魯迅在12月9日給章廷謙信中所說「太史之類，不過傀儡……我以為該太史在中國無可為」等話，既非人身攻擊，也符合事實（蔡元培當時在國民

版社，2005年，353頁。

政府和國民黨中所任職務確是「傀儡」而已），而且蔡元培參與「清共」的行動，既不符合人道主義精神，也與魯迅的政治傾向相左。況且魯迅的批評蔡氏，也並不始於這次「聘任」事件，不說北大時期那些微言譏諷，單是在1927年6月12日給章廷謙的信裏所說「我和此公，氣味不相投者也。民元之後，他所賞識者，袁希濤、蔣維喬輩，則十六年之頃，其所賞識者，也就可以類推了」，足以說明魯迅是一個有獨立思想的人。若因為得到一兩次蔡元培的「援引」而對這位前輩俯首貼耳，那就是勢利小人。大家都知道魯迅對他的業師章太炎也時有微辭，何況蔡元培。況且，當魯迅的這個無功受祿的職位終於被裁時，魯迅在1932年3月2日致許壽裳信中也表達了他對蔡的感激和歉疚：「被裁之事，先已得教部通知。蔡先生如是為之設法，實深感激。惟數年以來，絕無成績，所輯書籍，迄未印行，近方圖自印《嵇康集》，清本略就，而又突陷兵火之內，存佚蓋不可知。教部付之淘汰之列，固非不當，受命之日，沒齒無怨。」蔡氏雖一再被罵而對他的這位後悲同鄉呵護有加，並非狹隘同鄉觀念使然，而是出於對魯迅人格的尊敬。蔡氏說：「先生在教育部時，同事中有高陽齊君壽山，對他非常崇拜，教育部免先生職後，齊君就聲明辭職，與先生同退。齊君為人豪爽，與先生的沈毅不同；留德習法政，並不喜歡文學，但崇拜先生如此，這是先生人格的影響。」[1]這也可以看作蔡元培的夫子自道：偉大的友誼是以獨立人格為前提的。正是基於對魯迅卓特人格的敬仰，不管魯迅被如何謾罵，蔡元培在魯迅逝世後毅然為他主持了葬禮，並號召發揚魯迅精神，使他的精神永遠不死。

---

[1] 蔡元培：《記魯迅先生軼事》，載於《蔡元培全集》（第七卷），北京：中華書局，1989年，146頁。

四、文學革命的「同人」

1917年蔡元培執掌北大後，實行「學術自由，相容並包」的方針，聘請以編輯《新青年》聞名的陳獨秀任文科學長，《新青年》隨後遷到北京，《新青年》和北京大學的結合，使北京大學成為文學革命的中心。在「提倡新文學，反對舊文學」的文學革命中，蔡元培和魯迅可謂是同聲相應，同氣相求。

周氏兄弟在清末大力譯介外國短篇小說，可看作是文學革命的先聲[1]。而蔡元培在清末文學改良運動中，對小說地位的提升，對「言文合一」的提倡和白話文寫作的實踐，都足以使他後來成為名副其實的文學革命的領袖。

蔡元培1898年7月27日日記：「余喜觀小說，以其多關人心風俗，足補正史之隙，其佳者往往意內言外，寄託遙深，讀詩逆志，尋味無窮。」

1901年1月29日日記：「秦漢以來，治文字不治語言，文字畫一而語言不畫一，於是語言與文字離，則識字之人少，無以促思想進步矣，於是有志之士，為拼音新字，為白話報，為白話經解，思有以溝通之。然百里異言。又勞象譯，所謂事倍而功半也。宜於初級學堂立官話一科，則拼音新字可行，而解經譯報之屬，可通於全國矣……近世乃有小說，雖屬寓言，頗近民史，而文理淺顯，尤含語言文學合一之趣。若能祛猥褻怪誕之弊，而律以正大確實之義，則善矣。」

蔡元培與王季同、汪允宗等20世紀初在上海所編《俄事警聞》和《警鐘》，「每日有白話文與文言文論說各一篇」，蔡元培1904年在《俄事警聞》上還發表他了的白話小說《新年夢》。1906年9月在京師大學堂譯學館任教時，他給學生出的國文題目即有《論我國言文不一

---

[1] 蔡元培在1937年6月29日為良友圖書公司出版《世界短篇小說大系》所作序文稱：「短篇小說的譯集，始於三十年前周樹人（魯迅）、作人昆弟的《或外集》，但好久沒有繼起的。」《蔡元培全集》（第七卷），中華書局，1989年，186頁。

致之弊》。這些都說明蔡元培在清末積極參與了中國文學的現代轉型活動，為他後來成為文學革命的領袖，奠定了堅實基礎。

在五四文學革命關於文言存廢的論爭中，蔡元培堅信在白話與文言的競爭中，「將來白話派一定占優勝」：

> 白話是用今人的話來傳達今人的意思，是直接的。文言是用古人的話來傳達今人的意思，是間接的。間接的傳達，寫的人與讀的人，都要費一番翻譯的功夫，這是何苦來？[1]

而魯迅在文學革命中的貢獻，一是以他高水準的白話文學創作，「顯示了『文學革命』的實績」，二是通過中國小說史的研究，進一步提升了小說在現代文學格局中的地位，蔡元培對此深表認同。

1931年5月，蔡元培發表了《二十五年來中國之美育》，他指出：

> 此時期中，以創作自命者頗多。舉其最著者，魯迅（周樹人）的《吶喊》、《徬徨》等集，以抨擊舊社會劣點為的，而文筆的尖刻，足以副之，故最受歡迎。[2]

又1938年在給《魯迅全集》所做的序中說：

> 惟彼又深研科學，酷愛美術，故不為清儒所囿，而又有他方面的發展，例如科學小說的翻譯，《中國小說史略》、《小說舊文鈔》、《唐宋傳奇集》等，已打破清儒輕視小說之習慣……

---

[1] 蔡元培：《國文之將來》，載於《蔡元培全集》（第三卷），北京：中華書局，1984年，357頁。

[2] 蔡元培：《二十五年來中國之美育》，載於《蔡元培全集》（第六卷），北京：中華書局，1988年，64頁。

　　魯迅先生的創作，除《墳》、《吶喊》、《野草》數種外，均成於1925至1936年中，其文體除小說三種、散文詩一種、書信一種外，均為雜文與短評，以十二年光陰成此許多的作品，他的感想之豐富，觀察之深刻，意境之雋永，字句之正確，他人所苦思力索而不易得當的，他就很自然的寫出來，這是何等天才！又是何等學力！⋯⋯所以鄙人敢以新文學開山目之。

五、民主革命的「同道」

　　蔡、魯生長於富於革命傳統的浙東，在近現代民主革命的過程中，他們既有著相近的革命志向，也有共同參與的革命活動。

　　1904年11月光復會成立於上海，由蔡元培任會長。魯迅與光復會的陶成章是無話不談的好朋友，陶成章還托魯迅保管過光復會的重要檔。張家康認為：「魯迅通過與陶成章的多次接觸，認識了光復會領袖蔡元培，他們雖然尚未謀面，卻早已是互通心曲，神交久矣。」[1] 儘管學界對魯迅是否光復會會員有不同看法[2]，但從魯迅留日時與光復會成員的密切交往來看，至少說明當時的魯迅和蔡元培具有共同的革命理想。

　　1932年12月17日，中國民權保障同盟成立後，蔡元培於1933年1月4日給魯迅去信，邀請魯迅入盟。魯迅於1933年1月6日、11日赴中央研究院參加民權保障同盟會。1月17日，中國民權保障同盟上海分會召開成立會，蔡元培和魯迅等出席會議，經過投票選舉，他們都當選為上海分會執行委員。魯迅於當日還獲蔡元培書贈七絕二首：

---

[1]　張家康：《蔡元培與魯迅》，載於《文史春秋》，2004年第6期，61頁。
[2]　倪墨炎：《魯迅革命活動考述》（上海文藝出版社，1984年）對此作了詳盡的考證，他根據許壽裳和沈瓞民的記述判斷：「魯迅是一九○四年十二月加入光復會的，是光復會東京分部成立後的第一批會員。」

養兵千日知何用，大敵當前喑不聲。

汝輩尚容說威信，十重顏甲對蒼生。

幾多恩怨爭牛李，有數人才走越胡。

顧犬補牢猶未晚，只今誰是藺相如。

——舊作錄奉魯迅先生正之　蔡元培

　　1933年2月17日英國作家蕭伯納環遊世界到達上海，由宋慶齡率中國民權保障同盟成員接待，蔡元培派車接魯迅參加了相關活動，魯迅日記對此有詳細記載：

　　午後汽車齎蔡先生信來，即乘車赴宋慶齡夫人宅午餐，同席為蕭伯納、伊（羅生）、斯沫特列女士、楊杏佛、林語堂、蔡先生、孫夫人，共七人，飯畢照相二枚。同蕭、蔡、林、楊往筆社，約二十分後復回孫宅。紹介木村毅君於蕭。

　　為抗議希特勒納粹黨人蹂躪人權，摧殘文化人士。1933年5月11日下午，魯迅去中央研究院，商討民保盟如何抗議希特勒的法西斯暴行。5月13日上午，魯迅與蔡元培等親往德國駐上海領事館，以中國民權保障同盟的名義遞交抗議書，強烈抗議希特勒的法西斯政黨踐踏人權的暴行。5月14日《申報》對此作了報導：

　　中國民權保障同盟向以提倡民權為宗旨，不分國際畛域。近以德國希特勒派一黨專政以來，殘害無辜，壓迫學者，慘酷殊甚，特於昨日（十三）上午，由執行委員會宋慶齡、蔡元培、楊杏佛、魯迅等親到本埠德國領事館，提出抗議，當由副領事貝連君接見，許代轉達該國駐華公使。

1933年6月18日，民保盟總幹事楊杏佛在上海被特務暗殺。蔡元培和魯迅強忍悲痛，毅然參與料理楊杏佛的後事。6月20日，魯迅冒死參加了楊杏佛的葬禮，第二天，魯迅又賦詩悼念：

> 豈有豪情似舊時，
> 花開花落兩由之。
> 何期淚灑江南雨，
> 又為斯民哭健兒。[1]

楊杏佛被害後，中國民權保障同盟也被迫停止了活動。作為革命的同道，魯迅對蔡元培表現出來的民族大義給予積極評價：「其實像蔡先生也還是一般地贊成進步，並不反對共產黨而已。到底共產黨革命是怎麼一回事，他就不甚了然，他甚至於悲憤地說：國民黨為了想消滅政治上的敵人連民族的存亡都可以不顧，這是他所始料不及的。可知他同情革命者，也不過是為了民族而已。」[2]1940年3月5日蔡元培逝世後，周恩來這樣評價蔡元培革命生涯：

> 從排滿到抗日戰爭，先生之志在民族革命；
> 從五四到人權同盟，先生之行在民主自由。

至於魯迅，他是不希望自己「退居於寧靜的學者」。借他評價章太炎的話說，他也是想做一個「有學問的革命家」：

> 考其生平，以大勳章作扇墜，臨總統府之門，大詬袁世凱的包
> 藏禍心者，並世無第二人；七被追捕，三入牢獄，而革命之

---

[1] 魯迅：《魯迅全集》（第七卷），北京：人民文學出版社，2005年，467頁。
[2] 馮雪峰：《回憶魯迅》，載於《馮雪峰回憶魯迅全編》，上海：上海文化出版社，2009年，124頁。

志，終不屈撓者，並世亦無第二人：這才是先哲的精神，後生
的楷範。[1]

這是魯迅逝世前十天的文字，既是對業師的高度評價，也是對自
己的激勵和期許。

六、美術的「同好」

在魯迅與蔡元培的諸多交往中，他們對於美術的愛好，是最富於
個人趣味的。

蔡元培的喜歡美術，可從他的婚姻家庭窺見一斑。蔡元培與他的
第二任妻子黃世振（仲玉）的姻緣至少有一半與美術有關。1901年2月
8日，蔡元培到杭州過訪葉祖薌，「見示南昌黃氏女所繪直幅扇葉，士
女工細絕倫，書亦端秀……家極貧，女鬻畫，弟傭書，始度日，弟妹
書畫皆所教。余甚傾倒，屬致書決姻事」。1901年11月23日（婚後第
二日），蔡元培日記又記道：「（黃氏女）自學畫，以父老家貧，曾
徹夜作畫，鬻錢以度日，目光為之耗。天性之摯愛，吾所僅見也。」
1921年1月2日，黃仲玉在北京逝世，遠在日內瓦的蔡元培得此惡耗，
於1月9日撰文遙祭，為其書畫才能未能施展而唏噓：「……累汝以貧
困，累汝以憂患，使汝善書、善畫、善為美術之天才，竟不能無限發
展，而且積勞成疾，以不得盡汝之天年。」[2]

1923年7月10日，蔡元培與他曾在上海愛國女學校的學生周養浩在
蘇州留園舉行婚禮，他在婚禮的即席演說中說，擅長美術是他擇偶的

---

[1] 魯迅：《關於太炎先生的二三事》，載於《魯迅全集》（第六卷），北京：人
民文學出版社，2005年，567頁。
[2] 蔡元培：《祭亡妻黃仲玉》，載於《蔡元培全集》（第四卷），北京：中華書
局，1984年，1頁。

標準之一:「予嗜美術,尤願與研求美術者為偶。」[1]新婚不久,蔡元培攜妻小赴歐,周養浩和蔡元培長女威廉同進比利時布魯塞爾美術學校、巴黎美術專科學校學習美術。此後,蔡元培與對美術有共同興趣的周養浩,鰈泳鶼飛,詩畫唱和。1929年,周養浩的油畫作品參加上海舉辦的全國美術展覽,蔡元培為題一首:

> 我相邊流每剎那,隨人寫照各殊科。
> 惟卿第一能知我,留取心痕永不磨。[2]

1934年10月,蔡元培舉家赴青島度假。蔡元培21日日記寫道:「養浩擬在館前覓畫景,都不甚佳,風又大。旋於樓上窗空中取一水石相激之對象,乃下筆。」周養浩此日所作油畫題名《青島海濱》,蔡元培的題畫詩為:「水族館中窗窈窕,海濱園外島參差。驚濤怪石互吞吐,正是漁舟穩渡時。」[3]

1937年3月25日,普降瑞雪後的上海,纖塵不染,溫潤美豔,蘊含無限生機。蔡元培賦詩一首,詩末云:「此景貽君充畫料,雪蕉莫笑右丞王。」正在住院治療的周養浩,病中取樂,畫南窗風景一副,蔡為題詩一絕:

> 駘蕩雲容凝曉靄,芊綿草色恣遙看。
> 向榮更喜春天樹,稚綠欣欣卻耐寒。

---

[1] 徐仲可:《天蘇閣叢書・可言》,轉引自高平叔:《蔡元培年譜長編》(中),北京:人民教育出版社,650頁。

[2] 蔡元培:《題養友為寫油畫》,載於《蔡元培全集》(第五卷),北京:中華書局,1988年,365頁。

[3] 蔡元培:《題青島海濱油畫》,載於《蔡元培全集》(第六卷),北京:中華書局,1988年,477-478頁。

魯迅自幼愛好美術，廣為人知，在此不贅。成年以後，他又將這種愛好擴展為一種藝術運動（提倡木刻、版畫等），其中不乏讓人驚歎的大手筆，如設計中華民國國徽圖案[1]。自魯迅在教育部任職並和蔡元培交往以來，他們有許多關於美術的切磋交流。查魯迅日記，他們有關美術活動的交往如下：

> 1917年5月21日：夜得蔡先生函並《贊三寶福業碑》、《高歸彥造像》、《豐樂七弟二寺邑義等造像》、《蘇軾等訪象老題記》拓本各二分。

這是蔡元培得知魯迅喜歡漢代畫像後，將自己所藏部分拓片贈送給魯迅。

> 1917年8月7日：寄蔡先生信並所擬大學徽章。

蔡氏執掌北大後，即將設計北大校徽的任務交給了魯迅等，魯迅設計好後，函寄蔡元培。北大今天所用校徽即為魯迅當年設計。

> 1923年1月9日：寄蔡先生信，附拓片三枚。

魯迅寄給蔡氏的三枚拓片為何物？我們看他1月8日寫給蔡元培的信：

> 子民先生左右：謹啟者，漢石刻中之人首蛇身像，就樹人所收拓本見之，除武梁祠畫像外，亦殊不多，蓋此畫似多刻於頂層，故在殘石中頗難覯也。今附上三枚：

---

[1] 魯迅1912年8月28日日記：「與稻孫、季市同擬國徽告成，以交範總長，一為十二章，一為旗鑒，並簡章二，共四圖。」

　　一，南武陽功曹鄉嗇夫文學掾平邑□郎東闕畫像南闕有記雲章和元年十一月十六日。在山東費縣平邑集。此像頗清楚，然亦有一人抱之，左右有朱鳥玄武。

　　二，嘉祥殘畫像舊為城內軒轅氏所藏，今未詳所在。像已漫漶，亦有一人持之

　　三，未知出處畫像從山東來。此像甚特別，似二人在樹下，以尾相繚，惜一人已泐。

周樹人　啟上　一月八日

　　1923年4月3日：晚得蔡先生信並還漢畫像拓本三枚。

　　蔡元培深知魯迅是漢碑圖像的收藏者，故將魯迅年初所寄三份拓片看完後如數寄還魯迅。

　　1931年2月14日：午後訪蔡先生，未遇，留贈《士敏土圖》兩幅。

　　這裏《士敏土圖》全稱《梅菲爾德木刻士敏土之圖》，《士敏土》是蘇聯革命作家革拉特珂夫的長篇小說，德國青年畫家梅菲爾德以之為素材，刻成木版畫十幅。魯迅於1930年9月通過徐詩荃從德國購得原作，編成畫冊，於1931年2月初印成，即分贈諸師友，蔡元培也是獲贈者之一。

　　1934年2月26日：以《北平箋譜》寄贈蔡先生及山本夫人、內山嘉吉、坪井、增田、靜農各一部。

　　《北平箋譜》是鄭振鐸和魯迅耗時一年（1933年2月至1934年2月）合作編選出版的傳統浮水印木刻箋紙集，共集箋紙323幅，線裝

六大冊一函，初版100部，有魯迅親筆署名，不久售罄，再版又印100部。魯迅於1934年2月23日收到鄭振鐸從北京寄來的《北平箋譜》18部，在第二天寫給鄭振鐸的信裏，魯迅對此次印行《北平箋譜》的成功頗感自豪：「重行展閱，覺得實也不惡，此番成績，頗在預想之上也。」收到《北平箋譜》時隔二日，魯迅即分贈蔡元培等。

　　1934年7月5日：下午得蔡先生信。

　　這是魯迅日記最後一次出現蔡元培，查蔡元培7月4日給魯迅的信，便知他們的最後一次書信交往也跟他們對於美術的愛好有關。蔡元培的信如下：

　　魯迅先生大鑒：
　　　前承賜《北平箋輯》，近又賜魯迅《引玉集》[1]，借諗先生對於木刻畫之提倡不遺餘力，欽佩之至。拜領，謝謝！
　　　許季茀兄見告：先生又將與西諦先生複印陳老蓮氏《博古葉子》，擬借用周子競兄藏本作底本，弟已與子競兄談過，可以借出。請先生或西諦先生詣子競處一商……
　　　　　　　　　　　　　　　　　　　　弟元培敬啟　七月四日

　　魯迅在出版《北平箋譜》、《引玉集》等成功後，又想出版陳洪綬版畫集。陳洪綬（號老蓮）為明末清初著名畫家，作品刻成版畫的有《九歌圖》、《西廂圖》、《博古葉子》、《水滸葉子》等。由於魯迅所藏《博古葉子》底本欠佳，當他從鄭振鐸處得知周子競（係蔡元培親戚）藏有原刻本時，便託蔡元培幫忙轉借。

---

[1]　1934年3月魯迅編選出版的蘇聯版畫集，共收59幅，以三閒書屋名義印行。

這裏值得一提的是，《博古葉子》的印行並不順利，魯迅生前沒有看到他如此傾注心力的版畫正式印本，直到1936年9月29日（逝世前二十日），他才收到《博古葉子》的樣本，他在當日給鄭振鐸的信裏不無失望地說：「《博古葉子》早收到，初以為成書矣，今日始知是樣本，我無話可寫，不作序矣。」[1]

魯迅與蔡元培不僅在美術活動中有許多交往，而且也有著相近的美術觀念。民國初年，他撰文批評實用主義的藝術觀，認為美術的目的，「固在發揚真美，以娛人情」[2]，美術的精神，在於表現高尚的人格與進步的思想：

> 美術家固然須有精熟的技工，但尤須有進步的思想與高尚的人格。他的製作，表面上是一張畫或一個雕像，其實是他的思想與人格的表現。令我們看了，不但歡喜賞玩，尤能發生感動，造成精神上的影響。[3]

而蔡元培也在五四時期表達了他類似的美術觀，認為美術是超越功利的，其作用在於「使讀者觀者有瀟灑絕塵之趣」；美術與一國之國民性有密切關係，可從提倡美育入手，改造國民性：「凡民族性質偏於美者，遇事均能從容應付，雖當顛沛流離之際，決不改變其常態……此可以見美術與國民性之關係。」[4]

蔡元培與魯迅一樣，也認為美術是美術家人格精神和個性的表現。他在1926年8月27日題《劉海粟近作》時說：「吾國畫家，有摹仿

---

[1] 魯迅：《魯迅全集》（第十四卷），北京：人民文學出版社，2005年，467頁。

[2] 魯迅：《擬播布美術意見書》，載於《魯迅全集》（第八卷），北京：人民文學出版社，2005年，73頁。

[3] 魯迅：《隨感錄・四十三》，載於《魯迅全集》（第一卷），北京：人民文學出版社，2005年，346頁。

[4] 蔡元培：《我之歐戰觀》，載於《蔡元培全集》（第三卷），北京：中華書局，1984年，3、4頁。

古代作家之癖；而西洋古代美術家，亦有摹仿自然之理論，雖所摹仿
之對象不同，而其為輕視個性則一也。近代作者，始漸趨於主觀之表
現，而不以描寫酷肖為第一義，是為人類自覺之一境……海粟先生之
畫，用筆遒勁，設色強熾，頗於Gauguin及Van Gogh為近，而從無摹仿
此二家作品之舉。常就目前所接觸之對象，而按其主觀之所劇感，縱
筆寫之，故縱橫如意，使觀者能即作品而契會其感想。」[1]同年，蔡元
培評鄭曼青的畫道：「其氣韻超逸，寄託遙深，因作品表現高潔之個
性，則書畫一致也。」[2]1931年10月，蔡元培為太平洋國際學會第四次
大會提交的論文《中國之書畫》中說：「……要之，中國書畫，均以
氣韻為主，故雖不諱摹仿，而天才優異者，自能表現個性，不為前人
所掩。且苟非學問胸襟，超出凡近，而僅僅精於技術者，雖有佳作，
在美術工藝上當認其價值，而在中國現代書畫上，則不免以其氣韻不
高而薄視之。此亦中國書畫上共同性之一，而在近代始特別發展者
也。」[3]

　　正是因為他們相近的美術觀，才使得蔡元培對魯迅一生的美術活
動和取得的成績能有深刻的理解和同情。

　　1936年2月22日，蔡元培參觀蘇聯版畫展併發表演講說：「蘇俄
名家的版畫，我曾因魯迅先生的指示，加以探討，覺得很有興趣；現
又承蘇俄大使的美意，有此展覽，不但我個人深幸得此欣賞的機會，
我上海美術家得此新刺激，必將益有進步。」[4]此次展覽後，良友圖書
公司決定出《蘇聯版畫集》，魯迅應趙家璧之邀，於本年4月7日抱病

1　蔡元培：《題〈劉海粟近作〉》，載於《蔡元培全集》（第五卷），北京：中華
　　書局，1988年，85頁。
2　蔡元培：《鄭曼青書畫潤格》，載於《蔡元培全集》（第五卷），北京：中華書
　　局，1988年，114頁。
3　蔡元培：《中國之書畫》，載於《蔡元培全集》（第六卷），北京：中華書局，
　　1988年，141頁。
4　蔡元培：《蘇聯版畫展覽會開幕式演說詞》，載於《蔡元培全集》（第七卷），
　　北京：中華書局，1989年，25頁。

親往良友公司為畫集選畫並答應作序。而此畫集中也有蔡元培的「題
詞」，表達了他對木刻、版畫的認識，並對魯迅為版畫集出版付出的
努力給予高度評價：

> 木刻畫在雕刻與圖畫之間，托始於書籍之插圖與封面，中外所
> 同。惟歐洲木刻，於附麗書籍外，漸成獨立藝術，同有抒發個
> 性，寄託理想之作用；且推演而為銅刻、石刻以及粉畫、墨畫
> 之類，而以版畫之名包舉之，如蘇聯版畫展覽會是矣。魯迅先
> 生於茲會展覽品中，精選百餘幀，由良友公司印行，足以見版
> 畫之一斑，意至善也。[1]

魯迅逝世後，他在紀念文章中又說：「我知道他對於圖畫很有
興會，他在北京時已經搜集漢碑圖案的拓片。從前記錄漢碑的書，
注意文字，對於碑上雕刻的花紋，毫不注意。魯迅特別搜集已獲得
數百種。我們見面時，總商量到付印的問題。因印費太昂，終無成
議。……先生晚年提倡版畫，印有凱綏珂勒惠支及E・蒙克版畫選集
等，又與鄭振鐸合選北平南紙鋪雅馴的信箋印行數函，這都與搜輯漢
碑圖案的動機相等的。」[2]

1938年在《〈魯迅全集〉序》中又說：「……又金石學為自宋
以來較發展之學，未有注意於漢碑之圖案者，魯迅先生獨注意於此項
材料之搜羅；推而至於《引玉集》、《木刻紀程》、《北平箋譜》等
等，均為舊時代的考據家賞鑒家所未曾著手。」[3]

---

[1] 蔡元培：《蘇聯版畫集》題詞，《蔡元培全集》（第七卷），北京：中華書局，
1989年，96頁

[2] 蔡元培：《記魯迅先生軼事》，載於《蔡元培全集》（第七卷），北京：中華書
局，1989年，146頁。

[3] 蔡元培：《〈魯迅全集〉序》，載於《蔡元培全集》（第七卷），北京：中華書
局，1989年，214頁。

藝文

20世紀以來中國文學史中的青年形象

金理

復旦大學專任助理教授

20世紀中國文學史上充滿了青年人的形象與聲音：晚清小說中的革命少年、鴛蝴派筆下多愁善感的少男少女、五四新文學中的「青春崇拜」、社會主義成長小說中的「新人」形象、知青的「青春祭」、「一無所有」的搖滾青年、「像衛慧那樣瘋狂」的上海寶貝、韓寒、郭敬明、張悅然等筆下的「80後」……「在一定意義上可以說，現代文學的形象世界，主要是青年的世界」[1]。文學形象是多種因素造成的「綜合創造物」，故而對此形象的解析，也應盡可能還原出構成因素的多樣性：在作家塑造青年形象的過程中，首先參與其間的是作家的氣質、心理和審美意識；而這些聯繫著具體的歷史語境中人們的情感態度、認知方式和思想觀念；上述因素在滲入創作的過程中顯然又和歷史條件、社會現實、意識形態等形成互動。討論青年形象的創造史，既能豐富我們對文學特質的認識（思考青年形象在文學中的建構，即青年人如何通過文學來想像自我），也能在與歷史經驗的關聯中豐富我們對文學史的認識。

一

在晚清中國社會中「事實上並不存在一個作為獨立的年齡群體的青年階層」。日本學者橫山宏章曾從官僚、科舉制度的角度來考察

---

[1] 趙園：《艱難的選擇》，上海：上海文藝出版社，1986年，220頁。

這個問題:「中國儘管有數千年的歷史,那其中卻見不到熱血沸騰的年輕人,這說起來有點不可思議吧。……那麼,中國的年輕人是在什麼樣的世界中頑強地生存著呢?不管怎樣,不可能沒有年輕人。在這個世界上最完備的所謂中國式的官僚制度嚴格控制下,在成為無可動搖的『天下太平』的安穩世界中,年輕人其實是被窒息在體制之中,奄奄一息……在知識份子的世界中,通過科舉考試入仕途登龍門是男人們的人生願望,年輕人像個年輕人似的生龍活虎地到處胡鬧,是不被允許的。為了中舉必須奉獻出青春,青年人只是成年人的預備軍。只有天真純潔的孩子和出色的大人,愚蠢莽撞的青年人的存在被抽掉了。……說沒有年輕人、青年人存在,這是因為年輕人被定位在從孩子到大人的修養過程中,也就是說,它不過是一種過渡形態。」[1]近代中國「青年」形成的契機是民族危機與教育改革。梁啟超振臂一呼的《少年中國說》,對於當時正在形成、以學生為中心的年輕人群體的社會地位、義務職責等作出了最具代表性的論述。中國的「青年」正是從由梁啟超所呼籲的「少年」經由《新青年》雜誌所代表的「新青年」而逐步形成的[2]。

自晚清、新文化運動以來,統治團體、政治社會化的擔當者以及知識份子、普羅大眾都在不斷樹立各種各樣理想的、模範的青年形象,「少年中國」的國民召喚、「新青年」式的範導想像、「社會主義新

---

1 橫山宏章:《清末中國青年群像》,轉引自陳映芳:《「青年」與中國的社會變遷》,北京:社會科學文獻出版社,2007年,2-3頁。書中說道:「在近代以前的社會中缺失『青年期』,並不是中國社會獨有的現象。著有《兒童的世紀:從中世紀到現代的兒童與童年》的歷史學家菲力浦‧阿利埃斯(Philippe Aries)曾如此記述:『在中世紀以及近代開始以後,低層階級的兒童,一旦能脫離母親或奶媽而獨立行動(即約7歲時),便與成人們混在一起了。他們馬上便闖進成人們的生活圈子裡,與成人們共用工作與娛樂,老少不分。』(參見理查‧弗拉克斯:《青年與社會變遷》,李青、何非魯譯,北京:北京日報出版社,1989年,8頁。)在工業化開始以前的歐洲社會,年輕人與年長、年老的人們一起生活在家庭和傳統的共同體中,既不存在各個年齡階層間明確、嚴格的階段區分,年輕人也並沒被賦予特殊的社會地位與社會角色。」

2 詳參陳映芳:《「青年」與中國的社會變遷「第一編:『青年』的誕生」》。

人」的打造……青年形象史的生成、延續，伴隨著各種政治力量、社會勢力對於「青年」所寄予的角色期待和青年自身具備的角色意識（呼應社會期待而扮演相應的角色）。「角色」是社會學的核心概念，其定義是「在社會結構中佔有特定地位的人士應有行為的模式或規範」[1]，這種「應該成為什麼樣的人」的期望經常出自同時代的人或社會群體。「新青年」、「五四青年」之所以能夠在現代中國獲得特殊地位，並成為佔據主流的青年角色模型，並不僅僅出於青年自身的反抗精神和行動成就，也並不僅僅出於其集中表達了年輕人對權利、自由（戀愛、婚姻的自由，經濟獨立，自己籌劃生活等）的強烈訴求（這一切訴求只有被納入到「青年」的意義結構之中，才可能在中國社會獲得正當性的源泉，而提供這一正當性的文化和思想資源，「主要不是來自於年輕人內部，而是來自於中國傳統文化和西方近代思潮中既有的對知識人和青年的角色規定」[2]），而恰恰是因為青年們呼應或者說迎合了社會對年輕人的角色期待。我們在此涉及到了兩個維度內的「青年」：作為現實社會中的年齡群體；被歷史地、社會地建構起來的形象。而文學顯然是參與這一建構的最重要的文化式樣，在青年文學中，寄託著成年人和社會力量的期待和意義規定、關於「青年是什麼」、「青年應該成為什麼」的觀念意識，點點滴滴內化到了青年內部中去。不妨說，是青年的「角色化」提供了年輕人新的身份，因為這樣的理由和身份，「青年」才在現代中國獲得存在的正當性，而青年文學、青春主題也在20世紀以來的文學史上佔據特殊地位。

這也就是為什麼在中國現代小說的青年形象展演中，我們更多看到的是「角色化的生成」，而很少「主體性的成長」。臺灣學者黃金麟在身體史學的視野中提出「身體生成」這一概念：「這個概念指稱

---

[1] 彼得·伯克，姚朋等譯、劉北成修訂：《歷史學與社會理論》，上海：上海人民出版社，2010年，49頁。

[2] 參見陳映芳：《在角色與非角色之間：中國的青年文化》，南京：江蘇人民出版社，2002年，56-60頁。

的並不是一種身體的生物性誕生或創造，而是指稱一種在肉體既存的情況下所進行的政治、經濟、軍事、社會或文化模造。這種社會加諸自然條件上，從而產生的身體改變，是身體生成這個概念想要凸示的景況」，這樣一種存在於特定歷史背景下，「因隨著國族命運的更動而被積澱、型塑出來的」生成形式，逐漸變成「一個普遍、共通的身體開發形式」[1]。而文學可以作為上述普遍、共通的形式在一特殊領域內的顯現，小說中青年形象的塑造也受到政治、經濟、思想教育等外力規約，誠如研究者在討論現代中國的成長小說時所發現的：「成長型主人公擺脫傳統倫理與封建秩序的專斷統治後獲得身體的管理權和屬己性，他們離開禮教之家後，身體在社會空間裡的漫遊、位移過程中，亡國滅種的巨大民族危機、國家危機使他們不得不接受身體工具化和國家化的改造式生成。」[2]在小說中的表現則是（這往往也成為我們分析這類成長小說的固定視角）：個人時間依附於巨型、線性的歷史時間而存在，身體慾望處於社會理性的調適和監控之下，「象徵之父」的權威性介入，成長作為民族國家的寓言……青年是建設國家、推動社會進步的主力軍，青春意象與情懷也是20世紀中國文學史一再書寫的主題，但這一表面上風光無限、熱力四射的群體和文學形象更多是被外力召喚出來的，這種召喚又著眼於「青年」社會角色的功利性，而對年輕人的特性、慾求、內在權利、精神自由以及生命原初意義關注不夠。馮至的詩句「你讓人人都恢復了青春」[3]恰恰表現出青年構形的悖論：青春固然美麗，但卻不是本己的屬性，而是被種種「大他者」（「你是黨，你是毛主席」）所給予、派定的。

[1] 黃金麟：《歷史、身體、國家──近代中國的身體形成（1895-1937）》，北京：新星出版社，2006年，2-3頁。

[2] 顧廣梅：《中國現代成長小說研究》，北京：人民出版社，2011年，337-338頁。

[3] 馮至：《我的感謝》，載於《馮至全集》（第二冊），石家莊：河北教育出版社1999年，50頁。

在文學創造中，以「角色化生成」為主導來模塑青年形象，顯然會出現很多問題。茅盾曾感慨於「偉大的『五四』不能產生表現時代的文學作品」，郁達夫、許欽文、王統照、周全平、張資平等人的小說儘管「都用現代青年生活作為描寫的主題」，但是「不能從這些作品裡看出『五四』以後的青年心靈的震幅」，而原因正在於「缺乏濃郁的社會性」。在茅盾的心意中，需要展現現代新人在不斷進步的歷史進程中所參與和承擔的宏大歷史實踐和社會職責，以及其間盪氣迴腸的心靈震盪。在這樣的背景下，茅盾表彰《倪煥之》「第一部」的意義：「把一篇小說的時代安放在近十年的歷史過程中的，不能不說這是第一部；而有意地要表示一個人——一個富有革命性的小資產階級知識份子，怎樣地受十年來時代的壯潮所激盪，怎樣地從鄉村到城市，從埋頭教育到群眾運動，從自由主義到集團主義，這《倪煥之》也不能不說是第一部。在這兩點上，《倪煥之》是值得讚美的。」[1]在葉聖陶的這部長篇中，主人公的個體成長被納入到整個社會進化的結構中去，成為一種由社會理性掌控的成長，這也許是茅盾所謂「社會性」和「青年心靈的震幅」相參證的意義所在。青年人經歷的「成長儀式」的每一環節——受難、動搖、轉機——無不具有濃厚的社會意識形態性。倪煥之嚮往通過參與創造歷史的活動確立他作為一個青年的主體意義，但這一「意義」往往指向被某種社會理性、外在秩序所承認的信念。這樣一個疏於內在主體建設的青年，其個人慾求與私密情感在不斷「純化」、「淨化」的過程中被掏空了「人」的具體所指，且陷入到理想與現實之間持續的衝突中。而一旦當歷史喪失了發展的意義，即外部且是唯一的動力源停止運作之時，其精神和肉體都遭到了滅亡。正如研究者所發現——

---

[1] 茅盾：《讀〈倪煥之〉》，載於《文學週報》，第8卷第20期，1929年5月。

伴隨著每次對意義的新尋找，倪煥之不斷改變表演場景，從學校，婚姻家庭，到集體主義的革命。在這一幻滅的過程，他的個體自我、個體自由在不斷地耗散，國家、民族、階級解放的宏大敘述越來越覆蓋著他，最終他似乎又不能承載這些不斷加大的意義而心力憔悴而死。因此，敘述者本身是矛盾的，他將倪煥之投擲於時代的飛瀉而下的洪流，卻表現出當這些時代的意義資源相繼耗盡時主人公心力的枯窘——他沒有時代以外的屬於自身主體的內在意義。[1]

當新一輪「時代的意義資源」——比如「革命文學」——生成之際，身處「動搖中的小資產階級的知識份子」被認為「可以跨過前去，而不必關心他們，因為這是值不得在他們身上賣力的」[2]環境中，茅盾曾表彰的倪煥之、以及他本人筆下的方羅蘭、章秋柳們都成了時潮的「Outcast」（棄兒——英文為茅盾原文）。

二

考察青年形象的人物長廊，我們會發現這樣一個現象：越是青年角色扮演意識膨脹的時期，年輕人表達自身慾求的空間越是萎縮。比如以「火紅的青春」為主題的1950年代，後人提及青春崇拜之類的話題時每每將其作為懷戀物件，這確實是青年文化歷史上一個特殊時期：「它既是一個年輕人從家庭獲得解放的時期，同時也是青年開始被國家高度整合的時期」，「程式化教育一方面要求學生活躍主動、富有創造力，一方面又要求他們自製克己、遵守各種紀律，服從集體

---

[1]   鄭堅：《吊詭的新人——新文學中的小資產階級形象研究》，南昌：百花洲文藝出版社，2005年，106-107頁。

[2]   丁玲：《創作不振之原因及其出路》，載於《北斗》（第2卷第1期），1932年1月。

的意志，這是十分自相矛盾的。……青年人幾乎沒有得以顯示個性或發揮創造力的管道。大多數學生都感到自已被不斷要求他們與集體保持步調一致的號召束縛得失去了活力」[1]。一方面是「火紅的青春」，另一方面，「在50年代的青年文化中，年輕人的主體性逐漸被抽去，『新青年』、『五四青年』們所追求和部分獲得的『權利』、『自由』，在50年代的青年文化中逐漸消失」[2]。王蒙創作於1953年的《青春萬歲》[3]素來被視作「火紅青春的寫照」，在這部長篇中我們正可發現上述矛盾的症候。小說描寫建國初期北京女七中高二班一群學生的故事。這天，楊薔雲來到同學蘇寧家中，蘇的父親是資本家，「五反」時候被抓：

> 薔雲握住蘇寧的手，坐在蘇寧的床頭。……看看屋子，東北角上放著一個荒蕪的書架。許多書報零亂地堆在上面，書架旁有個小藤桌，桌上有竹筆筒和瓷花瓶，但是既沒有筆，也沒有花。書架的對面是漱洗用具。……牆上掛著鄭板橋畫的竹子和一張比月份牌高明不了多少的粗俗的畫——畫一個女人蕩秋千。還有一張彩色照片，照的是西湖的三潭印月。蘇寧床邊擺著一張小桌，擱些藥瓶子，暖壺和水碗。薔雲以她特有的靈敏嗅出一種奇怪的、不協調的氣味。有藥味，有香皂味，也有舊紙舊畫和蘇寧的被褥的味。薔雲嗅了嗅，說：「開開上邊的窗子吧，空氣不好。」……當薔雲登上窗臺，去開上面的小窗戶時，看見窗臺上的一本書，是徐訏寫的《鬼戀》。薔雲下來，拿起這本書，懷疑地翻著看，蘇寧像作了錯事似地低下

---

[1] 阿妮達・陳，史繼平等譯：《毛主席的孩子們：紅衛兵一代的成長經歷》，天津：渤海灣出版公司，1988年，155-156頁。

[2] 陳映芳：《在角色與非角色之間：中國的青年文化》，68、72頁。

[3] 《青春萬歲》初稿於1953年，出版於1979年。見：《王蒙文集》（第一卷）的「第一卷說明」，北京：華藝出版社，1993年。

頭。「老天，你這是看什麼書呀？」「我，病了，看別的書太累。」蘇寧理虧地解釋著。薔雲氣憤地說：「『鬼戀』，瞧這個名兒就是一本渾書。又鬼又戀，你瞧別的書累得慌，瞧這本書難道不氣得慌麼？」蘇寧沒有話回答，用手揉著被角，樣兒很可憐。

於是第二天，薔雲動員了幾位同學再一起來到蘇寧家：

挽起袖子幹起來。清掃了所有角落的塵垢，擺上了毛主席的石膏胸像。貼上一張《列寧和孩子在一起》的鉛筆畫和一張卓婭的畫像。她們送給蘇寧幾本書：《把一切獻給黨》、《劉胡蘭小傳》、《青年團基本知識講話》，蘇寧把它們放在書架上最顯著的地方。

我把上面這一段落理解為「空間的改造」。首先，「空間」在物理意義上指蘇寧家中的生活環境。我們在此發現了青年文學（如《青春之歌》等）中極具代表性的「角色化生成」策略：一個以青年人面貌出現的價值客體，有待去獲得自我的本質屬性，在此過程中，代表不同世界觀、價值觀與思想路線的兩種力量介入其中，爭奪對價值客體的領導權。蘇寧病態初現，是一度淪落的價值客體，需要來自正義、主流社會的薔雲加以挽救，而反方是蘇寧的哥哥蘇君，薔雲以其「特有的靈敏」發現了蘇家「氣味不好」，於是打開窗戶，清掃塵垢，並告誡蘇寧：「你哥哥肺裡有細菌，話裡也有，千萬可別傳染上你！……還有這本《鬼戀》……」其次，如果把「空間」理解為各種意義競逐的領域，那麼「閱讀空間」也可視為各方力量相互鬥爭、改造的產物；而爭奪閱讀空間比政治、軍事的爭奪更隱蔽，卻對人的日常生活產生深刻影響。薔雲替蘇寧清理了《鬼戀》，換上《把一切獻

給黨》、《劉胡蘭小傳》、《青年團基本知識講話》，書籍的「置換」在薔雲看來是治病救人。由此，楊薔雲在《青春萬歲》中就被賦予了特殊的象徵意味，她以「家訪」的形式扮演了老師的角色，「書籍怎樣到達讀者手裡……諸如政治領袖、教育家、牧師、批評家這樣的文化宰製者，在何種程度上控制了民眾獲得書籍的途徑——不直接地（如通過表揚與責罰）或直接地（如通過強制贊助）？」[1]據此，薔雲也可被視為閱讀的範導者。清理生活環境、重新佈置閱讀空間，以上兩種「空間的改造」（身體／精神）自然是相輔相成的。尤耐人尋味的是，這一由閱讀的範導者所施展的書籍置換，針對的是學校之外的課餘閱讀，也許可以這麼說：在特殊時期，國家克服公共時空和私人空間的界限而在公私之間建立起意義連續性，同時社會主義文化也藉此介入、收編個人日常生活，將塑造理想「新人」的政治追求編制進類似課餘閱讀的生活細節中。

吊詭的是，如果借用「掀開新時期文學第一頁」的《班主任》的視野，那麼先前《青春萬歲》中以「治病救人」面貌出現的楊薔雲，也可能染有「暗疾」。也就是說，《青春萬歲》中的楊薔雲與《班主任》中的謝惠敏發生了角色的合一：從人物特徵來說，她們都是班幹部，具備「特有的靈敏」，學習成績並不出眾，「主要是由於社會工作占去的精力和時間太多」（《青春萬歲》借助楊薔雲與李春的衝突，以顯示楊在「紅」與「專」的人物圖譜中代表著「紅」）；從今天的眼光來看，當楊薔雲將《鬼戀》看成「又鬼又戀」的「渾書」、當謝惠敏將《牛虻》當作黃書之時，她們已沒有太大區別，都是喪失了閱讀理解力、急待挽救的「病人」。

《青春萬歲》中「空間的改造」，代表著國家意識形態毫不猶豫地介入日常生活，然而蘇寧內心世界的空白，以及迅速地「被治

---

[1] 大衛森（Cathy N. Davidson）：《從書籍史走向書籍與讀者關係史》，轉引自張仲民：《從書籍史到閱讀史》，載於《史林》（第五期），2007年。

癒」，反倒顯出這一介入、收編的粗暴、草率，完全無視生活世界確有其相對獨立的維度。資本主義文化「在公與私之間、詩學與政治之間、性慾和潛意識領域與階級、經濟、世俗政治權力的公共世界之間產生了嚴重的分裂」[1]，故而社會主義文化以克服上述分裂為己任。但是，克服分裂的意義應該在於建立一種健康、有機的關係：政治滲透著人的生活世界，完全摒棄他者的「絕對自足」是一種幻覺，人們需要在多樣性和公開性中持續交流、互動；然而與此同時，生活世界以及與此相關的個人的趣味、慾望理應得到尊重，一個富有活力的政治社會應該鼓勵人們的自由選擇。當然，實踐層面的操作遠比論說複雜，也許恰因為以上幾者的關聯沒有得到穩妥處置，所以，在青年形象中，喪失閱讀能力的「病人」才會一再出場。

三

　　張聞天的長篇《旅途》（1924年）是中國現代成長小說開端期的代表性作品，「已經開始有意識地將人物成長、人物性格與時代環境作為有機整體展現出來，直接引導著下一階段的成長小說」[2]。它描寫青年王鈞凱在追求「靈肉一致」的旅途中所遭遇的種種困擾，後來投身於革命鬥爭，從個人愛憎恩怨的煩惱中解脫出來，終於在激烈的戰鬥中犧牲……小說的結局似乎昇華到一個理想境界，但是日本學者阪井洋史卻批判道：「鈞凱終於滅卻自己的肉身而把自己的精神昇華為永遠的存在，以獲得『解脫』。但是，如此解脫，不外是以應該稱為煩悶源泉的自我內心之徹底喪失為代價而求救於自我外部。我認為，如此心態或許可以為外在『宏大敘事』的絕對化甚至神化服務，但是不會孕育不斷要求深刻內心審視和自我物件化的強韌精神。」阪井洋

---

[1]　詹明信：《處於跨國資本主義時代中的第三世界文學》，載於張旭東編、陳清僑等譯：《晚期資本主義的文化邏輯》，北京：三聯書店，1997年，523頁。
[2]　顧廣梅：《中國現代成長小說研究》，60頁。

史進一步將此問題歸結為「後發型現代化所依據民族主義」中一種「共用」的「想像」或「神話」：以為「現代民族國家的建立能夠滿足淪落於被壓抑狀態的個人慾望」，「給外在『虛構』以至上權威，而以為如此權威能夠解決自我內部的問題」。在上述邏輯之下，「內部自然」和「外部自然」達成「共用」，但是阪井先生馬上提醒，「說『共用』，也許給人內外平等的印象，其實不然」，因為「共用」之中暗含一種等級制，「內部自然」外掛在「外部自然」上，自我內部的問題可以由外在權威輕鬆解決，甚至乞求在後者創世紀式的「根本解決」之後，一切其餘具體問題皆可迎刃而解，「這種情況，不如叫做以『自我喪失』為代價主動要求『同化』更妥當些」[1]。對於「外部自然」的趨附往往同迎合期待的「角色扮演」、從工具性的角度來觀照青年形象的功利意識相關聯，「如果人只是建築社會的磚瓦，只是經濟過程的工具，那麼⋯⋯與其說是會導致『新人』的產生，不如說是『人』的消亡過程，也就是非人道的過程。人失掉了測定的深度，就變成二維、平面的、沒有精神的生物，在這種情況下人是不存在的，存在的只是社會職能而已。人喪失了內在的存在」[2]。

　　內在價值的輕易讓渡和萎縮是我們在討論青年形象時每每會碰到的文學命題，也反映出青年人在文學與社會現實中遭遇的情形：易於歸依身外的權威而荒疏營建「自心之天地」；慣於論證「終極究竟的事」而輕忽「心以為然的道理」，而此外騖的論證又甚少與切己的實感發生共鳴[3]；不斷追逐棄舊迎新的精神攀附，卻沒有內在主體性

---

[1] 阪井洋史：《懺悔與越界，或者「喪失」的機制》，載於《懺悔與越界：中國現代文學史研究》，上海：復旦大學出版社，2011年，89-96頁。

[2] 金雁：《倒轉「紅輪」：俄國知識份子的心路回溯》，北京：北京大學出版社，2012年，170頁。

[3] 物以稀為貴者，比如周氏兄弟的聲音：「思慮動作，咸離外物，獨往來於自心之天地，確信在是，滿足亦在是」；「凡有所說所寫，只是就平日見聞的事理裡面，取了一點心以為然的道理；至於終極究竟的事，卻不能知」；「大約人的覺醒，總須從心裡自己發生。倘若本身並無痛切的實感，便也沒有什麼話可說」。以上各條分見魯迅：《文化偏至論》，《魯迅全集》（第一卷），北

的支撐，在過度開發後意義耗散、心力匱乏……所以在文學史上經常可以見到如下青年形象：一是小二黑這般「英雄氣概的自我」，借墨子刻的話說，他們個人具有熾烈而無私的、為實現生活理想而英勇奮鬥的決心；「有了決心，個人就會和『人民』或者說人民的『真實』願望站到一起」；在其奮鬥過程中，為人們所能感知的歷史發展趨勢形成「氣勢磅礴」的「潮流」，「通過把內在洞察力『轉化』為外部世界，從而使自我的英雄精神融進強大的歷史潮流之中」[1]。在小二黑身上，「內在洞察力」與「外部世界」、「內部自然」和「外部自然」息息相通，然而，倘若不具備此「內面自覺」而又將個體人的價值簡單歸化為外在整體性結構，那麼，當整體結構在線性歷史時間加速驅動下，不斷向著一個個「美麗新世界」躍進，青春的轉瞬即逝就會讓青年哀歎「我是一個年輕的老人」（戴望舒《過時》）。「現代中國是一個『擾攘之世』，……在向外尋找新秩序的時候，個人內心的是非好惡往往被看得很輕，而絕對真理、歷史必然性之類外在的標準則被看得很重；人們並且進一步用後者來規範前者，要求前者，解釋前者，直至取消前者。」[2]「絕對真理、歷史必然性之類」（幾乎在每個歷史時期它們都會獲得不同的「填充物」）每每向青年人發出強力召喚，望風披靡的過程中青年人甘願將「內部自然」外掛，甚至將自身的倫理與情操直接同一時一地的「意識形態正確」相綁定；於是當時代轉換之際，前一時期論證「絕對真理、歷史必然性」的「填充物」被新起的標準判為失效，先前迷信的意識形態邏輯翻轉為不信，

京：人民文學出版社，2005年，55頁；魯迅：《我們現在怎樣做父親》，《魯迅全集》（第一卷），135頁；周作人：《貞操論譯記》，載於《新青年》（第四卷第五號），1918年5月15日。

[1] 墨子刻（Thomas Metzger）語，轉引自李歐梵：《二十世紀中國歷史與文學的現代性及其問題》，季進編：《李歐梵論中國現代文學》，上海：三聯書店，2009年，17-18頁。

[2] 郜元寶：《「為天地立心」》載於《魯迅六講》，上海：三聯書店，2000年，34頁。

青年人就會因為欠缺建基於本心的立場而扶東倒西、無所立足，連帶拋棄先前的倫理與情操，於是要麼搖身為「通變」之士粉墨再登場，要麼就啞然失語甚或被甩出歷史軌道之外。而當生命意義長期「外掛」、內在價值持續被掏空的個體在被甩出之後，隨即與虛無相遇。於是，在林道靜、小二黑之外，我們在20世紀的中國文學中一再發現「遭遇虛無」的青年形象：從歷史軌道中脫軌的「零餘者」（郁達夫的小說）；因外在意義資源的枯竭而旋起旋滅的、「青春和衰老的結合體」（戴望舒《我的素描》）；信仰破滅後睜眼看清世相而宣告「我不相信」（禮平《晚霞消失的時候》）；以滿腔熱血卻寫下一幕滑稽鬧劇，因而在挫敗與被欺騙感中無法自拔（蔣子龍《赤橙黃綠青藍紫》）、反感於前一個時代中先驗的最高價值，而試圖在「置身事外」中實現自我（劉索拉《你別無選擇》）……

四

趙園曾有一個敏感的發現：在現代文學史上，「不但明確地意識到對象的作為青年，注目其為青年所固有的特徵，而且以『青年』作為一種社會力量來觀察與描繪」，主要出現於「現代文學史的首尾兩端──『五四』時期，與抗日戰爭時期以及戰後」，因為這「兩端」是「突進或轉折」的歷史時期，易於「首先在青年的文學形象中反映出來」[1]。青年形象往往成為社會生活的探測器，啟發我們思索如下議題：在歷史行進和轉折的過程中，青年人面臨哪些困境，在外向的人生道路選擇與內面的心靈世界都遭遇了何種困擾和挫折，小說如何反映又如何介入青年的主體建設，文學提供了何種撫慰、整合了哪些資源、又暴露了什麼樣的問題。其實社會學研究早已指出：越是遇上社會轉型的年代，角色文化承載者、角色扮演者（尤其是被動的

---

[1] 趙園：《艱難的選擇》，221頁。

角色扮演者）就越有可能遭遇到價值剝奪的危險，「在那些被動的角色扮演者那兒，角色行為的『意義』源泉首先不是來自於個人內部的需要（個體的生活目標或價值追求），而是來自於外在的、強制的意義灌輸，以及制度的規定性。這樣，社會（制度、支配價值等）的轉換就可能導致他們以往的角色行為的意義問題──來自於外在的否定直接引起他們的價值剝奪的意義危機」[1]。舉個例子，如何處置被文革所傷害的虛無、頹唐的青年人，顯然是「新時期文學」亟待解決的問題。在劉心武小說《醒來吧，弟弟》中，「哥哥」／「我」是雖經劫難但信念不變的知識份子，「弟弟」則是精神頹喪滿腹牢騷的前紅衛兵，小說講述的是前者作為啟蒙者一方如何對發生信仰危機的虛無者展開「治療」。「文革是這樣一個運動，它既帶來了個人政治生活對私人生活的侵犯，又導致了政治創造的現實對人們精心保留在內心深處的侵犯；畢竟，這一運動的目標不是人們的物質存在，而是他們的精神世界的表達方式。」文革中發生的悲劇，很多來自於官方正統建構的現實和人們感受到的現實之間的差異和衝突，以及人們內心是非善惡判定標準的被放棄[2]。文革侵犯了人們的「內心深處」和「精神世界」，且創痛深巨，故而，新時期文學對青年人心靈世界的修復[3]，是急迫而又繁難、艱巨的事情（還要考慮到個人自我纏繞的內

---

[1] 陳映芳：《在角色與非角色之間：中國的青年文化》，178頁。

[2] 參見黃宗智：《中國革命中的農村階級鬥爭──從土改到文革時期的表達性現實與客觀性現實》，黃宗智主編：《中國鄉村研究》（第二輯），商務印書館，2003年。

[3] 而這正是稍後一些論者提倡「向內轉」時的重要議題：「『向內轉』體現了浩劫過後某種強烈的社會心理對於文學藝術的需求。西方現代文學的兩次『向內轉』的高潮，分別與兩次世界大戰給人類帶來的災難有關。『文化大革命』也是一場災難，而且與中國人民近代史上蒙受的其他災難不同，人民受到的傷害更嚴重的是人性的扭曲和心靈的破裂，這是一種『內傷』。浩劫過後，痛定思痛，善良的人們在反省、在反思、在懺悔，心理上長期鬱積下來的一層層痛苦的情緒和體驗需要疏通、需要發散、需要昇華、需要化為再圖奮進的思想和勇氣。這種特定的社會心理狀態，為新時期文學的『寫心靈』提供了廣闊的空間。」（魯樞元：《論新時期文學的「向內轉」》，文藝報，1986年10月18

心世界往往對革命政治理想構成間離與冒犯，所以當時會出現「暴露黑暗」之類的批評聲）。然而劉心武給出的「治療」方案是極為草率的——「『醒來』的意思當然是要弟弟擺脫迷惘情緒投身火熱的四化建設」[1]。即便在發表的當時，就有批評家提出不滿和質疑：劉心武極力用「一些四平八穩的模式套住自己鋒利的解剖刀」，由此給出的「解決」，「又能在生活中激起多少青年的共鳴？又有多少青年能仿效？……小說揭示的問題是尖銳的，能吸引很多青年注目。可是回答問題卻又如此蒼白無力」[2]。在「弟弟」這樣一個極具代表性的青年形象中，「外掛」、角色召喚的策略重又被祭出，我們太熟悉了：新的目的論生成，將「問題個人」與之相掛鉤，就像被咒語喚醒一般，「現代的、墮落的、不可救藥的問題人物突然徹底地消失了，個人僅僅作為集體的一部分而存在，並且服務於邏輯論證式的說教式的政治目標」[3]，與此同時，內心深處的創傷被輕鬆揭過。根本不是「對症下藥」，毋寧說是「懸置」。這般簡單敷衍的「治療」，顯然是不穩妥的。隨之發生的「潘曉來信」、高加林人物形象大討論等，其實就可以看作長時間累積的不正視青年自身意義、價值，將之與外在規定性簡單掛靠而導致的結果。

鬆動的跡象在1980年代中後期伴隨著劉索拉《你別無選擇》等一批作品而出現。李劼曾比較小說中青年人物身上嶄新的意識：「他們既不像《大學春秋》和《青春萬歲》中的那群學生，彷彿一生下來就被安排好一切似的無憂無慮地跟著阿姨老師朝前走；也不像《公開的情書》或《今夜有暴風雪》中的那群熱血青年，時時把歷史扛在肩

日。）可惜，當年圍繞著「向內轉」的爭論大多糾纏於創作手法或現實主義原則，對於這一層治療「內傷」的議題卻沒有深入的對話。

[1] 許子東：《當代小說與青年思潮》，載於《當代小說閱讀筆記》，上海：華東師範大學出版社，1997年，193頁。

[2] 陳思和：《思考・生活・概念化》，載於《光明日報》，1979年4月3日。

[3] 劉劍梅：《革命與情愛：二十世紀中國小說史中的女性身體與主題重述》，上海：三聯書店，2009年，87頁。

上，充滿責任感使命感。他們不低估自己的價值，也不誇大自己的作用。」[1]隨著社會變遷，從國家神話、意識形態來看取青年形象的視角逐漸為新的多元視角所取代。在這個演進過程中，因襲著社會角色功能的論者倒是敏感於期待的落空：「任何一部真正稱得上偉大的文學作品，無論是批判還是贊成，都必須真正地體現出時代的前進方向。可是，劉索拉的《你別無選擇》似乎於此稍有遜色……他們的探索和追求缺乏一種社會大我意識和歷史的自覺性。」[2]我們還記得劉索拉小說中這樣一個段落：「新的禮堂正在建設，到處都堆著磚瓦、木料，還有一座現代化的教學樓剛剛動工，推土機把舊平房推成一片廢墟，機器的轟鳴和敲打聲整天跟音樂搗亂……」這個場景和我們閱讀小說時的感悟是合拍的：一方面舊的規矩被推成廢墟，另一方面新的意識開始萌動；小說所呈現的生活和心靈畫面，儘管嘈雜無序，像一個亂哄哄的工地，但正是在這片「無序」中可以發現一代青年人在社會秩序和主體成長之間進行掙扎、選擇的人性圖景。正是從這個時期開始，王朔作品的持續升溫，影響力從年輕人階層向一般社會擴展，也說明瞭整個社會對青年的角色期待和規範力量的降低、消解。

　　1990年代為告別「角色化」的形象生成模式提供了契機。隨著整個社會文化空間的日益開放，文化的共名狀態[3]逐漸渙散，為那種更偏重個人性的多元化的無名狀態所取代，在創作上則體現為個人敘事立場的轉型，此時，「『十七年』、『文革』成長小說賴以建立文本的理念底蘊——個體成長的意義象徵國家的成長、與國家的命運須臾不可分割、個體是民族國家意識形態的人質……這樣的文本立意基本上崩解了。個體成長的最重要的關係空間不再是國家，而是具有初步

---

[1] 李劼：《劉索拉小說論》，載於《文學評論》（第一期），1986年。

[2] 魏威：《如何反映當代青年的性格——評中篇新作〈你別無選擇〉》，載於《文匯報》，1985年5月13日。

[3] 關於共名與無名的理論闡釋，及由此角度對20世紀中國文學史的考察，參見陳思和：《共名與無名》，載於《陳思和自選集》，桂林：廣西師範大學出版社，1997年，139-152頁。

自律功能的社會。這樣，個體獲得了他所能期求的最低限度的理想成長狀態——『自然狀態』」[1]。同時我們也應該注意到，1980年代末的政治風波使人們看到了青年運動的代價和邊界，年輕人由此從社會得到了擺脫「神聖使命」約束的某種默許和認可，放下了角色扮演的包袱。總之，多元文化格局的形成、個人敘事立場的支持、以及青年從「救世主」的幻想中獲得解放，這一切，都促使青年文學逐漸告別宏大敘事轉而開拓個人心理空間和主體經驗。在這方面，以朱文、韓東為代表的一批被稱為「新生代」的青年作家和衛慧、棉棉等「70後」作家作出了貢獻。

及至新世紀情形又發生轉變。按照王曉明先生的分析，今天的中國人「同時受制於三個社會系統」：「第一個是國家機器主導的政治系統，它以『維穩』為宗旨，竭力加固那種『除了適應現實，我們別無選擇』普遍意識。第二個是中國特色的市場經濟系統，它通過各種具體的成文和不成文法，持續訓練人接受這樣的自我定位，『現代人，就是如下兩面的結合：合乎市場需求的勞動力，和具有不可控制的消費衝動的消費者』。第三個日常生活系統，它安排人以『居家』為中心，組織自己的大部分人生內容，從兒童時代接受學校教育開始，一直到老。這個系統持續地發展一種具有極寬的包含力的『居家文化』，對人潛移默化，要將他造得除了『居家』的舒適——當然，這裡的『家』並不僅限於小家庭和公寓範圍——別的什麼都不在意。」[2]在這三個系統組成的支配性文化中，青年人往往具備根深蒂固的實用理性，對自己選擇的價值觀秉持類乎「歷史終結」般的堅信，戒絕任何越軌的衝動……在上述支配性文化和青年心態所合力搭造的「鐵幕」下，1990年代文學中自居於主流和世俗社會邊緣、苦苦尋求

---

[1]　樊國賓：《主體的生成：50年成長小說研究》，北京：中國戲劇出版社，2003年，221頁。
[2]　王曉明、王侃：《三足怪物、叛徒、謎底及其他》，載於《當代作家評論》，2012年第1期。

自我精神拯救的青年人（如朱文筆下的小丁們）、以赤裸裸的筆墨挑戰「所謂致富階級（成功人士）溫情脈脈的倫理規範」[1]的叛逃者（如棉棉、衛慧筆下的女孩子）全都消失了。其實這兩類形象的消失有跡可循，有論者極富創見地提出了「終止焦慮」這一考察視角：焦慮是通過與現實處境持續的緊張對峙來艱難摸索一種自我確立的主體力量，「焦慮感是作家主體通過文字與世界發生關聯時承受的障礙所致，是心靈的想像與現實境況相互磨蝕的結果，在有些情況下正是人不放棄追求主體力量的證明」。差異正在於，朱文「同樣表現『無所作為』的虛無感，但深刻地描繪了寫作者的內心焦慮，毫不放鬆地突出著對主體力量的渴望」；而到了衛慧、棉棉等「70後」作家筆下，「主體在對現實的反應中自主性明顯弱化，認同感逐漸增強，兩者的關係處於相互整合之中，而不是主體自覺疏離出來，形成獨立的個體存在」[2]。到了新世紀，明顯地反映出這一「整合」過程完成、連摩擦的痕跡都不復存在的是郭敬明的小說，刻意呈現出一種「中性」（去意識形態化、去精英化）化的生活狀態，這種姿態很容易俘獲大批讀者，但很明顯恰恰受制於消費主義的意識形態，衣食住行背後是對市場社會主流價值全面認同。郭敬明筆下的主人公、他提供給年輕讀者的範本——在「中性」狀態中自鳴得意、遊刃有餘的青年人——是成功人士的後備軍，而成功人士恰恰是當年朱文、棉棉們曾試圖挑戰的物件。焦慮感的消失，也許正意味著一種先鋒性質的青年文化的離去。但我必須指出這並不是全部，以曝光率比較高的所謂代表作家為樣本（如郭敬明），總略地去描述一代人的創作和精神圖景，其局限性和片面性是明顯的。比如同為「80後」的鄭小驢，他筆下的青年人伴隨著「我要的，全沒了，我不想要的，全來了」的憤懣吶喊，決然

---

[1] 陳思和：《現代都市社會的「慾望」文本——以衛慧和棉棉的創作為例》，載於《談虎談兔》，桂林：廣西師範大學出版社，2001年，224頁。

[2] 宋明煒：《終止焦慮與長大成人——關於70年代出生作家的筆記》，載於《上海文學》，1999年第9期。

地從鐵幕以及主流的全球化板塊中分離開來，成為精神曠野上的「孤魂野鬼」[1]。討論當下文學中的青年形象，這種東遊西蕩不馴服的姿態應當是我們倍加珍惜的。

五

在巴赫金所描述的「最為重要的一類」成長小說中，「人的成長與歷史的形成不可分割地聯繫在一起。人的成長是在真實的歷史時間中實現的，與歷史時間的必然性、圓滿性、它的未來，它的深刻的時空體性質緊緊結合在一起」。而在其它類型作品中，「人的成長被置於靜止的、定型的、基本上十分堅固的世界的背景上」；「世界只是分解成個別的事物、現象和事件，它們不過是毗鄰和交替而已。長篇小說中的人物形象，僅僅勾勒出了輪廓，全然是靜態的，就像他周圍的世界是靜止的一樣」[2]。以此來考量郭敬明小說，最顯著的特徵即是「主人公的靜止不變」：「對個體的憂傷、創痛的反覆咀嚼不僅成為文本推進的主要線索，更被普遍化為某種本質的、從來如此的青春體驗，這一操作的痕跡最為鮮明地體現在郭敬明對『孩子』這一概念的反復言說之中。在郭敬明筆下，『孩子』不僅是一個年齡階段，更是一個可以脫離各種社會關係而存在的絕對純潔的領域，……『孩子』這一範疇成功抹去了個體的創傷與其社會根源之間的關聯，從而建構了一個完全封閉的主體。對於這樣一個主體而言，由於無法在具體的社會結構、生活經驗，及其背後的權力關係中辨析創傷的來源。因此，他只能將其視為本質的、普遍的青春憂傷而加以領受，甚至將其審美化，並反覆觀看、咀嚼。同時，正是這種將自身獨立於社會的

---

[1] 關於鄭小驢創作意義的討論，參見拙作：《歷史中誕生》、《鬼魅敘事與同時代感：初識鄭小驢》，《芙蓉》（第五期），2012年。

[2] 巴赫金：《教育小說及其在現實主義歷史中的意義》，白春仁、曉河譯：《巴赫金全集》（第三冊），石家莊：河北教育出版社，2009年，213、227頁。

意識形態構型，詢喚出了大量自我封閉的、拒絕成長的主體，取消了任何對抗性實踐的可能性，從而不斷再生產著既存體制下的權力關係。」[1]郭敬明式的小說是在翻版這個時代的現實嗎？無須讓生命悸動的痛感來提醒自己，也無須在黑暗的長旅中左衝右突，鋪天蓋地的廣告、傳媒，以及不設禁區的互聯網早已告訴了那個「孩子」成人世界的秘密與真相。郭敬明筆下這個「只想待在自己世界裡的孩子」，以持守純真的自戀姿態來暗享「豁免權」[2]；同時又在早已熟稔成人社會鐵則的前提下，將成長過程「壓縮」，一出場就「定型」，於是「完全封閉的主體」粉墨登臺。

當我們失望於郭敬明小說中反覆咀嚼、消費自我的憂傷而無法自拔、靜態而不再成長的青年人物時，往往會舉證林道靜來作比較。《青春之歌》向來被視為「新人」塑造、社會主義成長小說的典範之作。林道靜的成長充分體現了「與歷史的形成不可分割地聯繫在一起」，然而，如果以「角色化生成」的視角來考察就會發現，當民族國家歷史的必然性、圓滿性綻現之時，人的成長與其說是動態的創進，毋寧說是按部就班的天路歷程。以上這兩類青年形象似乎都不能讓人滿意。借用上文的話說，也許正是因為「內部自然」和「外部自然」無法達成平衡，所以文學中的青年形象，不乏靜止而「完全封閉的主體」，不乏「內心生活」蒼白甚至是「失心」之人，也不乏虛無主義者……

這個時候我想起魯迅，身當一個秩序轟塌的年代，魯迅以「自心」應世，秉持虛靈流動而非僵化定型的「心裡的尺」來應對、驗證身外的律令與規範，將生命創造的憑據收歸自我。另一方面，即便臨近生命的終點，魯迅仍然深切表達著與這個世界緊密關聯的經驗：「外面

---

[1]　康凌：《林道靜在21世紀》，載於文學報，2012年2月9日。

[2]　當「抄襲」事件鬧到法庭並被炒得沸沸揚揚的時候，記者問及郭敬明是否在意，郭的解釋是：「我不想參與到成人世界的爭鬥中，我只想待在自己的世界裡。」

的進行著的夜，無窮的遠方，無數的人們。都和我有關。」[1]所以魯迅的這顆「心」又貫通著「生命的具體性」，不是將「個人」凝固成一個自外於現實世界、高高在上而又一塵不染的封閉「自我」，而是捨身到「不完善」、甚至汙濁罪孽的現實中，通過與周遭世界的關聯，通過「完成切近的具體事業」——哪怕它們是平庸、煩瑣的（往往如此）——來擔負起變革現實世界的責任[2]。這是一顆多麼莊嚴而活潑、「內外兼修」的「心」。在討論上述「內外失衡」的青年形象時，我們應該珍重魯迅「心學」的這一份資源——既捨身到風沙撲面的現實中貼身肉搏，又敢於自白其心、以心應世，以此來培育一個豐富而沉穩、與現實相摩擦複又充當外界擾攘之篩檢程式的內心空間。

日本學者藤井省三曾指出，魯迅在《狂人日記》中表現手法既「脫胎於安德列夫的文學，卻又與其單純反映個體之孤獨的文學傾向有微妙的不同」：

> 安德列夫描寫的瘋子之申訴乃是從封閉壓抑的自我發出的悲鳴，而魯迅借狂人之口發出「救救孩子」的吶喊則是找到了與民族共生之線索的開放的自我之疾呼。
>
> 安德列夫通過謊言、沉默等實體化的感覺描繪出孤獨的內面世界。於《域外小說集》中翻譯過《謾》和《默》的魯迅，十年之後對安德列夫的手法進行了脫胎換骨的改造，借狂人的妄想，通過食人一事進一步把孤獨實體化，最終得以形成突破自我封閉而與時代狀況共生的嶄新自我。

藤井省三之所以強調魯迅在進行社會批判同時，「如何以安德列夫為媒介艱難地探索現代文學的核心精神——個人主體之『內面世

---

[1] 魯迅：《魯迅全集》（第六卷），624頁。
[2] 關於魯迅文學所彰顯的「生命的具體性」，參見拙作：《在偽士與名教的圍困中突圍》，載於《當代作家評論》（第四期），2009年。

界』」，是「意在打破多年來人們對日本和中國兩位國民作家所建構
起來的神化模式：超越個人主義而達到『則天去私』境界的夏目漱石
和革命聖人的魯迅。單就魯迅而言，這個神化不僅指從延安到人民中
國毛澤東對魯迅的聖人化，同時也指竹內好以來的日本魯迅研究。延
安時代的毛澤東由於可以表彰魯迅在現實政治中貫穿始終的革命者一
生，結果遮蔽了其對中國的統治結構本身予以批判的文學本質。而日
本竹內好以來的魯迅研究者，由於一直局限在『文學與政治』對立這
種闡釋架構的範圍之內，因此忽視了活躍於現代精神史舞臺上的魯迅
文學的思想核心——對個人主體性之『內面世界』的追尋及其所感到
的不安和恐怖」[1]。藤井省三的研究呈現出魯迅文學的豐富性：既不
放棄探索「個人主體之『內面世界』」，也注重「將封閉的內面世界
向自己的民族敞開從而獲得無限的解放」。當我們探究20世紀中國文
學史上的青年形象時，當我們在尋覓角色化與主體性之間的複雜關聯
時，魯迅這份「內外兼修」的資源值得我們一再返顧。

　　並不是說非得求證一個「內部自然」與「外部自然」處於平衡
狀態的人物來作為青年構形的範本，魯迅的啟示是：首先，在「內部
自然」與「外部自然」之間，應該有勢所必至、理有固然的接榫與
「橋樑」。葉永蓁作《小小十年》，「這是一個青年的作者，以一個
現代的活的青年為主角，描寫他十年中的行動和思想的書」，魯迅讚
譽該書「描出了背著傳統，又為世界思潮所激蕩的一部分的青年的
心」，同時也犀利指出其中缺陷：「從舊家庭所希望的『上進』而渡
到革命，從交通不大方便的小縣而渡到『革命策源地』的廣州，從本
身的婚姻不自由而渡到偉大的社會改革——但我沒有發見其間的橋
樑。……在這裡，是屹然站著一個個人主義者，遙望著集團主義的大

---

[1]　趙京華：《後現代社會語境下日本魯迅像的轉變》（下），《周氏兄弟與日
　　本》，北京：人民文學出版社，2011年，105-107頁。以上藤井省三的引文也轉
　　自趙文。

矗，但在『重上征途』之前，我沒有發見其間的橋樑。」[1]必須從「內部自然」的實感出發，依照著年輕人的生存條件、思想背景與性格邏輯所規定的方式，來摸索「外部自然」；任何外在的角色召喚、整體結構，必須具體地組織進、實現在青年的生命活動與生活進程中。這是「其間的橋樑」意義所在，它在《狂人日記》中體現為「通過對自白主體進行非人格化的處理，從而將內面世界本身再度普遍化」[2]。其次，一方面要求文學關注年輕人的特性、慾求和權利，展現他們的內在空間和主體經驗；同時也應該思考現代中國的歷史語境中，「自足」的「個人」的故事、「純粹」的「自身」的故事，到底在多大意義上可以成立？「狂人」形象的啟示在於「突破自我封閉而與時代狀況共生的嶄新自我」。總之，在「角色化生成」與「主體性成長」之間，在決定論和能動性之間，在福柯和存在主義之間，在政治經濟學和精神分析之間，在外在詢喚和內在期待之間，文學中的青年形象應該得到更加精緻入微的辯證。

不過以上討論也可見出：現代以來，各方力量都在借重、爭奪青年人，面對這種借重、爭奪，文學既被動地參與其間，也不甘被動地提供了反思的契機。一方面，國家意識形態監督下的歷史想像往往對青年形象的生成施加「定型」作用，但是另一方面，青年形象在自我創制的同時也不斷產生嘗試打破「定型」的解放性活力。即便是在《青春之歌》這樣有著預期美滿結局的小說中，因為解放性活力終於不能完全被壓服，所以在作為國家神話的青年形象之下依然有主體能動的縫隙存在。這些縫隙告訴我們：儘管「革命」成功地示範了對愛情的導引，但後者畢竟不能輕易地被前者所化約；「革命」理應正視「慾望」，壓抑性的「革命」並不具備召喚性。這二者的糾纏正是文學需要細膩展示的地方。林道靜在崇拜盧嘉川之前，首先被「那高高

---

[1] 魯迅：《葉永蓁作〈小小十年〉小引》，載於《魯迅全集》（第四卷），150頁。
[2] 趙京華：《後現代社會語境下日本魯迅像的轉變》（下），載於《周氏兄弟與日本》，106頁。

挺秀的身材，那聰明英俊的大眼睛，那濃密的黑髮」所打動。敏感的
研究者發現《青春之歌》中不少細節暗示「在民族國家宏大敘事的縫
隙中隱約可見性別個體的感性存在」[1]，比如這樣的描述：「失去了
盧嘉川的領導，失去了黨的愛撫，她覺得自己重又變成死水中的蝌
蚪。」這裡的「互文」與「雙關」實在傳神，性的力比多與革命倫理
互為釋放。其實早在「五四」時期典型的青年文學《沉淪》中，個人
主義的話語既無法脫離於民族國家的建構，但迴響著現代意識的、對
「我是誰」的探尋，始終無法被民族話語簡單徵用。更何況還有《財
主底兒女們》這般表現慾望身體與社會理性之間深刻掙扎的巨著。這
一掙扎也啟示我們：討論青年形象，並不是給出「理想型」的答案，
同樣不妨曝露症候；並不是追求完成態，而是探索未完成中的豐富。
即便在文本中最終閉合了，依然不妨去把握殘餘的選擇可能性。在這
個意義上，即便是誕生於「一體化」的文學時代中、例如豐村《美
麗》（1957年）這樣的文本依然值得重讀。其敘事起點就是：「年青
人都多麼可愛。但是，他們可又有著自己的憂慮和苦惱。」一方面，
小說中的主人公在求證自我完滿性時自覺認同與民族、國家、社會的
深切關聯；另一方面，小說也正視在革命倫理與公共道德之下個人的
慾求、隱私。儘管在當時語境中，這一危險的「個人」與「個人問
題」在文本中必須被迅速治癒，其自我治癒的心靈過程不乏抽象化、
簡單化，但這個小說呈露出個體生命的感性慾求與時代理性運行規則
之間的某種「緊張」，而這樣一種轉瞬即逝的緊張感，也應該成為我
們討論問題的出發點。

　　這尤其需要研究者具備辯證的反思能力與精到的文本解讀功夫。
有一次我在給本科生開設的小說選讀課上討論丁玲《我在霞村的時
候》，和慣常的意見一樣，我也把貞貞視為一個受到戰爭雙方——一

---

[1]　王宇：《性別表述與現代認同：索解20世紀後半葉中國的敘事文本》，上海：
　　三聯書店，2006年，99頁。

方把她當成發洩獸性的對象，另一方把她看作獲取情報的工具——殘酷壓榨的女孩子。但是班上一位「90後」的女生在課堂討論中提出：貞貞之前受到日軍強暴欺辱固是極大的傷害，此後答應組織「回去工作」卻有一種「報復的快意」在內，這樣的工作並不只是被動配合民族解放的大事業，而是對於貞貞的個體本身同樣意義重大。在那種時候，如貞貞一般受到欺辱的女子並不少，但是，能親手破壞侵略者的行動、以此撫慰自身傷痛進而贏回尊嚴，這種復仇的快意很少有人能體會到。「貞貞把臉藏在一頭紛亂的長髮裡，卻望得見有兩顆錚錚的眼睛從裡邊望著眾人」、「她像一個被困的野獸，她像一個復仇的女神」——這個「復仇女神」的形象多麼光彩照人，貞貞正是以這樣的方式來實現「我還可以重新做一個人」。——這是多麼精彩的解讀！[1]由此也提醒我們應當注重青年形象的多重意蘊，既看到被控制、利用甚至扭曲的一面，也發現不被化約的豐富性。經過這樣的觀察所得到的青年形象，才能擁有巨大的生命能量和靈魂深度。

---

[1] 當然這個解讀依然值得追問下去：「被困的野獸」，到底是被何種力量所圍困，貞貞的復仇與憎恨，主要朝向誰？由此我們才能觸摸到丁玲在民族意識、階級鬥爭及男性中心的敘述傳統下，如何突破障礙，發出獨特的女性聲音。

論中國當代詩歌的內在發展規律

劉佳慧

南開大學文學院博士候選人

　　如果把1949年之後的新詩創作暫定為當代漢詩的創作起點的話，中國當代詩歌的內在發展規律與加拿大學者弗萊關於文學作品「五種模式」的理論存在一定程度的契合性，當代漢詩的主流部分恰好經歷了一個從歌詠「神性」到讚美「浪漫故事中的英雄」再到張揚「高模仿」中的大寫的「人」的發展過程。隨後，一部分先鋒詩人以「用此岸來代替彼岸」的詩學觀念為創作指導，在作品中全力實踐「低模仿」式的抒情策略，湧現出許多經典優秀的實踐性日常寫作文本。先鋒詩人對宏大敘事的解構和世紀末多元化時代中文化所處的「剩餘狀態」[1]，進一步導致「反諷」類型詩歌在當代文壇的亮相。

　　根據西方結構主義批評家弗萊的原型理論，可以把文學作品分為兩大類：虛構型和主題型，前者以敘述人物及其故事為主，後者則以作者向讀者傳達某種寓意為主。兩者的區別是相對的，在兩個極端之間存在許多過渡性的類型。作者著重研究了虛構型作品。他根據亞里斯多德所提出的書中人物與普通人的水準比較標準，又把虛構型文學作品劃為五種基本模式：一、神話，其中人物的行動力量絕對地高於普通人，並能超越自然規律；二、浪漫故事，其中人物的行動力量相對地高於普通

---

[1] 「剩餘狀態」是陳曉明的理論，他認為：「『剩餘狀態』表明文學及其文化實踐不再依憑於意識形態的巨型寓言，不再致力於建構社會共同的想像關係，寫作者與思想者退居到個人的立場，放棄永恆的、絕對的終極價值關懷，回到個人的記憶，注重那些細微的差別，試圖從這裏折射出生活世界的多樣性，只能用可能性和相對性視點來看待人們置身於其中的現實。」參見陳曉明：《表意的焦慮》，北京：中央編譯出版社，2003年6月，316頁。

人，但得服從於自然規律；三、高模仿，即模仿現實生活中其水準略高於普通人的文學作品，如領袖故事之類；四、低模仿，即模仿現實生活中的普通人的作品，如現實主義小說；五、反諷或諷刺，其中人物的水準低於普通人。他分別研究了悲劇和喜劇中的這五種模式，認為在西方文學中，這五種模式是順序而下進行演繹的，而演變到反諷模式則又向神話回流，形成迴圈。他還認為，「主題類型文學作品也存在類似於上述五種模式，並且也有相似的演變週期[1]」。屬於主題類型的詩歌文本，雖然不是弗萊的主要研究對象，但卻與虛構型的作品一樣，有著五種原型模式和相似的演變週期。中國當代詩歌的內在發展規律，與弗萊總結出的流變過程暗合，經歷了從仰望「紅色烏托邦」中的神祇到俯瞰像螞蟻一樣的小人物的歷時性寫作。

一、「神性」與「半神性」詩歌的輝煌

1949年中華人民共和國的成立，對於飽嘗戰亂之苦的中國人民來說，無疑是一個轉折點。很快，國家的各項建設陸續展開，人民以最大的熱忱投入生產。詩人作為時代的歌者，必然也會以高亢的嗓音去譜寫和記錄這些「開國神話」和「建設神話」。郭沫若就曾以他澎湃的滿腔激情誇張地歌詠道：「百花齊放，五彩繽紛，／毛主席的周圍，六億堯舜！／萬鼓雷轟，萬旗浪湧，萬象雲屯。／……／萬隻鴿子在空中飛騰，／萬顆葡萄向空中飛騰，／萬朵星火向空中飛騰。／……／葵花在捧日，孔雀在開屏，／乳牛在追火箭，麥穗在閃黃金，／一萬朵紅蓮在吐放著香韻。／這不就是總路線的精神？／這不就是大躍進的象徵？／這不就是人民公社的美滿行程？／三面紅旗在發出震天撼地的聲音，／澄清了九天四海的迷霧，／『毛主席萬歲』

---

[1] 諾思羅普・弗萊著，陳慧、袁憲軍、吳偉仁譯：《批評的剖析》，天津：百花文藝出版社，1988年11月，5頁。

不斷地高飛入雲。」──（郭沫若，《國慶日大遊行速寫》，1962年）。詩人描繪的似乎不像是「國慶日」時的真實寫照，倒像是一個金碧輝煌、眾星捧月的神仙世界。在文本中，詩人無視真實的人性，把所有的民眾都吹捧為聖賢；詩人無視季節的特徵，把不同時令所出現的景象生拉硬拽地彙聚在一天；詩人無視技術發展的規律，寫下了「乳牛在追火箭」的帶有鮮明時代特徵的科學神話；詩人更無視生產建設的實際進程，狂熱地詠唱著一個安定團結、熱烈而極度富饒的紅色烏托邦。

　　神話的產生，往往源於一種想像、解釋或渴望。詩人用浮誇俗豔的筆墨勾勒出的共產主義世界正是大多數中國人心目中所想像的宏偉藍圖，是執政黨和中國人對一直虔誠憧憬的「理想國」之景觀的具體解釋，是對未來完美世界的真誠渴望。這種情緒在詩歌中反映出來，便因其意象和情思的無限度昇華，而被塗抹上了一層神秘的色彩，真實的主人公也被不受自然規律制約的具有超能力的主人公所偷偷置換，成為「紅色類神話詩歌」中極度渲染的神性。在大躍進的民歌中成批量地存在著這種「紅色類神話」中的神性描寫，如「幹勁真是大，碰天天要破，踩地地要塌」，如「一個穀穗不算長，黃河上面架橋樑；十輛汽車並排走，火車駛過不晃蕩」；如「麥秸粗粗像大缸，麥芒尖尖到天上，一片麥殼一片瓦，一粒麥子三天糧」；如「不准月亮再缺邊，不准太陽溜下山，躍進顯得地球小，明天把種撒上天」……民歌創作者用極其精練的語言塑造出了一個又一個令人歎為觀止的「人有多大膽，地有多大產」的農業神話，既然一根不算長的穀穗便可以在黃河上面做橋樑，一粒麥子就可以做整整三天的口糧，那麼生產出它們的又怎能不是吹口氣就可以點石成金、化水為油的仙人呢？「不准月亮再缺邊，不准太陽溜下山」，能擁有這麼強大的、可以任意改變自然規律的主觀意志的個體，恐怕只有原始神話裏「睜眼白日、閉眼黑夜」的天神共工了。

　　導致這種詩作出現的最根本的原因是1949年後無限膨脹的集體自信心和互不相讓的攀比浮誇之風，在這二者的交匯作用下，農業生產在民歌中被不斷誇大，以至演變成遠遠違背了科學規律的「農業神話」。在那種特殊的環境中，民歌中不切實際的無謂的幻想迅速從文學的領域彌散而出，擴展為政治上的要求，又逐漸被編造成了一種社會性的「紅色類神話」。當這種全民化的意識形態重新在詩歌文本中被反映出來的時候，它便以鐵定的意義一躍而成為可以指導農業生產的真實的「神話」了。

　　與「紅色類神話」相生相伴的是詩壇關於「半神傳說」的浪漫故事的大規模書寫。在這類詩歌創作中，主人公不是在性質上而是在程度上遠遠高於我們，他們的行為卓絕超凡，在他們活動的世界裏，一般自然法則被輕輕地懸置起來，他們那一般人難以做到的堅忍耐力和勇敢精神造成的奇事，對普通人來說不太可能，而對於他們來說卻是極其「自然」的。建設類詩歌中的「工農兵形象」和政治抒情詩中作為階級代言人的「大我形象」，當之無愧地成為這類時代的「半神英雄」。

　　1949年以後，工業作為現代化建設的重鎮，備受共產黨和國家重視，工業題材的文學作品大量湧現。這類詩歌中的主人公絕大部分都被塑造成了行動力量高於普通人的英雄主角。他們有膽識、有決心，為了國家建設，跋山涉水、風餐露宿。「有條件要上，沒有條件也要上」，對於他們來說，什麼樣的苦都能吃，什麼樣的困難都克服得了，什麼樣的理想都能實現。同樣，在這個時候，農民不僅僅是土地的辛勤耕耘者，更是工業建設的重要力量之一，未離開土地的農民英雄就可以收穫不切實際的高額畝產，離開土地的農民英雄就可以成為工業和革命鬥爭中的中堅力量。他們不是神人，卻也絕非常人，他們的生活總是充滿了驚天動地的傳奇色彩。既然「工」與「農」都非等閒之輩，「國防詩歌」中保衛國家、保衛家鄉的「軍人」就更不能

小覷，愛國主義的情思和英雄主義的氣概讓他們成為威風凜凜、朝氣蓬勃的「半神英雄」。在政治抒情詩中，「詩歌的抒情主人公常常不是富有獨特個性的詩人自己，而往往是一個作為階級代言人的抽象的『大我』」[1]，也是明顯高於普通人的「階級領袖」式的「半神形象」。正如洪子誠先生在《中國當代新詩史》中所說的那樣：以郭小川和賀敬之為代表的政治抒情詩人，總在詩歌中「努力以階級的、人民的『代言人』的姿態出現……他們往往抓住社會政治生活中的重大事件，以強烈的感情直抒結合政論式的理性表達，以高屋建瓴的方式俯瞰生活和概括生活，而不粘滯於具體生活場景和細節的描述。強烈的政治性和鼓勵性，使它具有鮮明的英雄主義的浪漫色彩。」[2]

1949年後，「神性」與「半神性」詩歌的輝煌，雖然也留下了一些較優秀的作品，但總體來看，它們令中國的當代新詩長期與真實的國情、真實的人心相脫節，成為浮游於天空的「類神話」和「傳說」式的文學烏托邦。從某種意義上說，文革期間的主流詩歌也是它們的必然膨脹或延伸。對這類作品，讀者只能高舉著脖頸仰望其項背，直到以「大寫的人」為敘述主體的詩歌出現，這種現象才得以改觀。

二、大寫的「人」的彰顯

是不是可以對1949年後的中國詩壇做這樣一個比喻：當代詩壇遙望到紅色類神話和半神傳說中所描寫的完美的烏托邦，便不顧一切地向著它們疾馳而去，幾乎放棄了沿途所有真切的風景。走上了荒蕪淒涼的「文革」沙漠之後，許多人才驚覺那別有洞天的桃花源只是海市蜃樓一座、旖旎好夢一場，他們所必須承受的是物質和精神上的雙重

---

[1] 洪子誠、劉登翰：《中國當代新詩史》，北京：人民文學出版社，1993年5月，185頁。

[2] 洪子誠、劉登翰：《中國當代新詩史》，北京：人民文學出版社，1993年5月，25頁。

苦難。幸虧有「地下詩歌」這條溪流暗自湧動，有「白洋淀詩群」這道清泉秘密噴灑而出，當代詩壇才得以步履蹣跚地繼續前行，直到走出沙漠，建設出一片姹紫嫣紅的「朦朧詩」花園。

「朦朧詩」花園的園丁們雖然各有主張，各具所長，但相同的理想還是緊緊將他們團結在一起，那就是在自己的詩歌中勾勒出一片「大我」的天空。他們的抒情主人公在程度上高於普通人，但是卻生活在與民眾相同的環境中，受自然規律和法則的支配，是現實的英雄或精英，有著比一般人強大的權力、勇氣、激情和智慧。正如陳曉明所說的：「『朦朧詩』事實上呈兩極分化，北島與江河們為時代提供精神鏡像，而舒婷與顧城們則為人們提供情感撫慰。這二者都依據『文革』為文化資源，並且共同縫合在關於『大寫的人』的神話中。」[1]

北島以挑戰者的身份出現，寫下擲地有聲的宣言：「告訴你吧，世界，／我不相信！／縱使你腳下有一千名挑戰者，／那就把我算做第一千零一名。」（北島《回答》）。敢於向世界挑戰的人，當然不是懦弱平庸的人，而是有著領袖氣質的反叛者。他不相信常理，曾經多次地大膽地表白：「我不相信天是藍的／我不相信雷的回聲／我不相信夢是假的／我不相信死無報應。」（《回答》）；他不相信謊言，無法寬恕那些卑微的假話：「我不想安慰你／在顫抖的楓葉上／寫滿關於春天的謊言。」（《紅帆船》）；他的眼睛是洞察真偽的利箭，因此才能一針見血地穿透世間的虛妄：「卑鄙是卑鄙者的通行證／高尚是高尚者的墓誌銘。」（《回答》）；他的血液裏流淌著英雄的質素，因此他可以莊嚴地呼告：「我只能選擇天空／決不跪在地上／以顯出劊子手的高大。」（《宣告》）。然而，北島筆下的英雄畢竟與半神傳說中的英雄不同，他首先是人，有著人的一切本質和「在沒有英雄的年代／我只想做一個人」（北島《回答》）的真實心聲；同時，「北島的這個反英雄

---

[1]　陳曉明：《表意的焦慮》，北京：中央編譯出版社，2003年6月，41頁。

的個人恰恰是那個時期被想像的英雄，他的『人』是一個焦慮的殉難者，一個笛卡爾式的我思故我在的悲劇主角，赤著腳在長滿荊棘的大地上奔走。」[1]也許讀者並不能明白，這種在沒有英雄的年代「做一個人」的宣告竟然有著如此強烈的英雄色彩。

在「朦朧詩」眾詩人中，舒婷的創作以其獨特的女性體驗和細膩的女性主義筆觸勾勒出一片燦爛繽紛、溫婉柔情的詩歌天地。然而就是這樣一個「弱質女流」也一度高高舉起大寫的「人」的旗幟，抒發胸中那尊堅貞不屈的帶血的理想：「我決不申訴／我個人的遭遇。／錯過的青春，／變形的靈魂。／無數失眠之夜，／留下來痛苦的回憶。／我推翻了一道道定義；／我砸碎了一層層枷鎖；／心中只剩下／一片觸目的廢墟……／但是，我站起來了，／站在廣闊的地平線上，／再沒有人，沒有任何手段／能把我重新推下去。」（舒婷《一代人的呼聲》）這是延誤了青春的一代人重新崛起的承諾，這是無怨無悔的靈魂忍痛完成的浴火涅槃。可以說，舒婷詩歌的主人公仍然是「先天下之憂而憂」的啟蒙者，但這啟蒙者並不具有常人以外的特權。在天災人禍面前，她同樣是受難者。但堅韌的毅力、頑強的性格和不屈的尊嚴，促使她在承擔下所有非人的待遇之後，依舊能不計得失地挺身而出，歌唱時代、歌唱理想，為普通百姓樹立起昂揚的榜樣。她無法遺忘個人的艱辛，但更加在乎的是大眾的苦難。就連以兒童視角取勝的童話詩人顧城，也寫下了這樣的詩句：「雖然我要自由／就像一棵草／要移動身上的石塊／就像向日葵／索取自己的王冠／我要天空——／一片被微風吹淡的藍色／讓詩句漸漸散開／像波浪／傳遞著果實　但是，不要說了／我不會屈服」（顧城《不要說了，我不會屈服》）。在文本裏，顧城以美麗而堅定的筆觸描繪出一顆英雄的心靈，儘管這英雄的品格裏帶有孩子式的執拗，但促使「他」如此堅貞不屈的，主要還是大寫的「人」的精神維度。「他」不再是紅色

---

[1]　陳曉明：《表意的焦慮》，北京：中央編譯出版社，2003年6月，34頁。

類神話和半神傳說中可以超越自然規律和社會法則的完人，他的反抗
需要付出艱辛的代價。但是「他」有著高貴的理想和為這理想獻身的
勇氣。

　　「朦朧詩」中大寫的「人」與政治抒情詩中的「大我」形象不
同。雖然二者都是時代的領袖，但前者沒有後者那麼明顯的階級歸
屬，也沒有後者那麼樂觀昂揚的精神。他們是飽經磨難的一代，是需
要自我救贖的一代。他們不是天生的「半神英雄」，而是自我奮鬥的
挑戰命運的叛逆者。「他們不再相信自己在現代迷信的『宗教』星圖
中的陪襯位置，而堅信自己是廣闊生存中並不遜色的各種星體。作為
一個有獨立思考精神，有社會責任感和自我創造力、自我尊嚴的活生
生的主體的形象，在他們的詩中復活了。」[1]

　　除了「朦朧詩」之外，八十年代初宣導「新邊塞詩」的詩人和評
論家們，也用自己的理論和實踐張揚了大寫的「人」。「他們繼承了
古代邊塞詩關於個人命運的悲鬱感慨和超然物外的牧歌聲調，但作為
在這土地上生息的子民，又大大增強了摯愛與崇敬的情感。他們也繼
續五、六十年代詩人表現拓荒者革命精神的主題，但竭力避免將革命
理想與自然、民情作簡單連接或轉換的藝術表現。」[2]「新邊塞詩人」
立足於呼喚英雄的時代和開放恢弘的社會環境，建功立業的蓬勃雄心
和豪邁澎湃的滿腔熱血使他們的詩行中湧動著昂揚的情思。他們的詩
歌主人公既非有著「半仕半隱」情懷的古代邊塞文人，也非旨在辟土
開疆的五、六十年代的「半神英雄」，而是有著恢弘雄勁的生命意志
力的與「朦朧詩」主人公相呼應的大寫的「人」。

[1]　陳超：《打開詩的漂流瓶》，石家莊：河北教育出版社，2003年8月，253頁。
[2]　洪子誠、劉登翰：《中國當代新詩史》，北京：人民文學出版社，1993年5月，390頁。

三、小人物的「客觀」世界與冷抒情

　　八十年代中後期，隨著現代理論和後現代理論的同時湧入，中國
大陸的創作界也出現了現代性文本與後現代文本激烈交鋒的場景。現
代性理論依然主張建設和啟蒙，講究宏大敘事，把目光伸向遙遠的烏
托邦，「然而，在後現代看來，這一切如今業已陷入虛幻：『過去的
諸多敘事學說已經失敗，其根本原因在於產生作用的原動力，如英雄
聖賢、宏災巨難、偉大的探險、崇高的終極，全消失了』」[1]。後現代
的懷疑理論和消解宏大敘事的策略，很有力地否定了彼岸，此岸顯得
彌足珍貴。一部分當代漢詩吸收了後現代主義的新鮮血液，從題材和
形式兩個方面開始了「用此岸來代替彼岸」的詩歌探索。世紀之交，
一場關於「民間寫作」與「知識份子寫作」的激烈論爭，將「用此岸
來代替彼岸」的創作觀念迅速推舉到了文壇的前沿。針對「知識份子
寫作者」的一系列詩學主張，於堅亮出了「用此岸來代替彼岸」的
理論武器。這種責任正落到「第三代詩人」肩上，上世紀80年代末，
「朦朧詩」從詩界逐漸淡隱，「現代詩群體大展」把有著後現代品質
的各類詩作推上了歷史前臺，我們將其統稱為「第三代詩人」。「第
三代詩歌」在一定程度上受到福柯「人死了」的後現代理論的影響。
福柯的「人死了」當然不是意指每一個肉體的毀滅，而恰恰是指那個
大寫的「人」，在人類精神上的某種消亡，繼之而起的起的是以「原
生態」面貌出現的本真的人，他們以小人物為抒情主人公，以類乎
「現象主義」的寫作視角，把超驗懸置起來，把當代中國詩歌從處於
半空的烏托邦幻影中帶回原地，讓詩歌之腳重新踏在溫潤而穩定的現
實泥土之上，從生活中提煉詩意。以於堅為例《飛碟》：「人只准生
一個／蒼蠅倒是妻妾成群／你的窗外是一個廣場／白天你在單位上等

---

[1]　利奧塔：《後現代狀況：關於知識的報告》，載於孟慶樞、楊守森主編：《西
　　方文論選》，北京：高等教育出版社，2007年5月，469頁。

著信和報紙／晚上你和父母一起進入電視節目／夜裏你做夢／火車一年一年遠去。」

這就是詩人為什麼要在自己的詩作中將人與蒼蠅並置的原因。知識份子所提倡的「廣場意識」被於堅隔絕在了窗外，人生是平凡而無多新意的，由一個個無所事事而又庸常的輪迴所組成，夜晚的夢境卻暴露了「你」的焦慮，時間空空流逝，像一去不回的火車，可人還在原地踏步，沒有一點點的前進。詩人從存在主義的層面，把人的孤獨無助麻木和疲勞刻畫得淋漓盡致。

與「朦朧詩人」筆下的物帶有人的特點相比，「第三代」筆下的人則帶有物的特點。我們從他們的詩中可以很清晰地看出第三代詩人對神性、英雄和名人的消解。他們顛覆父權、嘲笑所謂的領導和權貴，摘掉他們頭頂的光環，使普通人的價值得到了突顯和承認。他們的人物詩「有對普通人生活情境的同情，和從生活現象中發現溫暖、樸素的詩意，但多少也意識到平庸對人的精神的損耗和壓抑，因而靜觀與激情、淡漠與痛苦，排斥『意義』和追尋『意義』的矛盾交織期間。」

對於十七年的新詩創作來說，「朦朧詩」是一種反撥，它將有著「神性」和「半神性」的「卡里斯瑪」型主人公還原成了有血有肉有感情的大寫的「人」，將有著清醒意識與個人姿態的獨立的「我」從帶著集體印記的「我們」形象中剝離出來，將對未來「紅色烏托邦」的歌頌轉換成正視歷史和今天。「朦朧詩」的寫作無疑為當代新詩邁向個我生命走出了可貴而重要的一步，但「人本化」的詩學歷程並未走完，需要「第三代詩人」去繼續探索。對於「朦朧詩」來說，「第三代詩歌」則是一種再反撥，它將被精神光環所籠罩的英雄式主人公置換成了腳踏實地的普通平凡的人，將以「理想」和「拯救意識」為核心的詩歌主旨轉變成了以「日常瑣事」和「平民生活」為重點的詩歌命題，這代表意識形態在詩歌中的逐漸淡化。80年代，一些詩人受

到理想主義情緒和懷疑情緒的感染，一度把目光投向懸棺、禪宗、大佛、玄機等遠古意象和境界，或單純地追求詩歌的寫作技巧，希冀用神秘主義來取代對生活的認識。這種現象愈演愈烈，逐漸發展到令人堪憂的地步。第三代詩人對這種傾向進行大力批判，力主回歸詩的日常性和樸素詩美。他們以類乎「現象主義」的寫作視角，把超驗懸置起來，將詩歌從處於半空的虛幻的烏托邦中帶回原地，讓詩歌之腳重新踏在溫潤而穩定的現實泥土之上，從生活中提煉詩意。仍以于堅為例，他在《我的歌》一詩中申明了第三代詩人的詩學理想：「我的詩有美加淨牙膏的香味有閱兵式的威武和雄壯／我的詩像車隊一樣運動像城市夜晚的霓虹燈變化無窮／我的詩有一種梨木傢俱式的厚重像銀行匯價一樣誠實／我的詩新鮮純淨如每天黎明從畜牧場運來的牛奶」。于堅的詩是關於「元詩」的詩，他經常會在具體的作品中使用「借喻」的手法來詳細闡明應該如何進行詩歌書寫。詩人在這段詩作裏使用了全新的比喻系統，他將「美加淨牙膏」、「梨木傢俱」、「銀行匯價」、「從畜牧場運來的牛奶」等從日常生活中而來的語彙直接入詩，並用它們來比喻自己的詩歌文本，簡單形象地表達出自己關於「詩歌應該『日常化』」的理論主張。

　　按照弗萊的「原型」理論，在「低模仿」之後還要經歷一個「反諷」階段。繼「第三代詩人」的「低模仿」創作之後，「網路詩人」、「第四代詩人」、「下半身寫作詩人」等詩人群的「反諷」詩歌不斷在詩壇湧現，成為描寫「更加微小的人物」的解構之作。對於這些詩人而言，詩歌界並沒有進行統一的命名和劃分、定位與評價。他們的內部成員也良莠不齊、多有重合。但他們具有很大的共性，那就是更加現實、更注重交流、更講究公眾性和更提倡遊戲性。這既是對「人性」驅除隱喻義後的重新命名，更是對真實人性、豐滿人性的正常彰顯，又是對人生庸常現象的反諷和自嘲。以何小竹《一個不吃蔥子的男人》為例：「一個不吃蔥子的男人／吃一點點蔥子就會暈倒

／所以有他在的飯桌上／不能有蔥子／有一次我問他／他點點頭說／只是不吃蔥子／那麼蒜苗呢／他笑一笑,說／蒜苗我不怕」。這是對表面上附庸風雅、骨子裏虛偽媚俗的一類人的反諷,與我們相比,這類人的品格和能力明顯偏低。詩人對他們也失去了好感,用嘲笑和否定的態度抨擊了其矯揉造作的惡劣品行。

　　進入新世紀以來,隨著表達方式和傳播方式的日益多元化,當代詩歌的抒情形式呈現出紛繁複雜的書寫症候,更多地成為自我治療[1]的寫作,詩歌的表達趨向於個人化、內傾化與雜亂無章。很多詩人不滿當今詩壇「浮躁喧嘩」、「平庸無聊」的現狀,不願讓詩歌淪為自我療傷、自我娛樂的工具或集體抒情的廣場,反對形而下的詩歌路線。從而試圖通過尋求詩歌傳統,重拾中國古典詩論中的憂患意識;力主放棄私人化的瑣碎語言,重建「詩言志」的詩歌精神;反對詩歌的病態化發展和無病呻吟,抵制便宜的詩情,恢複「含蓄蘊藉」的高雅詩美,為詩歌的發展開闢和探索出一條全新的「回歸式」路徑。在今後的詩歌創作中,漢語詩歌內在的發展規律還會出現何種變化?就讓我們拭目以待。

---

[1]　李俏梅:《作為自我治療的寫作——對新世紀詩歌寫作現象的一種觀察和分析》,載於《文藝爭鳴》(第四期),2010年。

為了人類尊嚴的視覺批判：
《推拿》的價值立場

孫曉文

淮南師範學院中文與傳媒系專任副教授

　　有沒有一種寫作，當我們在黑暗中摸索，又被光的棱角刺痛，它願意引領我們傾聽內心的聲音，用真實的感受去認識世界、擁抱生活，相互溝通，愛與被愛？閱讀畢飛宇的長篇小說《推拿》，是一次帶著疼痛與驚異的精神洗禮。這部作品重要的思想價值，還在於以盲人的尊嚴感為切口，揭示視覺理性的宰製性影響，批判視覺主義的認知思維模式，提出了理解、信任、互愛的普適命題。

一、心靈門檻與言說底線

　　畢飛宇從事過特殊教育，又結識許多盲人朋友，熟悉並懂得他們。他一直沒去觸碰這個題材，是因為「有心理上的顧慮，覺得是一種冒犯」。[1]最終決定動筆解開這個心結，還是緣於盲人朋友們的默許和鼓勵。作品出版時正趕上殘奧會，畢飛宇不贊成媒體使用「獻禮」的說法；正如他重視殘障者的尊嚴，他也用謝絕文學大獎的姿態顯示了小說的尊嚴。

　　小說描寫了一群中青年盲者，帶著各自的傷痛，懷揣無異於常人的夢想，從五湖四海聚會在南京謀生創業。這座城市還在朝完全現代

---

[1]　畢飛宇、胡殷紅：《〈推拿〉的體溫》，《上海文學》（第十二期），2008年。

化的方向行走，六朝煙雲尚未散盡，歷史的滄桑沉重讓她更加包容。在盲人的小圈子裡，他們基本能和諧相處，至少恰如其分地保持距離。常叫他們感到不自在和畏懼的，是外面那個有光的、不可見的世界，「健全人」社會像海一樣深不可測，總會有意無意地刺傷他們敏感的心靈。盲人也需要乘車，《推拿》裡小馬遇到的尷尬，是被當成健全人要求自覺買票。他寧可再不坐公車，也不願當眾宣佈「我是真正的瞎子」換取免票的福利。王大夫頭一回坐出租，對急躁的司機不太客氣，的哥反倒改變態度把他當「老大」，這是怎樣一筆「混帳的賬」？難道傷害這個世界才能贏得尊重？欺軟怕硬、弱肉強食的叢林法則，不僅對生活在城市底層的弱勢人群形成精神肉體的雙重壓迫，也讓每個普通人可憐的那點兒尊嚴如蛋殼般易碎。

在作品的開頭，沙複明給推拿做了有尊嚴的定義。來理療的客人誇獎：「還是你們瞎子按摩得好！」沙複明不卑不亢地糾正：「我們這個不叫按摩。我們這個叫推拿。」接著是客氣的「歡迎老闆下次再來」，他的心卻在作痛：店門永遠敞開，「老闆」隨時可以光臨；心門從此關緊，彼此絕對做不了朋友。客人粗魯的講話至少犯了三個錯誤，一是「你們」的群體劃分，二是「瞎子」的侮辱性稱呼，三是把推拿混同於某種桃色行業。沙複明選擇了默認前兩者，唯一能做的只有用「正名」捍衛職業尊嚴。他與合夥人都想當推拿中心的大老闆，所以非常注重規範管理；他把推拿當作贏得尊敬、博取成功的籌碼，用健康作賭本進行原始積累，反擊一種荒謬、傲慢、自以為是的說法——「自食其力」。

印度的普列姆昌德說過：「對人來說，最最重要的東西是尊嚴。」尊嚴，是殘障者對人生最高的企求，也是其與人交往的心理底線。最傷害他們自尊的，莫過於由來已久的敵意、歧視和排斥，有形無形的躲避、隔絕和幽禁，把他們視為不潔者、另類、怪物，當作家庭的包袱、社會的累贅。西方文化中對殘疾人一貫的偏見，是從「完

美的身體」的神話衍生的，包括「恐懼、害怕、焦慮、厭惡、懷疑、
憐憫、過度保護和屈尊俯就的行為」等一系列反應。醫學上對殘疾的
定義（生理或心理的缺陷）「也從傳統上影響了對殘疾的普遍解釋，
這些解釋幾乎總是造成歧視、喪失權利、被壓迫和虐待。」[1]如福柯
以瘋癲——一種精神殘疾——為個案進行的知識考古所指出的，「在
古典時期，貧困、懶惰、邪惡和瘋癲都以同樣的罪名混合在非理性之
中。」[2]通過對瘋人實施隔離，保證了資產階級道德作為普遍律令的
合法性、連續性，理性同瘋癲的對立構成了西方文明史的重要章節。
蘇珊・桑塔格更是從自己患癌的體驗出發，揭示了疾病和病人被「隱
喻」妖魔化的問題。當病患和病體成為迷信、道德、軍事或政治話語
的修辭，便具有了醜惡、凶邪的意味，也使患病的肉身從生理的主體
變作文化的客體。與因性別、膚色、種族、階級差異而產生的隔膜、
歧視和壓迫相似，患病者也被自以為健康、理性的「社會主體」看作
令人厭惡和恐懼的「他者」，就像沙複明的客人無意識說的「你們瞎
子」。桑塔格把「反對闡釋」策略「運用到了真實世界，運用到了身
體上」，[3]以科學主義、人道主義精神為疾病「去魅」。前現代以來積
澱的社會意識，是將視力障礙也歸為身體疾病，不管它由何種原因引
起（在小說《推拿》中，既有先天或病變致盲，也有因醫療事故、車
禍、礦難失明的）。消除對盲人群體的歧視和不公正是非常必要的，
唯有保持應有的尊重，才能走近他們的心靈領地，對這個特殊群體的
介入和言說才具備可能。

　　小說還提到另一種情形，即使是發自善意，如果方式方法不妥，
也有可能對盲人的尊嚴感構成威脅和破壞。都紅在小學就展露出音樂

[1]　丹尼・卡瓦拉羅，張衛東等譯：《文化理論關鍵詞》，南京：江蘇人民出版
　　社，2006年，131頁。
[2]　米歇爾・福柯，劉北成、楊遠嬰譯：《瘋癲與文明》，北京：生活・讀書・新
　　知三聯書店，2007年，240頁。
[3]　蘇珊・桑塔格，程巍譯：《疾病的隱喻》，上海：上海譯文出版社，2003年，
　　90頁。

天分，她喜歡唱歌，老師卻逼她學鋼琴，理由是：一個殘疾人只有做好他不方便、不能做的事，「才能體現出學校與教育的神奇」，「才具備直指人心、感動時代、震撼社會的力量」。老師一片苦心，卻曲解了學校教育的目的。初二時都紅在「獻愛心」晚會中登場，她沒能很好地完成演奏，反倒收穫了掌聲與讚美。作品諷刺地戲仿了綜藝、訪談類節目屢見不鮮的場面：催人淚下的背景音樂，主持人煽情的自問自答，恰到好處的情緒掌控。這使得都紅感到羞辱和厭惡，似乎她來表演是為了讓健全人同情，為了「報答全社會的關愛」。驕傲的都紅以告別音樂表達了憤怒——尊嚴，有時在於必要的拒絕。作者一席話說出了這個情節的生活來源：「我之前所看過的一些影視作品，基本是三種我不能接受的模式：一是把殘疾人當成工具、陪襯，用來塑造健全人的形象；二是把殘疾人作為一種象徵，用來反映社會問題；最糟的就是勵志和煽情，為了表明社會多有愛心，把人弄得眼淚汪汪的，其實嚴重傷害了殘疾人的自尊。我在和盲人交流的過程中，他們屢次談到，所謂的愛心晚會，弄得他們很不高興。」[1]由於這次不愉快的經歷，都紅形成了條件反射。後來當推拿中心的同事熱心地為她的受傷籌款，她在感動之餘，不願意一輩子活在感激裡頭，便選擇了再次離開，只留下獨立自尊、美麗挺拔的背影。

　　都紅的敏感倔強，一方面說明我們的殘疾人福利事業還很笨拙原始，許多地方需要改進；另一方面考驗出每個公民都應具備的文明素質尚未達到，即以平等、理解的態度對待殘障人士，不干涉他們自主行動，不妨礙他們自由發展。己所不欲，勿施於人；己所欲，也不能強加於人。在作為社會的人這一點上，殘疾人和我們是毫無差別的。畢飛宇寫作的立足點，還是「五四」所提倡的人道主義、人權思想、個性精神，在權力崇拜、金錢萬歲、技術神話成為主流意識的今

---

[1]　邢虹、畢飛宇：《尊嚴感是生活裡必不可少的東西》，載於《南京日報》（B06版），2008年11月6日。

天，這種啓蒙的重申非但不是保守倒退，反而是提出了更高標準。例如我們的人性情感應該更為高尚、博大、豐富、細膩，以更為無私、平等、公正、光明的心態看待殘疾人，在釋放善意的時刻更好地分辨「可憐」與「憐憫」。可憐是針對對方而非自身的悲哀，帶有輕視的成分；憐憫「源自同類之間的共鳴」，「蘊涵著悲壯的情愫」。[1]孔特・斯蓬維爾說：「可憐是從上向下體會的感覺。憐憫則相反地是一種橫向的感情。它只是在平等者之間才有意義，……沒有一定的輕蔑就沒有可憐，沒有尊重就沒有憐憫。」[2]明瞭與跨越這一鴻溝，「可憐的都紅」才會真正得到尊重，在悲憫的人性光輝照耀下，她是我們的同胞姐妹，她是我們自己，我們同屬於充滿殘缺和不幸的、並不完美的全人類。

在《推拿》中，都紅初次應聘遭拒後迸發出勇氣，甩掉了過度自我保護導致的弱不禁風，體現出積極爭取平等權利的尊嚴感。她讓沙複明驚詫之後豁然開朗，「盲人憑什麼要比健全人背負過多的尊嚴？許多東西，其實是盲人自己強加的。」可見並非所有的尊嚴都值得肯定，自卑也會內化為強烈的自尊，它於人於己都無益甚至有害。小說裡小馬因復明無望而自殘；沙複明用自虐式的勞作樹立職業尊嚴，最終摧垮了疲憊的身體；都紅瀟灑地再現了娜拉的出走，前途未卜，她「不能比盲人矮一截」的自憐自艾，和對盲人夥伴的自閉態度都是不可取的。因此要對尊嚴加以限定，湯因比認為：「說人是尊嚴的，這只限於沒有私心的、利他的、富於憐憫的、有感情的、肯為其他生物和宇宙獻身的這種情況。」徐特立也說：「自尊不是輕人，自信不是自滿，獨立不是孤立。」英國的泰勒甚至斷言：「真正的尊嚴，其本質就是容忍。」我們無法強求小說中的盲人有放眼宇宙、兼濟天下的

---

[1] 路文彬：《視覺文化與中國文學的現代性失聰》，合肥：安徽教育出版社，2008年，256頁。

[2] 安德列・孔特・斯蓬維爾，吳岳添譯：《小愛大德》，北京：中央編譯出版社，1998年，118頁。

胸懷，但是反對封閉在個人主義小天地裡的自尊。老舍筆下的駱駝祥子很自尊，其實他等於一個悶頭拉車的盲人。「體面的，要強的，好夢想的，利己的，個人的，健壯的，偉大的」祥子，最終淪為「墮落的，自私的，不幸的，社會病胎裡的產兒，個人主義的末路鬼！」這個典型形象告誡廣大城市下層勞動者，不管是否存在階級壓迫，不管有沒有一雙好眼睛，在維護人格尊嚴的時候，千萬不要被尊嚴感完全挾控，落入自我中心的深淵。

二、視覺理性批判

人類生病了，《推拿》是一粒清火敗毒的藥丸。吞下它的人從糖衣裡嚐到甜，領悟了尊嚴是你我都必需的；他還沒有品出裡邊的苦，那是作家對於視覺理性的質疑和批判。健全人的傲慢狂妄，盲人的自卑失落，產生的根源便在以視覺為中心的認知範式。它好比一面華麗的魔鏡，奇像變幻、光芒耀眼，在它映射的刺目光線中，我們大腦一片空白，屢屢出現失明、失聰、失憶、失語症狀，偏廢了雙目以外的感官，成了睜著眼睛的瞎子。

自古希臘以來，西方文明的主流是在追尋光的視覺道路上存在和前行的。在《理想國》裡，蘇格拉底舉了「洞中囚徒向上走出洞穴，進入光明世界的過程，以此來理解靈魂上的無知到智慧世界的過程」。[1]眼睛作為吸收資訊的工具，只有從黑暗和陰影轉向太陽光，才能看到真實與美善，並最終獲得真理和理性。亞里士多德在《形而上學》卷一開頭寫道，我們「在諸感覺中，尤重視覺」，「特愛觀看」，理由是「於五官之中，以得於視覺者為多」。[2]康德把視覺看作「接近於一種純粹直觀」的、「最高貴的」感覺，[3]斯賓格勒則指出

---

[1] 柏拉圖，張子菁譯：《理想國》，北京：光明日報出版社，2006年，231頁。

[2] 亞里士多德，吳壽彭譯：《形而上學》，北京：商務印書館，1959年，1頁。

[3] 伊曼努爾・康德，鄧曉芒譯：《實用人類學》，上海：上海人民出版社，2005

「人類的思維是視覺思維，我們的概念是得自視覺的，並且我們的邏輯的整個結構是一個想像中的光的世界」。[1]由此可見，西方邏各斯中心主義哲學形成的歷史中，視覺主體和中心地位的鞏固是個顯著特徵。如果說視覺代表了光明、客觀與真理，那麼受壓抑的其他感覺就代表黑暗、主觀、感性的，在沉睡中等待啟蒙的身體王國。這種思維視角也說明為什麼西方世界看待東方國度向來是如此自信，充滿「要有光」的優越感。既然視覺是理性的化身，正如前引福柯的結論，失明自然被看作一種「非理性」的疾病。

這種看法不僅健全人有，盲人自己也有。因為「我們的醒覺意識目前只被一種感覺所控制，完全適應於眼的世界」，由此生出「在看不見的事物面前的恐懼」。[2]這恐懼在盲人的意識裡是百倍放大的，他們害怕看不見的，更害怕變得「非理性」，所以要向有光的所在求證。我是誰？他者如何？世界怎樣？一切問題的標準答案都交由視覺邏輯主導的空間來判定。就像小馬不相信自己「帥」，以為人家挖苦，可這麼說的人越來越多，於是他平靜了、認可了別人眼裡的事實：他是帥的。「他的肉體本身就是一隻漆黑的瞳孔──裝滿了所有的人，唯獨沒有他自己。」盲人認識自己似乎不難，下一個問題是，他們如何戀愛？當眼睛失去了暗送秋波、眉目傳情的功能，怎麼發現彼此的美好，又在另一對含情脈脈的瞳仁裡影射自己的愛意？

《推拿》至少寫了三組盲人的戀愛，當他們刻意地按照視覺世界的規則去思考行事，感情便產生了令作者無限傷懷的「錯位」。熱戀中的小孔自豪於氣色「好看」，又遺憾王大夫永遠看不到。她對婚禮沒有奢望，甚至可以瞞著父母嫁出去，只求兩相廝守；王大夫卻在為

年，39-40頁。

[1] 奧斯瓦爾德·斯賓格勒，齊世榮等譯：《西方的沒落》（上冊），北京：商務印書館，1963年，91頁。

[2] 奧斯瓦爾德·斯賓格勒，齊世榮等譯：《西方的沒落》（上冊），北京：商務印書館，1963年，91頁。

錢發愁，他認為有一爿自己的店面、一個像樣的婚禮才對得起小孔。金嫣愛上了徐泰來，其實她愛的是自己的愛情，是她揮霍最後的視力從書本影視裡看來的、用全部熱情設計的、中西合璧的盛大婚禮，即使什麼也看不見，也要證明「女人所擁有的，她都擁有」。金嫣想要表演、炫耀愛情，可她的綺夢無人觀賞。不僅徐泰來不打算舉辦婚禮，他還是先天的盲人，對金嫣容貌的讚美也夠蹩腳：「比紅燒肉還要好看」。第三組錯位很有點兒形而上學。都紅留意「帥」的小馬，不喜歡「好色」的沙複明。沙複明並不好色，他是被都紅的「美」蠱惑了。劇組導演、藝術教授都說都紅「美」，沙複明也和常人一樣在乎戀人的長相，試圖在審美權威的評頭論足裡拼湊出答案。但「美」是有距離的，那些形容美的詩詞成語他會用卻不懂，沙複明通過讀書建立的知識自信動搖了。如果連身邊的美人都無法瞭解，他與世界又隔了幾層？這三對戀人的苦惱，是被視覺理性召喚、牽曳，磕磕絆絆地走上尋愛的旅途，又被無情地拋在前不著村、後不著店的荒漠中。

人世間需要理性，但愛並不總站在理性一邊，從理性出發也不總是抵達真善美。比如《威尼斯商人》裡的高利貸者夏洛克，以資產階級市場理性原則來看是無可指責的，法令保護他依照契約索取債務。但他輸在人文主義者的道德法庭上，因為他缺失了人性共有的慈悲、友愛、寬容。視覺理性散發出「所見即所得」的功利主義氣味，它就像夏洛克擺下的天平，盲人為償還光明世界的借款和利息，所付出的遠不止一磅肉。他們身處黑暗中，又必須和有眼睛的「主流社會」打交道；如果承認理性握於光明之手，就不得不服膺視覺的霸權。《推拿》生動分析了盲人接觸、融入外部社會的心理反應。有的是疑慮：「因為自己看不見，無論有什麼秘密，總是疑心別人都看得清清楚楚的，一點掩飾的餘地都沒有了。」有些是試探和猜測，「她相信過光，光不要她了。……她能信什麼呢？」有的害怕：「在盲人的心目中，健全人是另外的一種動物，是有眼睛的動物，是無所不知的動

物，具有神靈的意味。」有的則是放棄，「他們對自己的那一套在骨子裡並沒有自信，只要和健全人相處在一起，他們會本能地放棄自己的那一套」。涉世較深的盲人，會利用視覺的規律和漏洞趨利避害，例如沙複明在手機上撒謊，因為電話看不見的特性可以蒙蔽眼睛，他忘了對方也是盲人，耳朵並沒有瞎。說到底，叫盲者感到畏懼、不安全，乃至願以包括尊嚴在內的主體性為交換條件去依從的，不是黑暗而是光亮的視覺世界。可是誰能斷定，這不是魔鬼梅非斯特引誘浮士德簽下的契約呢？

　　健全的人呢，又在拿天賜的雙眼做什麼？當王大夫為弟弟的賭債說了瞎話，讓自己流血的時候，弟弟在風景區看電影，陪黑社會在家看黑幫片，讓盲人哥哥承擔視覺世界的法則。他還向父母控訴：「你們為什麼不讓我瞎？我要是個瞎子，我就能自食其力了！」當沙複明不懂得掩飾自己，忘情地諦聽都紅的聲響時，前臺的高唯正直勾勾地窺視他的隱私，一點不擔心被發現。還有都紅的那些客人，用鋪天蓋地的手機段子證明，她憧憬的這個世界是葷的。我們近乎奢侈地驕縱視覺，把觀看當作天經地義的本能與權利，殊不知已在鏡像魔宮裡迷失，墮入心靈的盲區。眼睛看到的一定是真實？擁有視力就佔據理性？捏著都紅的盲文留言，高唯、杜莉也變成睜著眼睛的瞎子。科學昌明的確拓寬了人類的視域，憑藉望遠鏡、顯微鏡，我們成為地球上看得最遠的生物。電子技術的飛速發展又使圖像時代轟然降臨，人們用短信溝通，用電腦記憶，用電影電視遊戲機娛樂，視覺思維被優先強化。當紅腫的眼球充斥了海量資訊，思考、行動、傾聽、體悟被凝視和瀏覽代替，我們的心智與身體是得到了最大程度的解放，還是愈來愈淪為視像符號的奴隸？高清和虛擬實境影像也許終會逼真地還原自然，那時一旦我們無法通過設備目睹立體的幻象，會不會以為自己眼睛出了毛病，進而懷疑自我的存在？有人說得好：「古人說，五色使人目盲，說的是，人可能被目光欺騙。我們看見了那麼多，可看

125

得太多也許目迷五色，什麼都沒看見。……我們不得不痛切地回到自身，閉上眼，哪怕是暫時的，讓被目光覆蓋的心和感官恢復靈敏」。[1]

「看不見是一種局限。看得見同樣是一種局限。」視覺被關閉之時，盲人反倒能更快地回歸自身，啟動與增強其他感官的代償能力，全身心地省察與感受。《推拿》中小馬通過聽覺發現了時間，「嘀嗒」有它的節奏、具象、周長、面積、體積、質地和重量。最後他獲得了真相：時間沒有形狀、不會封閉，從來都不是圓形臺鐘的囚徒。「在時間面前，每一個人都是瞎子」，「健全人其實都受控於他們的眼睛，他們永遠也做不到與時間如影隨形。」借助傾聽，小馬發掘了他的想像力。有研究者指出，「有形的空間是視覺的極限，無形的時間卻需要想像的把握；而唯有聽覺才有能力將我們領入想像的天地，這是一個超越了分裂和對立，以時間形式持續著的無限空間。」[2]「小馬與時間」是小說非常精彩、給人啟發的段落，可惜被隨後的「性夢」稍稍敗壞了口味。畢飛宇善於寫性活動、性心理，小馬的白日夢也說明了想像力的釋放，可供精神分析愛好者研究。但夢中的玉蝴蝶、海豚、棕紅馬都是豔俗的意象，更重要的是它們仍以視覺刺激為旨歸。一個九歲起失明十幾年的青年，內心還有如此色彩斑斕、如詩如畫的構圖，不知道是真或不真，幸歟不幸？小馬的嗅覺也敏銳起來，他聞到了「嫂子」的存在，這種母性氣息有手指、有胳膊，博大、包容、覆蓋，讓他回到童年，教他認識異性。當然還有觸覺。小說告訴我們，盲人之間打打鬧鬧、「動手動腳」是友好的表示，「如果兩個人的身體從來不接觸，它的嚴重程度等同於健全人故意避開目光，不是心懷鬼胎，就是互不買帳。」對王大夫和小孔這樣的情侶來說，如果不能同床共枕，兩人攜手並坐、傾聽撫摸就是最好的感情溝通。

---

[1] 「留言」，《人民文學》（第九期），2008年。
[2] 路文彬：《視覺文化與中國文學的現代性失聰》，合肥：安徽教育出版社，2008年，24頁。

讓人傷感的是，即使盲人努力突破視覺障礙，調動所有感官去追求世界的完整，還是會發生這樣那樣的「錯位」。聽覺信號就可信嗎？「好聽的聲音」像親人的召喚，自稱懂得法律，卻是來向王大夫討債的。嗅覺可信嗎？張宗琪「很香的媽媽」說要毒死他，於是他把耳朵和舌頭都用來防毒。小孔害怕酒氣，那是她童年記憶的烙鐵，承載著沉重、畸形的父愛。觸覺也不可信，小孔無心的親暱舉動卻把小馬拉入了無望的感情漩渦。如果沒有尊重、信任與愛的在場，再健全發達的感官也是盲目的；就像都紅的拇指，沙複明的胃，小馬脖子上的疤一樣，永遠只能作為沉默的、傷痕累累的身體存在，各自封閉在狹小的迷宮、幽暗的心靈巴士底獄。

三、結語

《推拿》的寫作，是當代殘疾人題材文學的突破。它不是《明姑娘》（航鷹）那樣歌頌「身殘志堅」者心靈美的作品，也不像史鐵生《務虛筆記》等借殘缺思考宿命哲學和生存意義，或如陳村那樣在幽默詼諧中化艱辛痛苦為智慧達觀。畢飛宇有著探索心靈奧秘的勇氣，他揭示出視覺中心的思維範式壓迫人類尊嚴這樣一個痛苦之源。在某種意義上，它是為我們所有人寫的。畢飛宇說：「我從盲人的局限確認了我們這些健全人的局限……在他們的命運和經歷裡，我看到和我們同樣的遭遇。說到底，我想通過這個小說寫人類之盲。」[1]

這部小說的主人公不是英雄異士，和《青衣》、《玉米》、《平原》一樣，作家始終在描寫城鄉下層勞動者，尤其關注那些有尊嚴的靈魂。在前現代與現代社會狀態交織、點綴著後現代景觀的今天，作家和人物都躁動不安。鄉村對他們來說，不是世外桃源和心靈烏托

---

[1] 張英：畢飛宇：《我們每個人都活在自己的盲區裡》，《南方週末》（D28版），2009年5月7日。

邦,也充滿愚昧、落後和爭鬥;城市不僅是文明、和諧與進步,也有弊病和扭曲。視覺認知範式作為強勢話語,對每個現代人的精神尊嚴都是制約和挑戰。作家懷著愛恨交加的情緒,在維護人類尊嚴、批判視覺理性的同時,不忘指出作品人物過度的自尊,和對視覺中心主義的盲目認同。《推拿》有別於一般「底層寫作」、「打工文學」之處,表現在它是堅定鮮明地以人道立場、人性批判、人情剖析為宗旨的寫作。

假如尊嚴使人聳立成座座山峰,視覺的世界便是峽谷和急流將我們重重隔開,相對遙望。世界因錯位而殘缺、不完美,但健全者、殘疾人都是一樣的兄弟姐妹。小說《推拿》告訴我們,惟有理解、信任和互愛,才能化作渡船和橋樑,讓我們彼此相通,和諧共存,實現全體的救贖。

中國藝術與藝術家的地位變遷

胡鵬林

深圳大學文化產業研究院專任研究員

1978年以來以來，中國藝術與藝術家的地位經歷了三次變化：1980年代文學藝術是文化啟蒙的重要內容，藝術家也因此成為引領文化思潮的先鋒者；1990年代文學藝術在市場經濟大潮中逐漸邊緣化，藝術家也因此褪去了光環；新世紀以來隨著文化產業的興起，文學藝術逐漸納入工業生產體系之中，藝術創作者也從「藝術家」轉變為「物質生產者」。三十餘年經歷了三次變化，讓人們不禁重新審視當代藝術與藝術家的地位，並由此追溯到中國古代藝術史，進而考察中國藝術與藝術家的地位。

中國藝術與藝術家的地位可以分為五個層次：歷史地位，是指藝術與藝術家在歷史及史書中的地位；政治地位，是指歷代統治者及政府對藝術的重視程度；經濟地位，是指藝術的經濟價值與藝術家的經濟收入水準；文化地位，是指士大夫階層或知識份子階層所認同的地位，這也能夠反映出藝術與藝術家在精神文化層面中的地位；民間地位，是指藝術與藝術家在民間及老百姓心目中的地位。通過考察這五種地位，可以清晰地呈現出中國歷代藝術與藝術家的地位變遷。

一

先秦兩漢時期，中國藝術主要是音樂、舞蹈和詩賦，其地位也各不一樣。音樂自先秦就成為統治者最重視的藝術類型，其政治地位

極高。《周禮》記載,周代官制分為天、地、春、夏、秋、冬六部,
其官階分為卿、大夫(分上中下三品)、士(分上中下三品)三級七
品。其中「春官」掌管宗族事務,包括祭祀、音樂、占卜、天象、
喪葬、典章、車騎等,音樂是僅次於祭祀的部分。音樂部的體制非
常完備,各級官吏有1450餘人,其中最高官職是大司樂(有兩名中大
夫),掌教樂德、樂語、樂舞,包括六德、六語、六律、六同、五
聲、八音、六舞等內容,教育物件是有道、有德的國子。第二等級的
官職是樂師(有四名下大夫)和大師(有兩名下大夫),樂師主要教
國子以小舞,且承擔管理樂官的職責;大師地位稍低,雖然也掌教六
律、六同、五聲、八音、六詩,但只能教「瞽矇」,瞽矇地位最低、
人數最多,達744人,「瞽矇掌播鼗、柷、敔、塤、簫、管、弦、歌。
諷誦詩,世奠系,鼓琴瑟。掌九德、六詩之歌,以役大師。」[1] 從官
職的重要性和職責來看,六詩的地位並不高,只是配合音樂、舞蹈來
歌唱或朗誦,對應於六律、六同、六舞等,達到樂、舞、詩合一。可
見,先秦時期音樂的地位極高,並且融合了舞蹈和詩歌,受到統治者
及士大夫階層的重視,但是藝術家的地位卻並不高,藝術作品都是集
體創作,並且共同創造音樂、舞蹈等藝術體制,成為樂教和禮教的核
心內容。

　　荀子《樂論》和《禮記・樂記》分別成書於戰國和西漢,代表了
先秦兩漢時期音樂理論的最高水準,兩部樂書也都認同了音樂與政治
的關係:「凡音者,生人心者也。情動於中,故形於聲,聲成文謂之
音。是故治世之音安以樂,其政和;亂世之音怨以怒,其政乖;亡國
之音哀以思,其民困。聲音之道,與政通矣。」[2] 音樂生於人心,音樂

---

[1]　鄭玄注,賈公彥疏:《周禮・春官・瞽矇》,《周禮注疏》(上),北京:北
　　京大學出版社,1999年,621頁。

[2]　鄭玄注,孔穎達疏:《禮・樂記第十九・禮記正義》(中),北京:北京大學
　　出版社,1999年,1075頁。

也可以安定人心，因此音樂與治國之道相通，都是為了安定人心，人心和則天下和，這種音樂理論和治國之道成為歷代統治者的法則。

此外，秦代和漢代都設立樂府，專門管理音樂事宜，主要搜集民歌和樂曲，這種做法延續了周代的「春官」音樂部，主要有兩大作用：一方面豐富了宮廷音樂，提升了皇族和貴族的樂舞享受；另一方面，也通過發展音樂的方式，以安定人心，達到政通人和的政治目的。因此，音樂具有獨特的政治地位，也成為歷代官修史書著重書寫的部分。

詩賦方面，先秦出現了《詩三百》和屈原《楚辭》，前者是民間詩歌總集，只是作為士大夫階層培養藝術修養的啟蒙讀物；後者地位不如《詩三百》，但屈原是中國詩歌史上首位實名制的詩人。屈原作為先秦藝術家的代表，其地位並不體現在藝術上，他作為楚武王的後裔，本身就是貴族，還與楚懷王保持著同性戀關係，後因遭受排擠而鬱鬱不得志。這個時期的政論家地位較高，得到君主們的重視，因此藝術家多是以政論家的身份忝列士大夫階層，但是秦始皇的焚書坑儒又讓這個階層遭受毀滅性打擊。

漢代詩賦者的文化地位有所改變，他們獲得了署名權，作家及其作品都被記錄下來，但是這種變化並沒有提升藝術家的政治地位，他們依然類似於倡優，只有少數詩賦名家通過詩賦作品轉變為政客或官員，如枚乘最初被當作遊士招募、後來成名於政治領域，司馬相如也只是通過為梁王所作的《子虛賦》和為武帝所作的《上林賦》這兩篇吹捧作品獲得郎官稱號，賈誼的散文和詩賦俱佳，但是人們更重視《過秦論》、《論積貯疏》等作品的政治思想，可見他們最終的歸宿不是藝術，藝術只是改變他們際遇的工具，最終都是通過政治來改變人生、獲得社會地位。

漢代詩賦及其作者還首次獲得了歷史地位，在《史記》、《漢書》、《後漢書》等「前四史」中均有記載。西漢司馬遷《史記》首

次撰寫了藝術家的傳記，如「屈原賈生列傳」和「司馬相如列傳」，在敘述其政治經歷的同時，認可了三位藝術家的藝術成就，收錄了司馬相如的八篇文賦，為後世史書作出了典範；還在「滑稽列傳」中記載了優孟的故事，優孟是春秋時期楚國的宮廷藝人，但是司馬遷並不把他當作藝術家看待，而是讚頌其不流世俗的品格及其敢於諷諫的政治才能。東漢班固《漢書》增添了藝術家傳記，賈誼傳一卷、司馬相如傳二卷、揚雄傳二卷，摘錄了三人的著名文賦作品。班固還首次撰寫了「藝文志」，包括六藝、諸子、詩賦、兵書、術數、方技等六項內容。「藝文志」的地位不高，排在「志」類的末尾，其中「六藝」記載了六家、165篇音樂文獻的目錄，「詩賦」記載了一百六十家、1318篇詩賦作品的目錄。南朝范曄《後漢書》沒有「藝文志」，但有兩卷「文苑列傳」，記載了數十位擅長詩賦文章的作家，選錄了部分作品。以上三部史書，開創了藝術家傳記、藝文志、文苑傳記的歷史記載方式，給予藝術家一定的歷史地位，其歷史地位是建立在文化地位的基礎上，但是他們的文化地位、歷史地位和經濟地位，又都是依附於政治地位的。至於民間地位，根本不進入史學家、藝術家的視野，他們的眼光是向上的，是通過藝術作品獲得皇族、貴族和士大夫等上等階層的認可，以此提升政治地位，從而獲得其他地位。

總之，先秦兩漢時期，音樂、舞蹈、詩賦等藝術類型得到發展，其中音樂的政治地位最高，成為統治者最關注的藝術類型；詩賦具有一定的歷史地位和文化地位，成為史學家和士大夫階層關注的對象。音樂多數屬於集體創作，除了伯牙、蔡邕等少數音樂家之外，並沒有專門的音樂藝術家；詩賦從集體性創作轉向個體性創作，但是詩賦者並不以藝術而聞名，多數是通過藝術才能轉變為官員、政論家或士大夫階層。

二

魏晉南北朝，被稱為「自覺的」或「為藝術而藝術」的藝術時代[1]，即藝術不再以政治為中心，也不是僅僅為了滿足道德教化和治國之道的需求，而是表現出自覺性和獨立性。這種變化至少有三個原因：一是受到玄學思想的影響，讀書人崇尚清談，形成了純粹以藝術享受為目的的藝術觀念；二是藝術家多數是皇族、世族和士大夫階層，少有中下層參與，本身處於較高階層，毋需通過藝術獲得政治地位；三是士大夫階層因長期戰亂而產生隱逸思想，出現田園詩、山水詩、山水畫等藝術類型，把藝術理想寄託於自然，從而遠離政治。

首先，藝術的地位較高，所有藝術類型都在這個時期形成獨立而成熟的藝術形態，包括傳統的詩、樂、舞，也包括興盛的書法、繪畫等。詩文方面，有建安七子、陶淵明、謝靈運、謝朓等代表作家，還形成了影響較大的文人集團；南朝梁代昭明太子蕭統親自主持編選中國第一部詩文總集《昭明文選》，收錄了先秦至梁代一百多位作者700餘篇詩文；還有曹丕《典論・論文》、陸機《文賦》、劉勰《文心雕龍》、鍾嶸《詩品》等詩文專論。這從作家、作品、文學史、文學理論等角度奠定了詩文的獨立地位，曹丕也從最高統治者角度確認了詩文的「經國之大業，不朽之盛事」的崇高地位。自此之後，詩文雖然沒有在史書中獲得與音樂同等重要的地位，但是在士大夫階層中已經成為首要的藝術修養。其他藝術類型也都得到極大發展，如音樂方面有蔡文姬、嵇康等人，書法方面有鍾繇、王羲之、王獻之等人，繪畫方面有顧愷之、陸探微、張僧繇等人，還包括嵇康《聲無哀樂論》和阮籍《樂論》、王羲之《書論》和庾肩吾《書品》、謝赫《古畫品錄》和宗炳《畫山水序》等史論著作，分別從音樂、書法、繪畫的創

---

[1] 魯迅：《魏晉風度及文章與藥及酒之關係》，載於魯迅：《魯迅全集》（第二卷），北京：人民文學出版社，1973年，490頁。

作與理論方面確立了其藝術的獨立地位，這種地位受到歷史、政治、經濟等因素的影響較小，主要著眼於藝術本身及其文化地位，因而被稱為自覺的藝術，在中國藝術史上具有極為獨特的地位。

其次，藝術家的地位也比較高。他們並不是把藝術當作獲得政治地位的手段，多數是以藝術為依歸；相反地，他們本身具有的政治地位抬高了藝術的地位，使藝術產生了較大的社會影響。如曹操、曹丕、曹植父子三人，身處廟堂或皇位，並不需要通過藝術來獲得政治地位，但是他們鍾情於藝術，不僅創作了優秀的詩文作品，還通過詩文專論抬高了藝術的地位，並且聚集了建安七子，形成了鄴下文人集團，這是中國文學史上第一個文人集團，他們在政治力量的推動下聚集在一起，但是藝術旨趣卻遠離政治，形成了具有建安風骨的藝術作品。建安七子之後有竹林七賢，他們也都與皇族、世族有緊密聯繫，或者本身就是朝廷重臣，但是他們既接近政治權力，又有意識地遠離政治，七人經常聚集在一起飲酒作樂、以遣胸臆。陶淵明，謝靈運、謝朓等人或是世族，或是朝臣，也都因為厭惡政治而寄情於山水田園之間。王羲之還曾邀文人雅士40餘人聚集於蘭亭，飲酒吟誦，得詩文數十篇，由王羲之作《蘭亭集序》，兩年後辭官隱逸，「建書樓，植桑果，教子弟，賦詩文，作書畫，以放鵝弋釣為娛」[1]。由此可見，這個時期藝術家的地位較高，一方面是因為藝術家本身就是皇族、世族和朝臣，他們重視藝術、並把藝術作為娛樂品來把玩，同時也以此提升個人名聲；另一方面是因為藝術家在戰亂或暴政面前，在玄學影響下萌生隱逸思想，寄情於山水田園，享受藝術帶來的獨特樂趣。

中國古代「二十四史」中有十一部是魏晉南北朝時期的斷代史，大部分都有音樂和文學的記載。唐初房玄齡《晉書》有「樂志」兩卷、「文苑」一卷，前者記載了歌功頌德的音樂和歌曲，後者與其他列傳一起記載了竹林七賢、陸機、王羲之家族等文學藝術家；梁代沈

---

[1] 房玄齡主編：《晉書・列傳第五十》，《晉書》（第八十卷）。

約《宋書》有「樂志」四卷，記載了舞蹈、樂器以及皇帝所作的歌曲，還有謝靈運列傳，收錄了謝靈運的大部分作品；梁代蕭子顯《南齊書》有「樂志」一卷，記載了舞德歌功的舞曲歌辭，還有王融、謝朓列傳；隋唐之際姚察、姚思廉《梁書》有「文學」兩卷，記載了庾肩吾、鍾嶸、劉勰、王籍等二十餘人；唐初姚思廉《陳書》有「文學」一卷，記載了擅長文辭者十餘人；北齊魏收《魏書》有「樂志」一卷、「文苑」一卷，記述音樂發展和八位文人事蹟；唐初李百藥《北齊書》有「文苑」一卷，記述擅文辭者十餘人；唐初令狐德棻《周書》有「藝術」一卷，記述曲藝方術之士，還有王褒、庾信等文學家列傳；唐初李延壽《南史》有「文學」一卷，記述了鍾嶸、劉勰等二十餘人，還有陶淵明、謝靈運、江淹、任昉等人列傳；唐初李延壽《北史》有「文苑」一卷、「藝術」兩卷，前者記述了王褒、庾信等文學家二十餘人，後者記述曲藝方術之士。

由此可見，音樂和文學在魏晉南北朝時期具有重要的歷史地位。音樂方面，十一部史書有四部記載了音樂，其音樂多以祭祀和慶典的歌曲為主，以論證皇室正統地位和歌功頌德為主要目的，這種音樂思想與《禮記・樂記》等先秦兩漢音樂思想一脈相承。舞蹈隨著音樂一起入史，書法、繪畫等其他藝術類型沒有直接入史，歷史地位較低，「藝術」一詞也僅代表民間曲藝方術。文學方面，所有史書都有文學家列傳，有七部史書還有以「文苑」或「文學」命名的列傳，此處「文學」雖然不同於現代意義上的文學藝術，主要借用《論語》中「文學」之意，是指文辭、文章，但是這種文學觀已經確立了「文」的歷史地位，文人也具有獨立的歷史地位和文化地位，不再僅僅依附於政治而顯示地位。

李百藥《北齊書》「文苑」卷首語云：「夫玄象著明，以察時變，天文也；聖達立言，化成天下，人文也；達幽顯之情，明天人之際，其在文乎。逖聽三古，彌綸百代，製禮作樂，騰實飛聲，若或言

之不文，豈能行之遠也？……於是辭人才子，波駭雲屬，振鵷鷺之羽儀，縱雕龍之符采，人謂得玄珠於赤水，策奔電於昆丘，開四照於春華，成萬寶於秋實。」[1]這是對魏晉南北朝時期「文」之獨立性和重要性的高度總結。此外，南朝梁代昭明太子蕭統親自主編《陶淵明集》，成為中國文學史上第一部文人專集，這部文人專集與具有文學史價值的《昭明文選》一起，奠定了文學及文人的歷史地位。

三

　　隋唐至清代，藝術經歷了千餘年的發展，藝術與藝術家的地位發生著緩慢的變化，可以分為隋唐、宋明、元清三個歷史時段來考察。

　　隋唐時期，科舉制、樂府和教坊等體制或機構對藝術與藝術家的地位產生了直接影響。隋代統一之後，為了限制門閥世族、加強中央集權，以開科舉士取代原來的九品中正制，科舉制延續了南北朝時期萌生的秀才科、明經科，隋煬帝又開設進士科。秀才、明經、進士三科，分別考察文學、經義、詩賦，不僅讓有才能的寒門庶族有了上升通道，還通過官吏選拔制度提升了文學、詩賦的藝術地位。唐代完善了科舉制，提升了進士科的地位，進士科的考察內容雖然發生了幾次變化，但都是以詩賦、文學（雜文）、時務策、帖經為考察內容，尤重詩賦和文學[2]。唐代詩人除了李白未參加科舉考試、杜甫和孟浩然考進士不及第，其他著名詩人包括王勃、楊炯、陳子昂、王昌齡、王維、白居易、元稹、賀知章、岑參、孟郊、高適、張九齡、宋之問、劉禹錫、韓愈、柳宗元、杜牧、李商隱等都是進士，他們通過科舉制來提升政治地位，作為科舉考試內容的詩賦和文學也具有政治意義，但是他們的政治地位並不高、更不足以實現其政治抱負，因而又回到

1　李百藥：《北齊書・列傳第三十七・文苑》，見《北齊書》（第四十五卷）。
2　吳宗國：《唐代科舉制度研究》，瀋陽：遼寧大學出版社，1992年，149-155頁。

詩賦和文學，通過文學藝術來聚集文友、排遣憤懣，有些詩人還精於詩、書、畫，通過詩賦也提高了書法和繪畫的地位，其文化地位也因此得到提升。因此，科舉體制下的藝術，既是改變政治地位的方式，又是文化地位的象徵。

隋唐延續了漢代的樂府機構，這個機構依然承擔兩個功能：一，為皇族的祭祀和典禮演奏音樂，以音樂來渲染政通人和之天下大勢，此為政治地位；二，為國家收集民歌、樂曲，豐富宮廷音樂，為皇族和貴族提供音樂藝術表演，此為文化地位。此外，唐代還設置教坊，以此取代樂府機構，為音樂、舞蹈、雜技等藝術類型提供了發展機會。唐高宗於宮廷中設立內教坊，唐玄宗又在京城增設左右教坊，內教坊教習太常雅樂，左右教坊掌管宮廷之外的俳優雜技、教習俗樂，內教坊的宮廷藝人地位稍高，左右教坊中是被政府收編的民間藝人。唐玄宗還在宮廷設立梨園，成立一座集音樂、舞蹈和早期戲曲為一體的藝術表演團。《新唐書・禮樂志》記載：「玄宗既知音律，又酷愛法曲，選坐部伎子弟三百，教於梨園。聲有誤者，帝必覺而正之，號皇帝梨園弟子。……唐之盛時，凡樂人、音聲人、太常雜戶子弟隸太常及鼓吹署，皆番上，總號音聲人，至數萬人。」[1]可見，唐代藝術受到皇族和政府的極大重視，藝人數量龐大，經濟待遇方面也有所改善，如《教坊記》記載：「妓女入宜春院，謂之『內人』，亦曰『前頭人』，常在上前頭也。其家猶在教坊，謂之『內人家』，四季給米。其得幸者，謂之『十家』，給第宅，賜無異等。初，特承恩寵者有十家；後繼進者，敕有司：給賜同十家。雖數十家，猶故以『十家』呼之。」[2]因此，綜合比較而言，擅長文學和詩賦的藝術家地位遠高於音樂、舞蹈、曲藝的藝人，前者可以成為士大夫或朝臣，後者只能改善經濟地位，並不能獲得政治地位和文化地位。各種藝術門類，

---

[1] 歐陽修、宋祁主編：《新唐書・禮樂志第十二》，《新唐書》（第二十二卷）。
[2] 崔令欽著、任半塘箋訂：《教坊記箋訂》，北京：中華書局，1962年，19頁。

除了音樂中的太常雅樂具有較高的政治地位以外，文學和詩賦具有一定的政治意義，文化地位也尤為重要，延續了曹丕「經國之大業，不朽之盛事」所言的兩種價值，其他俗樂、歌舞、曲藝等，主要服務於皇族、貴族和朝臣的藝術享受。

隋唐的書法和繪畫方面，得到了統治階層的重視，還設立了書學，培養專門的書法人才和書法理論家，因而在書畫理論和書畫歷史取得了較大成績，出現了竇臯《述書賦》、張懷瓘《書斷》和《畫斷》、李嗣真《書後品》和《畫後品》、張彥遠《法書要錄》和《歷代名畫記》、朱景玄《唐代名畫錄》等藝術史論著作，為後世藝術史奠定了基礎。

宋代和明代在科舉制和藝術體制方面，基本延續了隋唐制度，同時也出現了三大變化，導致藝術與藝術家的地位也隨之變化。一，宋代科舉制在經義與詩賦之間爭論，後來經過王安石改革，重經義、輕詩賦，導致宋代詩賦和詩人地位下降，文學和散文家的地位上升。明代詩文在走投無路的情形下宣導復古，明代初期李東陽出入宋元、溯流唐代，前七子文必西漢、詩自中唐，後七子則文必秦漢、詩規盛唐，王慎中等人文宗歐曾、詩仿初唐，歸有光則追隨歐陽修，錢謙益等人宗北宋，張溥等人宗東漢，形成了各種文學派別，在古今碰撞中尋求藝術活力，攪動了本已僵化的文學和詩賦創作，提升了文學及文學家的文化地位。二，宋代和明代都設立了畫院，這是其他朝代都沒有的藝術機構。畫院推動了繪畫藝術的發展，使繪畫和畫家的政治地位得以提升，同時也帶動了與繪畫緊密相關的書法藝術，出現眾多聞名朝野的書畫家，如李唐、劉松年、馬遠、夏圭等「南宋四家」。民間的文人書畫家也在朝廷畫院的刺激下迅速崛起，不僅打敗了院體畫，還形成了民間書畫交易市場，文人書畫家如沈周、文征明、唐寅、仇英等明代「吳門四家」。三，宋代和明代除了祭祀和典禮的宮廷音樂之外，並未對俗樂、歌舞、戲曲等有太多限制，只是不再以朝

廷俸祿供養這些藝術，把它們置於新興的城市及其藝術市場之中，挖掘其經濟價值，藝術與藝術家的經濟地位和民間地位因此凸顯出來。

元代和清代都是少數民族統治時代，漢族文人的政治地位比較低，因而下沉到民間，其經濟地位和民間地位得到提升，並且提升了通俗文藝的文化地位。元代按照人種和人群把人分為九等，儒士、畫家、歌伎、曲藝表演者都是地位極其低下的末等人，清代雖然沒有如此嚴格分等，漢人及文人地位還是比較低。元代和清代既沒有設立畫院，科舉制也是不定期舉辦，漢族文人的上升通道受阻，於是開創了民間市場，如關漢卿、白樸、馬致遠、鄭光祖等元曲四大家，他們的藝術創作直接服務於中下層老百姓，形成較大的藝術市場。又如清代小說和小說家的地位也非常低下，甚至有些文人為了保持名聲，以筆名或託名的方式來創作小說，但是小說受到了老百姓和書商的歡迎，成就了其經濟地位和民間地位。清代詩文一方面受到重視，另一方面也受到打壓，還出現文字獄的慘劇，因而詩文雖然保持了正統地位，但是詩文家的地位較低，還具有一定的政治風險。清代戲曲發展較快，各地戲曲劇種崛起，民間戲班迅速壯大，民間藝人與文人一起把戲曲推向了高潮，最後在四大徽班進京之後形成了京劇，創造了戲曲的巔峰，但是他們依然只是服務於宮廷或老百姓的藝人，其政治地位和文化地位依然較低。

藝術的歷史地位，可以通過《隋書》、《舊唐書》、《新唐書》、《宋史》、《元史》、《明史》和《清史稿》等正史一探究竟。首先，關於音樂、文學的記載，《隋書》有「音樂志」三卷、「經籍志」四卷、「文學」一卷，《舊唐書》有「音樂志」四卷、「經籍志」兩卷、「文苑」三卷，《新唐書》有「禮樂志」十二卷、「藝文志」四卷、「文藝」三卷，《宋史》有「樂志」十七卷、「藝文志」八卷、「文苑」七卷，《元史》僅有「禮樂志」五卷、無藝文志和文苑，《明史》有「樂志」三卷、「藝文志」四卷、「文苑」四卷，《清史稿》有「樂

志」八卷、「藝文志」四卷、「文苑」三卷。由此可見，隋唐至清代的音樂依然是與治國之道緊密相關的第一藝術，歷史地位極高；除元代之外，其他朝代均有藝文志和文苑列傳，對於「文」的政治性和不朽性極為重視；書法、繪畫等其他藝術門類不入史，歷史地位較低。

其次，關於經、史、子、集問題。西漢劉向、劉歆父子《七略》確定了六藝、諸子、詩賦、兵書、術數、方技等六項內容，班固《漢書》「藝文志」沿用，西晉荀勗《晉中經簿》改為甲部（六藝）、乙部（諸子、兵書、術數、方技）、丙部（史書）、丁部（詩賦）四大類別，《隋書》「經籍志」最終確立經、史、子、集的分類方式，從《新唐書》「藝文志」開始，經、史、子、集成為歷代史書「藝文志」的標準格式，其順序也表明了歷史地位的排序。其中集部主要是歷代著名文人的文集，如《隋書》「經籍志」集類記載了四百餘位文人及其作品集，《舊唐書》和《新唐書》「藝文志」集類都記載了八百餘位文人及其作品集，《宋史》「藝文志」集類記載了兩千餘位文人及其作品集，《明史》「藝文志」集類記載了一千三百餘位文人及其作品集，《清史稿》「藝文志」集類記載了兩千六百多位文人及其作品集，乾隆皇帝還主持編纂了以經、史、子、集為分類的《四庫全書》，這是中國歷史上最大的一部叢書，也是對中國文人及作品集最全面的總結。由此可見，一方面文人及文集的數量越來越多，歷史地位越來越高，這源於文人及文集在民間的地位提升、以及統治者重視並參與文藝創作和歷史總結；另一方面，集類在四部之中地位最低，僅收錄了楚辭、別集、總集、詩文評、詞曲等五大類，排斥了小說、戲曲等深受民間歡迎的文藝形式，也體現了其政治與道德標準。

《新唐書》「文藝」卷首語云：「然嘗言之，夫子之門以文學為下科，何哉？蓋天之付與，於君子小人無常分，惟能者得之，故號一藝。自中智以還，恃以取敗者有之，朋奸飾偽者有之，怨望訕國者有之。若君子則不然，自能以功業行實光明於時，亦不一於立言而垂不

腐，有如不得試，固且闡繹優遊，異不及排，怨不及誹，而不忘納君
於善，故可貴也。」[1]可見，歐陽修、宋祁等歷史編纂者既認同了文學
地位低下的事實，同時也把地位低下的原因歸結於道德教化問題，因
為經、史、子等部的作品及其創作者與闡釋者都是道德為本的君子，
但是文學藝術是有能者得之，有能者卻未必是有德者，德在藝先，自
古皆然。

四

　　晚清以來，藝術與藝術家的地位發生了較大變化，既提升了政治
地位，也實現了經濟上的獨立。1902年，梁啟超發表《論小說與群治
之關係》，首次把小說提升到極高的地位，小說乃文學之最上乘，欲
新國民、道德、宗教、政治、風俗等，必先新小說，改良群眾必從小
說界革命開始[2]，這種觀念對五四運動及20世紀文學與政治的關係產生
了重要影響。同年，梁啟超還在《新民晚報》上發佈《新小說社徵文
啟》，首次以稿酬的方式推動小說創作，從此確立了中國現代文學的
稿酬制度，使文學家獲得了獨立的經濟地位。

　　1949年之前，小說、詩歌、散文、話劇、戲曲、書畫、音樂、
電影等藝術門類及其藝術家的地位都出現了新的變化。20世紀前期，
隨著梁啟超等人宣導的小說界革命和詩界革命的深入，以及新文化運
動和五四運動的爆發式影響，小說、詩歌、散文、話劇等現代文學的
啟蒙價值凸顯，在新興知識份子階層中產生了巨大的影響，具有獨特
的文化地位，文學家也因此成為引領文化潮流的啟蒙者。與此同時，
戲曲、書畫、音樂等藝術既保留了傳統藝術形式，同時也在中與西、
古與今的碰撞中繼續發展，對大眾和知識份子都產生了較大影響，而

---

[1]　歐陽修、宋祁主編：《新唐書·列傳第一百二十六·文藝上》，《新唐書》
　　（第兩百一十四卷）。
[2]　梁啟超：《論小說與群治之關係》，載於《新小說》（第一號），1902年。

從事這些傳統藝術的藝人或匠人也接受現代文化而轉變為藝術家；電影作為新興藝術，一開始就在娛樂性、藝術性和思想性之間徘徊，因而既具有廣泛的群眾基礎，又得到知識份子和政府的重視。20世紀三四十年代，隨著抗戰形勢的惡化、左翼文藝運動的深入，文學藝術的緊迫任務變為宣傳抗戰，主要為大眾服務、為革命服務；1942年，毛澤東發表《在延安文藝座談會上的講話》，首次確立了文藝為政治服務、文藝為工農兵服務的根本原則，文藝的政治地位和民間地位以最高講話的形式固定下來，藝術家成為服務於政治和工農兵的宣傳隊，這種政治為先的格局一直持續到20世紀80年代。

總體而言，晚清至1949年的半個多世紀，藝術與藝術家迫於國家大勢，主動把文藝與政治聯繫在一起，堅守救亡與啟蒙的兩大歷史任務，以文藝的方式推動社會發展，其政治地位和文化地位較高。此外，藝術的歷史地位不再由正史賦予，而是在現代學術體制下單獨成史，林傳甲《中國文學史》（1904年）、王國維《宋元戲曲考》（1912年）、魯迅《中國小說史略》（1923-1924年）、陳師曾《中國繪畫史》（1925年）、滕固《中國美術小史》（1926年）、鄭覲文《中國音樂史》（1929年）、梁思成《中國雕塑史》（1929-1930年）、梁思成《中國建築史》（1945年）等著作，首次以各種門類藝術史的方式確立了藝術史的獨特歷史地位。

1949年至20世紀末，藝術與藝術家從20世紀上半期國家危亡時期主動地接觸政治，轉變為國家安定時期被動地接受政治改造，藝術與藝術家在政治主導下經歷了四個階段：1949年至1966年的「十七年」時期，中國文學藝術界聯合會和中國作家協會先後成立，囊括了文學、戲劇、電影、音樂、美術、舞蹈、書法、曲藝等所有藝術類型，郭沫若、茅盾、周揚等人既是黨和國家領導人，又是文聯和作協的領導者，還是著名的藝術創作者，在這種背景下，藝術的政治性和思想性是主導，藝術性次之，娛樂性和經濟性再次之。文藝的政治地位提

升了，並沒有帶來藝術的全面繁榮，相反受到諸多政治限制；藝術家的地位也提升了，甚至成為國家領導人，但是在1949年之前屢創精品的藝術家在1949年之後卻難以為繼，如郭沫若、茅盾、巴金、曹禺、沈從文等人均是如此。1966年至1976年的十年文革期間，除了集合文學、戲劇、音樂、舞蹈、美術、電影等為一體的「樣板戲」及其電影之外，藝術發展基本停滯，藝術走上政治化之路，藝術家多數被當作封、資、修等思想政治犯，在各種條件艱苦的幹校進行勞動改造。因此，這兩個階段藝術與藝術家分別身處政治的天堂和地獄，地位的變化並沒有推動藝術的發展和藝術家境遇的改變。

20世紀80年代，文學藝術接受了前兩個階段的教訓之後，重啟20世紀前期文化啟蒙的模式，藝術家深刻反思了過去十年及三十年的文化與政治，全面接受西方現代文化，重新在古今中外的文化碰撞中尋求中國文化的出路，文學藝術被賦予前所未有的文化地位，引領著文化發展和國家前進的方向。這是五四之後最被知識份子所稱道和嚮往的時代，甚至至今都有一股「重返八十年代」[1]的文化史回溯之風，這是對藝術與藝術家崇高文化地位的懷念。20世紀90年代，在文化理想及其政治訴求被阻斷之後，隨著國家意識形態的變化，確立了以經濟建設為中心的改革新方向，淡化了藝術的政治與文化地位，藝術被推向尚不健全的市場；與此同時，經濟的發展和電視的普及，改變了大眾藝術欣賞的傳統習慣，文學、戲曲、電影等藝術形式在兩種力量的夾擊下潰不成軍，音樂則借助音像、電視等新媒體在流行音樂領域異軍突起，藝術家失去了風光一時的政治地位和文化地位，經濟地位在市場化過程中逐步提高，大眾也在娛樂化和市場化大潮中享受著大眾文化帶來的樂趣，無暇顧及自命清高的藝術與藝術家。

以上四個階段，藝術與藝術家的地位雖然呈現出不一樣的格局，但都是由政治主導的，都是國家意識形態在文學藝術中的反映，藝術

---

[1] 程光煒編、洪子誠等著：《重返八十年代》，北京：北京大學出版社，2009年。

家主動或被動地回應著國家意識形態，其地位的變化不是主動的選
擇，而是被動的適應。

　　新世紀以來，藝術與藝術家被納入到文化產業的框架之中，出現
了新的變化。文化產業依然是通過國家意識形態的方式推行，2002年
中共十六大報告中首次明確指出：「發展文化產業是市場經濟條件下
繁榮社會主義文化、滿足人民群眾精神文化需求的重要途徑。」[1]2012
年中共十八大報告又提出了2020年全面建成小康社會的文化目標：
「文化軟實力顯著增強。社會主義核心價值體系深入人心，文化產
業成為國民經濟支柱性產業，社會主義文化強國建設基礎更加堅
實。」[2]2013年十八屆三中全會還提出了四項具體的文化措施，即完善
文化管理體制、建立健全現代文化市場體系、構建現代公共文化服務
體系、提高文化開放水準[3]。由此可見，文化產業作為按照工業標準生
產、再生產、儲存以及分配文化產品和服務的一系列活動，在政治和
道德方面必須堅持社會主義核心價值體系，在文化和經濟方面的關鍵
字則是管理、市場、服務和開放。

　　藝術作為文化產業中的重要組成部分，同樣必須按照工業標準進
行生產與再生產，藝術在原有的思想性、藝術性和娛樂性等三大特性
的基礎上，增添了更為重要的商品性和服務性，凸顯了藝術的經濟地
位和產業地位。藝術創作者也從「藝術家」轉變為「物質生產者」，
傳統的政治地位和文化地位籠罩下的光環瞬間褪去，變成與其他勞動
者地位平等的生產者，只是從事獨特的精神文化生產而已。

---

[1] 江澤民：《全面建設小康社會，開創中國特色社會主義事業新局面（十六大報
　　告）》，載於《人民日報》，2002年11月9日。
[2] 胡錦濤：《堅定不移沿著中國特色社會主義道路前進為全面建成小康社會而奮
　　鬥（十八大報告）》，載於《人民日報》，2012年11月9日。
[3] 《中共中央關於全面深化改革若干重大問題的決定》，載於《人民日報》，
　　2013年11月16日。

五

　　以上分為四個歷史時段詳細論述了藝術與藝術家的地位變遷，這些地位變遷也導致了藝術呈現出不同的發展格局，同時也可以總結出諸多經驗和教訓：先秦時期重視音樂的政治地位，其他藝術門類地位低下而無從發展；兩漢時期詩賦地位提升，但最終只是作為藝術家獲得政治地位的手段；魏晉南北朝，詩、樂、舞、書、畫等藝術都進入自覺而獨立的發展期，藝術家多數都是皇族、世族和士大夫階層，藝術只是社會上層抒發情志和暢懷把玩的方式，與中下層老百姓的精神生活並無太大關聯；隋唐時期，除了音樂的傳統政治地位之外，詩、書、畫等藝術類型得到較高的文化地位和政治地位，因為科舉制的完善，出身中下層的藝術家得到了社會的廣泛認可；宋代和明代，書、畫地位提升，詩、樂、舞等藝術下移，戲曲、小說等新藝術形式從民間崛起，首次在城市文化和商品文化背景下凸顯了經濟地位；元代和清代，少數民族的統治導致漢族文人地位低下，促使了戲曲、小說等藝術形式空前繁榮，也成為老百姓精神生活的重要方面；晚清以來，藝術主動或被動地政治緊密聯繫，20世紀上半期藝術與藝術家推動了社會和政治發展，20世紀下半期政治又反過來限制了藝術的發展，藝術家在百餘年以來一直與政治糾葛不清，其地位時高時低，藝術發展亦時好時壞；20世紀80年代以來，藝術與藝術家的地位經歷了三次變化，經歷著文化、經濟、產業的三次颶風，何去何從依然是人們關注的問題。

　　如何釐清藝術與藝術家的地位呢？我認為，可以從物質文化、制度文化和精神文化等三個層面來正視藝術與藝術家的地位變化。物質文化是處理人與自然的關係，核心在於物質生產等經濟活動；制度文化是處理人與人的關係，核心在於政治文明；精神文化是處理人與自身的關係，核心在於文學藝術、歷史哲學等關於人的思維、情感和心

靈的問題。經濟是人類的物質基礎，政治是人類的制度保障，文學藝術、歷史哲學等方面則促進了人類精神文化層面的自我完善。三者既緊密聯繫，又各自獨立，尤其要保證精神文化層面的獨立。

因此，就藝術與藝術家的歷史地位、政治地位、經濟地位、文化地位、民間地位而言，如果過於強調歷史地位和政治地位，就會使精神文化依賴於制度文化，藝術與藝術家的獨立性難以保持，其歷史地位也不能由政治史賦予，而應該形成獨立的藝術史，其政治地位也並非越高越好，只需要保持適當的民族立場和國家意識。如果過於強調經濟地位，藝術與藝術家就會陷入娛樂性和商品性的漩渦，甚至把精神文化轉變為物質文化，文學藝術變成工業生產，藝術家變成物質生產者，就會破壞精神文化的獨特性。文化地位和民間地位是藝術與藝術家最應該重視的兩種地位，前者保證了藝術家的獨立性，以天人合一、仁愛友善、自由民主等文化理念推動文學藝術創作，人們通過蘊含諸多文化理念的文學藝術進行自我提升和自我完善；後者則保證了藝術的群眾基礎，藝術家不只是為社會上層或知識份子階層服務，而是為所有階層服務，他們所創造的藝術品是滿足最廣大人民群眾的精神生活需求。以上所述，是從物質文化、制度文化和精神文化層面角度，釐清物質文化和制度文化對精神文化的不利影響，確保藝術與藝術家的文化地位和民間地位，這也是藝術與藝術家的應有地位。

新世紀以來，文化產業蓬勃發展，其初衷是在農業、工業取得較大發展的基礎上發展第三產業，文化產業是第三產業的重要組成部分，有利於國民進行自我提升和自我完善。但是，如果過於強調產業屬性及其經濟地位，以工業標準來對待文化產業，那麼本來屬於精神文化層面的文學藝術就會轉變為物質文化，將會掏空本已處於邊緣位置的精神文化層面，與文化產業的初衷背道而馳。總之，藝術不是工業產品，藝術家不是物質生產者，保持藝術與藝術家的獨特地位，是當前文化產業發展過程中的當務之急。

宗教

耶墨並提：吳雷川的「耶墨觀」

黃蕉風

香港浸會大學饒宗頤國學院博士候選人

一、引言

　　論到近代基督教與中國文化的對話與融通，人們的視野多集中在耶儒對話、耶佛對話、耶道對話以及基督教與民間宗教的對比上，很少涉及墨學。眾所周知的是，自漢代董仲舒「罷黜百家，獨尊儒術」以來，曾在先秦與儒家並稱顯學的墨家學派中絕千年，直到清末民初因孫詒讓、俞樾、伍非柏等墨研學者的努力才得以重光。及至民國，西風東漸，教會內外知識份子致力於從中國傳統文化中找到能夠與西方「民主與科學」精神若合符節的資源。由於儒家文化的衰微，作為中國傳統文化支流和小群的墨家就被知識份子重新發掘出來，用以比附和對接西方先進文化。在彼時的墨學復興浪潮中，教會內知識份子並未置外於主流，而是積極參與其中，吳雷川就是典型代表。他的「耶墨觀」歷來是研究其獨特的本色化神學思想中的重要一環。過往研究大多集中在吳雷川神學的本色化進路及其儒家基督徒知識份子的身份上，忽視了墨家思想對他「以人格為中心」建構本色化神學的重要影響。因此本文著重探討吳雷川「耶墨觀」的特色，並評析其「耶墨比較」範式在文化研究中所居處的位置。

　　吳雷川是中國近代著名的教育家和基督教思想家。[1]他生於官宦之家，自小接受儒家傳統文化教育，曾考取舊時代的最高功名。1914年

---

[1]　吳雷川（1870-1944），本名吳震春，祖籍浙江杭州錢塘縣，1870年生於江蘇蕭縣（今徐州）。吳雷川生於官宦之家，自小受到儒家文化的薰陶。從七歲到

他經兩位基督徒朋友介紹認識基督教，同年參加中華聖公會，在第二年受洗入教。談到自己的初信經歷，按他自己的說法，「當時我很詫異，像他們那樣有知識的人何以也要信基督教？但不及細問，就辭別回家，立刻去買了一本《新約全書》來看，用兩三天的功夫就將《新約》看完了。記得當時的印象是：神跡奇事都不能使我相信，但其中有許多教訓實使我佩服。接著又看第二遍，就想到基督教能夠流傳久遠，必定有它的原因，必是有研究的價值」。[1]

在《基督教與中國文化》一書中，他認為「所有教會遺傳的信條與解說都不可盡信，教會的規制和禮儀也不必看重，只有耶穌的人格足為我們信仰的中心。他是以身作則，教訓我們做人必以改造社會為天職，更教訓我們持身涉世要服從真理，這正是我們做人的規範。我的信仰至今還是如此，這在正統派的教會看來，我已經算是叛教之徒了」。[2]對其捨耶穌神性、加強其人性的「以人格中心」的基督論，趙

十四歲於家塾接受啟蒙教育；十四歲之後於姑丈家附館繼續求學。光緒十二年，即1886年，吳雷川十七歲的時候，回到杭州考取秀才功名。1888年至1889年之間，吳雷川在北京準備鄉試卻兩次落第，1891年在杭州參加鄉試又未中；直到1893年才於順天鄉試中中舉。1898年，吳雷川赴京參加京試和殿試，順利考取進士功名，為光緒朝戊戌科第二甲第三十一名，後授翰林院庶起士。但吳雷川的仕途並未因此一帆風順。受1898年戊戌變法和1900年義和團運動的影響，他在很長一段時間內未能謀取官職。1905年到1910年間，吳雷川擔任過浙江高等學堂監督兼、杭州提學司衙門學務公所議紳、杭州巡撫衙門學務參事、杭州諮議局議員及杭州一中學校長等職務。1911年辛亥革命之後，吳雷川短暫擔任過杭州軍政府民政長、杭州市市長。1912年調任北京教育部後，出任文書科科長一職，再為參事。1919年加入基督教生命社，1923年組建真理會並創辦《真理週刊》。1928年任教育部常務次長。於1929年到1933年間擔任燕京大學第一任華人校長。卸任後繼續在燕大從事教學工作直到1941年燕大被佔領軍關閉。吳雷川因中風逝世於1944年10月，未能看到中國軍民8年抗戰的最終勝利。參趙紫宸：《當代中國信徒之介紹——吳雷川先生小傳》，載於《真理與生命》（第十卷第八期），1937年1月，481頁。

[1] 吳雷川：《基督教與中國文化》，上海古籍出版社，2008年7月，5頁。該書原版在1936年於上海青年協會書局出版，1940年4月再版。本文所採版本為當代再版的「基督教與中國研究書系」中的一輯。為行文方便特此備註。

[2] 吳雷川：《基督教與中國文化》，上海古籍出版社，2008年7月，6頁。

紫宸曾有質疑：「耶穌對因為神子的覺悟，耶穌與上帝密切的心心印證的宗教關係，耶穌與前古先知的宗教使命，吳先生皆毫未提及。」[1]

從其信仰來看，吳雷川不取教會傳統、神跡奇事而獨宗耶穌基督崇高人格精神的獨特神學思想在當時顯得尤為激進，這種傾向從其初信階段到後來的成熟階段可謂一以貫之。到後來吳雷川會在其生平最後一部作品《墨翟與耶穌》中高舉墨翟與耶穌，希望通過耶墨二人的人格精神感召青年拯救時弊，似也不足為奇。

二、吳雷川的「耶墨觀」及「耶墨比較」範式

（一）清末民國教會內外知識份子的「耶墨觀」——三輪範式轉移

在論述吳雷川的「耶墨觀」之前，先要簡要回顧清末至民國教會內外知識份子關於「耶墨比較」三個階段的範式轉移。[2]清末民初，西學東漸，西方民主與科學的思想傳入中國，刺激了一大批知識份子重新反思中國傳統文化。梁啟超在《清代學術概論》中指出清代的學術發展乃是以「復古為解放」。[3]一大批儒家士君子根據「經世致用」的精神演繹出「中學為體，西學為用」，這個思潮橫貫了從洋務運動、戊戌變法、立憲運動的晚清最後幾十年。「西學中源說」就是在這個

---

[1] 趙紫宸：《耶穌為基督——評吳雷川先生之〈基督教與中國文化〉》，載於《真理與生命》（第十卷第七期），1936年12月，418頁。

[2] 基督教與其他宗教之間的關係，大抵可以體現在四個範式的轉移：排他式、相容式、多元式和後現代式。從比較宗教學的角度出發，根據美國比較神學家詹姆斯‧弗雷德里克的觀點，可以歸納出兩條評判依據：第一，不同範式對他者的態度；第二，不同範式對自身傳統的態度。參照這個標準，我們可以用之以研究教會外知識份子、教會內基督徒以及吳雷川的「耶墨觀」及其「耶墨比較」的學術理路。不過需要注意的是，後兩種範式在近代以前的中國基督教史上是不存在的，其適用的範圍僅在當代語境，如強調多元共在的諸宗教神學或者比較神學。參王志成：《從排他範式到後現代範式：以基督教和其他宗教的關係為例》，原載《浙江學刊》（第一期），2006年。

[3] 梁啟超：《清代學術概論》，北京：人民出版社，2008年，5-6頁。

時代背景下被提出來，即西學是源自中國古代的器物之學，如「格致」，只是後來在中國衰微了，傳入西方之後才得以繼續存在。而隨著儒家思想在中國社會的衰弱，知識份子開始尋找傳統文化內部能夠和西學對接的其他元素。他們發現墨家無論從建制上、思想上、義理上和科技成就上，都與西學最接近，故又發展出「西學墨源說」。[1]

　　晚清以來，中國社會的上層建築幾經變遷，洋務派的器物改革和維新派的制度改革均告失敗。一些開明分子開始關注文化層面革新的可能性與限度，基督宗教對西方文化的巨大影響於是乎受到重視。「耶教墨源說」就是這個時候被提出來，本質上與「西學墨源」說、「西學中源」說一脈相承。不過無論是「中體西用」、「西學中源」、「西學墨源」還是「耶教墨源」，晚清知識份子更加強調的是以中國傳統文化為主體，旁參基督教和西學的本位主義思想，所以他們在處理耶墨比較的議題上，更加注重的是墨家兼愛非攻之於基督教和平主義，墨家天志明鬼之於基督教天堂地獄等問題，並不特別措意於耶穌墨翟的人格精神。在比較範式上大抵延續的是明末利瑪竇羅明堅等耶穌會士來華傳教以來，傳教士與儒生關於世界觀、價值觀的形而上辯難，未完全落實到道德踐履的實在界層面。「耶教墨源說」的比較範式是「中A等於西B」──「西方有的我們中國早有」；亦即在本位主義的影響下，認為中國文明高於西方文明，道高於器，具有排他性。

---

[1]　張自牧在《蠡測卮言》中論到耶墨二家在宗教建制和利他主義上或可通約，「耶穌其教以煦煦為仁，頗得墨氏之道。耶穌二大誡，一曰靈魂愛主爾主神，即明鬼之旨也；二曰愛爾鄰如己，即兼愛之旨也」；陳澧在《東塾讀書記》轉引《墨子》關於人施愛要層層上同於天的論說後認為「特夫以為此即西人天主之說」；郭嵩燾認為基督教教人愛人如己，是「墨氏兼愛之旨」；黎昌黎在《拙尊園叢稿・讀墨子》中談到基督教的思想大多源自中國墨家學說，「今泰西各國耶穌天主教盛行尊天、明鬼、兼愛、尚同，其術槁然本諸墨子」；譚嗣同激賞「耶教墨源說」，認為基督教的博愛和西學的善巧得益於中國墨學，景教十字架實際上也是墨家的圓規尺矩，「其俗工巧善制器，制器不離規矩。景教之十字架，矩也，墨道也，運之則規也。故其教出於墨」（《仁學》）。轉引鄭傑文、王繼學等：《墨學對中國社會發展的影響》，濟南：山東人民出版社，2011年8月，431-434頁。

及至清末民初，「耶教墨源說」淡弱，耶墨比較又面臨新一次的範式轉移。相比清末儒家士君子，民國的知識份子已經能夠比較客觀地看待中西兩種文化。作為中華文明「異質」的基督教以及中國文化「支流」的墨家，在袁世凱洪憲復辟以及康有為、陳煥章孔教運動破產之後，成為了知識份子用以「打倒孔家店」的一個有利武器，耶墨二家的地位同時得到提高。隨著民族危機的加深以及改造國民性的要求，耶穌墨翟的人格精神及基督教墨家的犧牲精神開始得到重視，「耶墨比較」的焦點也由形而上的上帝觀、倫理觀轉移到實踐層面的道德踐履。在以蔡元培、[1]梁啟超、[2]陳獨秀、[3]孫中山為代表的一部分知識份子眼中，基督教和墨學，皆是「可以起中國之衰者」。[4]此時「耶墨比較」的範式是「中Ａ等於西Ａ」──即「中國有的等於西方有的」，墨家約等於基督教，墨翟約等於耶穌，具有一定相容性。

這個時期教會外部如知識界和民間社會上關於「耶墨比較」的爭討論漸成風尚，「墨子之學，與耶穌之教，考其源則時異樣地殊，而又各有不同之發達史。近數十年來，世人多有主張墨子思想與耶穌

---

[1] 蔡元培認為「墨家與基督教有相同處，如天志與上帝，明鬼與靈魂，兼愛與博愛，其最大者也」。轉引任繼愈主編：《墨子大全》（第二十八冊），北京圖書館出版社，2002年10月，713頁。

[2] 梁啟超在研究國學的時候注意到儒家的宗教色彩不夠濃厚，限制其傳播的範圍，對人民大眾沒有什麼影響，認為應向墨家的宗教形式學習，「用天志、明鬼，來做主義的後援」；激賞基督教以「救世為心之耶教使然」來證明西方文明之成就，作為民初著名墨研學者的梁啟超對基督教抱寬容之態度，其於之後的「非基運動」中亦曾聲援基督教（梁啟超：《子墨子學說》），見任繼愈主編：《墨子大全》（第二十六冊），北京圖書館出版社，2002年10月，469頁。

[3] 陳獨秀認為「墨子兼愛，莊子在宥，許行並耕。此三者誠人類最高理想，而吾國之國粹也。奈均為孔孟所不容」、「我們要把耶穌崇高的、偉大的人格和熱烈的、深厚的情感，培養在我們的血裏，將我們從墮落在冷酷、黑暗、污濁的坑中救起」。見陳獨秀：《答李傑》，載於《新青年》，1917年5月1日3卷3號；陳獨秀：《基督教與中國人》，載於《新青年》（第七卷第三號），1921年7月1日。

[4] 任繼愈主編：《墨子大全》（第二十六冊），北京圖書館出版社，2002年10月，469頁。

類似者」，[1]不能不引起基督徒的重視。不過相比教會外知識份子學理上的持平之論，基督徒因具宗教認信，在論述其「耶墨觀」時不能不帶有一定程度上的辯道衛教的色彩。即便他們也欣賞墨翟的人格精神以及墨學的廣大精微，卻反對將墨家抬高到等同於基督教的程度。黃治基認為墨家雖然勝於儒家，但若「以墨子為東方之耶穌，豈不謬哉」；[2]王治心在《墨子哲學》批判了墨子的鬼神觀念，「基督教是否認報復主義的。墨子鬼神為崇的思想當然為基督教所不許」；[3]張亦鏡在《耶墨辨》中承認《墨子》與《聖經》有通約之處，但明確指出耶墨之別乃是神人之別——「耶墨之辨與耶儒之辨同，皆在神人上分別也」、「墨子亦生徒之一耳」；[4]張純一撰寫過最多相關墨學的著作，如《墨學與景教》、《墨子集解》、《墨學分科》、《墨子閒詁箋》、《增訂墨子閒詁箋》，不過後期由耶歸佛的身份轉變，使得其「耶墨觀」的面向更多是作為「佛化基督教」的一種仲介和橋接，已經比前述提到的秉持護教立場的基督徒走的更遠了。[5]應當說教會內部知識份子所持的「耶墨比較」範式，乃「西A充要於中A」——即「西方包含了中國有的」，基督之道是成全墨家之道的充分必要條件，本質上是排他的。即或者有對墨學報以善意的同情與理解者，所謂「排他但部分相容」，卻仍不足以成為一種穩定而具持續性的比較範式——「排他性是教義使然，相容性則為權宜手段」。[6]

[1] 任繼愈主編：《墨子大全》（第三十六冊），北京：北京圖書館出版社，2002年10月，535頁。

[2] 鄭傑文、王繼學等：《墨學對中國社會發展的影響》，濟南：山東人民出版神，2011年8月，262-263頁。

[3] 王治心：《墨子哲學》，南京：宜春閣印刷局，1925年，49頁。

[4] 張亦鏡：《耶墨辨》，上海：美華浸會書局，1928年，41-42頁。

[5] 張純一作為有先後有兩種基督教、佛教兩種宗教背景的知識份子，撰寫過數量最多的墨學作品。如《墨子閒詁箋》（上海：定廬，1922年）；《墨學與景教》（上海：協和書局；北京：郭紀雲書局，1923年）；《墨學分科》（上海：定廬，1923年）；《墨子集解》（上海：世界書局，1936年）；《增訂墨子閒詁箋》（臺北縣板橋市：藝文印書館，1975年），原版出版於1937年。

[6] 黃蕉風：《草鞋十字架——一個墨家基督徒的神思冥想》，澳洲：國際華文出

（二）《墨翟與耶穌》——吳雷川「耶墨比較」的代表作

吳雷川留下的著作（含專書及主編）共5本，分別為《耶穌的社會理想》（1934年上海青年書協會書局出版）；《基督教與中國文化》（1936年上海青年協會書局出版）；《基督徒的希望》（1939年上海青年協會出版）；《宗教經驗談》（1939年青年會出版，與徐保謙合編）；《墨翟與耶穌》（1940年上海青年協會書局出版）。除此之外，吳雷川還在彼時重要的基督教刊物《生命月刊》、《真理週刊》等上發表大量文章。

除了散見於基督教刊物的文章之外，吳雷川較為系統並詳細論及基督教與中國文化關係的當屬《基督教與中國文化》以及《墨翟與耶穌》。其中《基督教與中國文化》是他影響最大的一本專著，而《墨翟與耶穌》則是研究他「耶墨觀」最重要的參考文獻。過往學界研究吳雷川的基督教思想，於專書類首重《基督教與中國文化》，對《墨翟與耶穌》的疏解和研究顯得不夠。而吳雷川「以人格為中心」的神學思想恰是在《墨翟與耶穌》才得以最終成型。在《基督教對於中華民族的復興能有什麼貢獻》一文中，吳雷川談到「原來基督教的根基，就是耶穌的人格，而中華民族復興唯一的需要，乃是造成領袖的人才」；[1]《墨翟與耶穌》出版於1940年，是吳雷川生平最後一本專書，彼時正值全民抗戰，國難當頭，中國陷入深重的民族危機，救亡圖存正是知識份子「經世致用」的題中之義。吳雷川在這個時候提出要將耶穌與墨翟的人格高舉，除了是其一生神學思想建設的路徑依賴之外，更是彼時中國基督徒愛國主義和民族主義的集中體現。

《墨翟與耶穌》的體例不像黃治基的《耶墨衡論》及張亦鏡的《耶墨辨》，將護教神學的思想貫穿始終；也不同於王治心的《墨子哲

版社，2012年12月，34頁。
[1] 吳雷川：《基督教對於中華民族的復興能有什麼貢獻》，載於《真理與生命》（第九卷第二期），1935年，64頁。

學》與張純一的《墨子集解》等作品,純以論述墨家哲學為依歸。吳雷川的《墨翟與耶穌》在體例上將耶墨二家分置並列,除了自序、劉廷芳序及書末的結論外,「墨翟略傳」、「墨翟思想的研究」與「耶穌略傳」、「耶穌思想的研究」各占全書一半的篇幅。在內容上有以下兩個特點值得注意:其一,該書在論述墨翟部分幾乎不談耶穌,在耶穌部分幾乎不論墨翟,各章節之間幾可獨立成篇;其二,顧名思義,如該書題旨乃論述「墨翟與耶穌」,而非「墨家與基督教」。雖然書中必然涉及基督教神學及墨學的內容,但首重的是作為宗教領袖和學派創始人的耶穌與墨翟的人格精神和社會事工。「略傳」部分用來敘述耶穌墨翟在歷史上的偉大事蹟,「思想研究」部分則集中於耶穌墨翟二人在《福音書》和《墨子》中的個人言行和語錄。

　　吳雷川不像趙紫宸和吳耀宗等出過國留過洋的神學家,稔熟西方各神學思想和流派;也不能以原文閱讀《聖經》,或使用彼時西方學界流行的歷史評鑒法及聖經批判來進行研究。不擅外文的缺陷使得吳雷川在徵引文獻時候更多依靠的是中文著作或者中文譯作,且彼時國內引介的神學作品品質良莠不齊,一定程度上限制了該書晉深的程度及所涉的題材。當然因著這個緣故,吳雷川較少受到西方神學界研究範式的影響,能夠以中國傳統文化的材料來會通基督教與墨家,構建本色化的神學言詮,並且於耶穌墨翟二人行傳上拓展更大的富有想像力的人性空間。[1]

---

[1]　吳雷川《墨翟與耶穌》所採參考文獻和名家注疏,皆以中文著作或中文譯著為主,在「墨翟略傳」、「墨翟思想的研究」部分,有夏曾佑的《中國古代史》、梁啟超的《子墨子學說》、梁啟超的《先秦政治思想史》、胡適的《中國哲學史》、伍非柏的《墨學大義述》、孫星衍的《墨學後敘》、陶希聖的《中國政治思想史》、李麥麥的《中國古代政治哲學批判》等。徵引墨家思想旁證多出自《莊子》、《孟子》、《荀子》、《淮南子》、《史記》、《尚書》、《禮記》、《易經》、《說文解字》等古代元典專著。「耶穌略傳」及「耶穌思想的研究」部分,以漢譯《聖經》和合本為主,取材多自《福音書》中的耶穌言行事蹟,參考文獻主要有海爾氏的《基督傳》、考茨基的《基督教之基礎》、尼布爾的《個人道德與社會改造》等。

　　劉廷芳在為吳雷川《墨翟與耶穌》所撰序言中，談到該書的宗旨是「故事因於世而備適於事」，乃不以宣傳宗教為宗旨，單從學者立場取「救世為前提」的觀點。他讚賞吳雷川取「墨耶二家心理相同」的學術傾向，並認為有三個方面的創見足以體現價值：一，此書是皈依基督教的中國知識份子階級、中國國故的學者，試用中國舊有的思想與哲學，去研究基督教，欣賞基督生平與教訓的標識；二，此書是關心現代社會主義的力行家，對於社會改造思想的貢獻；三，此書是中國忠實基督徒，由自己的信仰經驗，所體會認識的耶穌觀。[1]劉廷芳事實上陳明了吳雷川的三重身份：儒家士君子、中國基督徒以及社會主義者。而考吳雷川的神學思想變遷，也確可以證實這三種身份之間的相互影響對於形塑吳雷川獨具特色的本色化神學具有十分重要的地位。[2]

　　吳雷川在自序中言及創作該書的大旨乃是說明「墨翟與耶穌二人之所主張確能應付中國當前的需要」，且尤望當代青年「在此國家多難之秋，青年志士必當以墨耶二人之言行為法，努力預備自己，使己身能成德達材，為國家效用」[3]——即「以救世為前提」。他認為黃治基的《耶墨衡論》[4]與王治心的《墨子哲學》都是基督徒所創作的，還脫離不了「援墨以同耶，崇耶以黜墨」的基督教中心論。[5]然誠如趙紫宸質疑吳雷川《基督教與中國文化》中將耶穌「去神性化」的價值

---

[1] 吳雷川：《墨翟與耶穌》，上海：青年協會書局，1940年，3頁。

[2] 李韋在其專著《吳雷川的基督教處境化思想研究》中指出吳雷川神學思想變遷受到中國傳統文化、自由主義思想以及唯愛主義、唯物主義的影響。相應而言，中國傳統文化是吳雷川過往接受儒家文化影響的路徑依賴；自由主義思想則使得吳雷川的神學中特別強調社會福音的功能，而不重教義神學；唯物主義的影響在吳雷川生命的後期佔據很重要的角色，使得他在關注經濟制度改革和社會革命等方面，產生更加激進的態度，甚而贊成一定程度的暴力革命。參李韋：《吳雷川的基督教處境化思想研究》，北京：宗教文化出版社，2010年3月。

[3] 吳雷川：《墨翟與耶穌》，上海：青年協會書局，1940年，1頁。

[4] 文中提及的《耶墨衡論》，未標明所著者何。然考清末民初同名著作，及較具影響力的同題文章，只有黃治基曾撰寫。故此處應實指黃治基。

[5] 吳雷川：《墨翟與耶穌》，上海：青年協會書局，1940年，4-5頁。

取向，劉廷芳也在序言中提出了基督徒讀者可能產生的疑惑：「取宗
教立場的人，也許要以為墨耶並提，把耶穌看為凡人，未認識他為神
子，與神三位一體共榮，不足表現基督徒愛戴救主之真誠。」[1]

從吳雷川耶墨比較的範式上看，更接近於教會外知識份子所採的
傾向，即相容式的「耶墨並提」——中A等於西A。有所區別之處在
於，吳雷川儘量取同而不取異，以便彰顯耶墨人格之偉大和事功之卓
絕，以激勵青年達成人格救國的目標。

吳雷川的《墨翟與耶穌》在體例上採耶墨二家分置並立而非護教
神學式，其「耶墨觀」由於在內容上首重耶穌墨翟人格精神而非義理
辨析的緣故，使得《墨翟與耶穌》既不像一本基督徒出於宗教認信的
辯護文本，也不像教會外知識份子學術式的文化比較著作。吳雷川未
對基督教與墨家，耶穌與墨翟，做出任何此高彼低孰更殊勝的評斷標
準。這就對探尋他個人對耶墨二家同異處的觀點及耶墨比較的範式，
造成了一定的困難。

三、吳雷川眼中的墨翟與耶穌

（一）作為道德人格典範的墨翟與耶穌

「以人格為中心」是吳雷川神學思想的題中之義，不僅他的「耶
墨觀」如是，他對歷代教會神學以及中國傳統文化的觀點也將此思想
一以貫之。李韋在《吳雷川的基督教處境化思想研究》中談到吳雷川
眼中的上帝是「內聖外王」的上帝，耶穌是「完人之範」的耶穌，具
有一種顯明的儒家化基督教神學的傾向。[2]蔡彥仁認為「吳雷川對宗
教的理解是人本的、理性的，完全著眼於現世的改良與社會群體的

---

[1] 吳雷川：《墨翟與耶穌》，上海：青年協會書局，1940年，6頁。
[2] 李韋：《吳雷川的基督教處境化思想研究》，北京：宗教文化出版社，2010年3
月，109-117頁。

福祉。他似乎視宗教為一種工具手段，為建設理想的人類社會而存在」。[1]吳雷川自己在論到「耶穌之為基督」乃基督教信仰核心的時候說到「耶穌一生的事業以及他的受死而成為完全的人格，都和他為基督這一件事情有重要的關係」、「基督教以耶穌的人格為中心，而耶穌為基督這一事又是耶穌人格的中心」、「耶穌人格之所以偉大，縱使有一部分是由於天啟；但從人的方面看來，則完全是自覺、自擇、自決的」。[2]

吳雷川眼中的耶穌基督近似於中國儒家的孔孟聖人，他們注重個人修身，具有完美品格，於從事社會革命以先，首先是眾人的道德典範。特別吳雷川談到「耶穌之為基督」這個核心命題時，並不特別措意於上帝的預旨，而是強調耶穌的「自力」——「與其說是上帝的預定，還不如說是耶穌自決。必得要看為是耶穌自決，才顯得他人格的偉大」。[3]這裏偏重耶穌「自力」而非上帝「他力」，更是拔高耶穌人性而淡化耶穌神性的所為了。

相比《福音書》中記載的耶穌個人道德教訓，基督教中關於耶穌的神跡奇事在吳雷川看來是不必在意甚而可疑的，這在他的初信經歷中已可窺端倪。作為早年接受傳統文化教育的知識份子，吳雷川身上有儒家士君子的氣質，他所注重的耶穌的道德教訓實可目為過往儒家經學遺傳的強大的路徑依賴。在他對耶儒二家的經典闡釋中，都是儘量取同不取異，這個特點在後面的「耶墨觀」也可以看出來。

吳雷川將耶穌自述自己為基督，與孔孟兼濟天下的情懷相提並論。在「耶穌訓言綱要」中，他輯福音書與孔孟各一組語錄，用以說明「歷史上偉大的人物，其自命必是不凡」、「為人的目的，是以人

---

[1] 蔡彥仁：《經典詮釋與文化匯通——以吳雷川為例》，載於《東亞文明研究學刊》（第一卷第二期），2004年12月，8頁。

[2] 吳雷川：《基督教與中國文化》，上海：上海古籍出版社，2008年7月，47、55頁。

[3] 吳雷川：《作基督徒的兩個問題》，載於《真理與生命》（第八卷第四期），1934年6月。

生的意義與價值昭示後人」；[1]耶穌自謂是「道路真理與生命」，則與孟子「當今之世，舍我其誰」的自詡自任心理相通。偉大事業的達成，始於偉人強烈的道德責任感和人格證成——[2]「我們要比較歷史上偉大的人物，既要於其言論，品德，事功，各方面，考求其彼此之所以異，又要於其人格中心，會通其彼此之所以同」。[3]

　　比如吳雷川將天主聖三位格之一的聖靈比作儒家經典中的「仁」，認為基督徒追求聖靈如同儒生的求仁得仁，將經典基督教神學中的聖靈位格問題置換為中國傳統式的道德踐履範式。他認為耶穌教導門徒誠心祈禱必得應驗，與孔孟所說的「我欲仁，斯仁至矣」是一樣的；耶穌教訓「得罪聖靈者不可得得赦免」，與孟子說的「苟不志於仁，終身憂辱，以陷於死亡」一個意思；耶穌論及聖靈必講寬恕，與孔子說的「己所不欲勿施於人」道理相近；耶穌對尼哥底母論及非從聖靈生的不能進天國，等同於「一日克己復禮，天下歸仁焉」；耶穌許諾彼得在地上定罪和赦罪的權柄的比喻，可以通過《論語・里仁》所載的「惟仁者能好人能惡人」來理解；甚至於《約翰福音》中耶穌對門徒說：「我若不去，聖靈保惠師就不到你們這裏來。我若去，就差他來」這樣難以破解的神學隱喻，也可以通過孔孟說的捨身取義殺身成仁的教訓煥然冰釋。包括他將教會傳統中的公禱和私禱詮釋為儒家君子的修身、存養、省察、慎獨，[4]以及把主禱文解釋為人類追求公

1　吳雷川：《基督教與中國文化》，上海：上海古籍出版社，2008年7月，29-30頁。
2　吳雷川所引為《孟子》、《論語》和《禮記》。見「五百年必有王者興，其間必有名世者也。由周而來，七百有餘歲矣！以其數，則過矣；以其時考之，則可矣。夫天未欲平治天下也，如欲平治天下，當今之世，舍我其誰也？」（《孟子・公孫丑下》）；「天生德於予，桓魋其如予何？」（《論語・述而》）；「天之未喪斯文也，匡人其如予何？」（《論語・子罕》）；「鳳鳥不至，河不出圖，洛不出書，吾已矣夫！」（論語・子罕》）；「夫明王不興，而天下其孰能宗予，予殆將死也！」（《禮記・檀弓上》）。
3　吳雷川：《人格——耶穌與孔子》，載於《生命月刊》（第五卷第三期），1924年，5-6頁。
4　吳雷川：《基督教與中國文化》，上海古籍出版社，2008年7月，36-37頁。

平正義的普世價值和行為規範，[1]亦都是強調之於基督徒追隨耶穌腳蹤，實為效仿耶穌的卓越道德品質，可視為他「以人格為中心」的基督論論述。

吳雷川的本色化神學一直有強烈的儒化色彩，這方面的論述學界頗多，茲不贅述。而其「以人格為中心」的基督論在中西方文化匯通和比較的過程中，竟然選擇長久以來在中國傳統文化中居於支流的墨家作為投射物和對應物，而不是選擇中國主流文化的標誌孔孟儒學，十分值得探討。清末民國以降，以儒耶比較、佛耶比較、道耶比較為主流的教會內外出產的文化專著不在少數，大多是以整個宗教／文明為對體做義理上、傳統上做比較，少有專門單獨涉及創教／創派的始祖的個人事略和言行語錄的比較。在《墨翟與耶穌》中，墨家學派創始人的墨翟與基督教核心人物的耶穌是同等地位，對此二人人格的表彰在書中尤占重要地位，教義和傳統反居其次。也就是說相比孔孟與耶穌，墨翟與耶穌在人格上與道德上更加相似，也更有可資比較的餘地。何以選擇墨翟而非孔孟來與耶穌比較？這和墨家學派和墨翟道德人格的特質有關。

墨家源自儒家，創始人墨翟因不滿於儒家的繁文縟節，自立門派，「墨家學儒者之業，受孔子之術，以其煩擾而不悅，厚葬靡財而貧民，久服傷身而害事，故背周道而用夏政」。[2]經過後學的發展成為當時與儒家並立的先秦兩大顯學，「楊朱、墨翟之言盈天下，天下之言，不歸於楊，即歸於墨」、[3]「世之顯學，儒墨也。儒之所至，孔丘也；墨之所至，墨翟也」。[4]墨家有「兼愛」、「非攻」、「尚賢」、「尚同」、「節葬」、「節用」、「天志」、「明鬼」、「非命」、「非樂」的所謂「墨學十論」，並在與儒家學派的反覆辯論中

---

[1] 吳雷川：《基督教與中國文化》，上海古籍出版社，2008年7月，37-39頁。
[2] 語出（漢）劉安：《淮南子要略》。
[3] 語出《孟子‧滕文公》。
[4] 語出《韓非子‧顯學》。

形成《非儒》十篇。墨家的理性精神和實踐主義使得他們在邏輯、光學、機械、兵法等諸多方面領先於同時代，在中國古代科技史上佔有重要地位。墨家崇尚三代之治，推崇大禹精神，是先秦乃至整個中國歷史上最具有救世情懷的學派；墨翟偉大的人格精神亦為歷代敬仰，甚至對墨家持批判態度的孟子和莊子，都不得不承認他「摩頂放踵，利天下，為之」，[1]「以裘褐為衣，以跂蹻為服，日夜不休，以自苦為極」，「不侈於後世，不靡於萬物，不暉於數度，以繩墨自矯，而備世之急」。[2]後世以「孔席不暖，墨突不黔」來頌揚墨子急公好義的偉大人格精神。[3]

吳雷川認為墨翟與耶穌所具相同的情懷，不在於他們對宗教／學派的講論如何，乃在於「其為人處世實行的態度。原來宗教對於人生的功用，初步是指示人當如何修己，更進一步則是使人能忘己以拯救社會。因於這一點，墨耶二人的表現是全然一致的」。[4]修己是個人成身達德的「內聖」過程，救世則是由「內聖」外推為「外王」的必由之路。由「內聖」而「外王」，符合修身、齊家、治國、平天下的經典儒家言說傳統。宗教教主或學派創始人的個人人格證成，本身就是一種外推至普世垂範的社會革命運動——因而理應「首談其為人」。[5]吳雷川總結墨翟與耶穌「若合符節」的道德人格最主要的有三樣：

首先是「愛」。吳雷川認為墨翟根據「天愛天下之百姓」所推出的「兼愛」原則與耶穌說的「當效仿天父完全」的博愛精神都是對儒家由一己而推恩的血親倫理的反動。他反對孟子將墨家冠以「無父無君」的責難，指出相比儒家的厚愛其親，甚至老子主張的「天地不仁以萬物為芻狗」都更加接近自然的公例。他引用耶穌在福音書中教導

---

[1] 語出《孟子・盡心上》。
[2] 語出《莊子・天下》。
[3] 語出《文子・自然》，「孔子無黔突，墨子無暖席。」；又有漢代班固的《答賓戲》：「是以聖哲之治，棲棲遑遑，孔席不暖，墨突不黔。」
[4] 吳雷川：《墨翟與耶穌》，上海：青年協會書局，1940年，153頁。
[5] 同上，39頁。

門徒的話為墨家辯駁，「凡遵行我天父旨意的人，就是我的弟兄姊妹和母親了」，進而得出「凡愛人者必然舍己」的定律。在他看來墨翟與耶穌二人正是因著自身堅持這個定律才能刻苦犧牲自己以謀求人民幸福的。[1]

其次是「義」。墨翟在「天志」篇中開宗明義點出「義自天出」，又說「兼愛交利」、「義，利也」；耶穌說「上帝愛世人」，也稱上帝是「公義的父」。吳雷川認為愛與義是一體兩面，墨翟與耶穌行公義好憐憫，「全是為愛力所鼓動，而其一生行事都不外乎義的表現」。[2]《路加福音》記載耶穌進猶太人會堂宣講「主的靈在我身上，因為他用膏膏我，叫我傳福音給貧窮的人；差遣我報告被擄的得釋放，瞎眼的得看見，叫那受壓制的得自由，報告神悅納人的禧年」（《路加福音4：18-19》）。經典教會神學原是將之解釋為耶穌籍《以賽亞書》預言來顯明自己彌賽亞的身份和未來在地的事工，吳雷川則將之解釋為同於墨翟「興天下之利，除天下之害」，使天下兼相愛交相利的公義之舉；而耶穌設「懶雇工」比喻教訓門徒廣傳福音，與墨翟勸勉國君臣宰「強力從事」；耶穌說的「非以役人，乃役於人」和墨翟批駁巫馬子見義不為，亦同此類。

最後是「勤與儉」。墨翟在自己的十大主張中，關於勤儉的內容佔據其三，分別是「節用」、「節葬」、「非樂」，墨翟自己更是「其生也勤，其死也薄。其道大轂，以自苦為極」（《莊子・天下》）。耶穌福傳的條件極為艱苦，乃至「連吃飯的工夫也沒有」、「人子沒有枕頭的地方」，又吩咐門徒傳道不要帶口袋，以節儉行事。在福音書中耶穌多次教訓門徒不要貪戀地上財物，而要把財寶積在天上。[3]吳雷川認為「勤儉是使人類社會得平安的重要條件，凡是為

---

[1]　吳雷川：《墨翟與耶穌》，上海：青年協會書局，1940年，153-154頁。

[2]　同上，154頁。

[3]　同上，155-156頁。

義的人必要自己遵守」，[1]耶墨二人持身勤儉，不僅是個人道德的要求，更是走向新社會的最高原則。吳雷川晚年倒向社會主義，在思想源流方面，除了受馬列主義的傳播、早期使徒群體榜樣和儒家大同之治的影響外，墨家的節用思想也可能是其傾向社會主義的一個來源。

近來學者論及吳雷川對耶穌人格的獨衷，每措意於其受西方自由主義神學影響的可能性與限度。[2]若以人格集中於人性而非神性論，則在神學言詮和教會史中，吳雷川式的「以人格為中心」自可目為本土化自由神學的一脈，是毋庸置疑的。不過若以人格集中於倫理道德論，則先秦以來儒墨聖賢及經學子學的遺傳，毫無疑問對形塑其神學思想起到更加重要的作用。在他對墨翟與耶穌的對比當中，可以看到他把耶墨二人人格道德提拔到無以復加的高度，以至於在同時代也提出「人格救國論」的余日章和提出「基督教人格論」的趙紫宸在或放棄或修正自己觀點的時候，吳雷川反而更加堅持並完善自己的「以人格為中心」闡述基督教的本色化思想，且不因外在時局變化而有所改變。[3]

（二）作為社會革命家的墨翟與耶穌

吳雷川一生經歷過辛亥革命、新文化運動、非基運動等多個影響深遠的社會運動，使得他對基督教與中國之關係的看法一直隨著時事變化而變化。吳雷川一直希望以本色化的方式將基督教信仰介紹給國人，以此橋接改良國民性振奮民族的偉大事業。他以基督教反思並回應彼時國家主義、社會主義、民族主義、儒學復古等諸個思潮，基本上都是強調「道並行而不悖」的對話態度。例如在對待國家主義的態

---

[1] 吳雷川：《墨翟與耶穌》，上海：青年協會書局，1940年，155頁。

[2] 李韋：《吳雷川的基督教處境化思想研究》，北京：宗教文化出版社，2010年3月，133-136頁。

[3] 何建明：《吳雷川的人格基督論》，載於卓新平、許志偉編：《基督宗教研究》（第五輯），北京：宗教文化出版社，2002年11月，542頁。

度上，雖然深知基督教高於國家主義，但為使國人不至因反帝國主義而連帶責難基督教不愛國，他甚至可取基督教降格相從並與國家主義相適應的態度。[1]當然因此也有人批評他以損失基督教作為普世宗教及真理的獨特性為代價遷就世俗思潮，吳耀宗、趙紫宸、劉廷芳都有此類文字表示商榷。[2]

國家興亡，教會有責。強烈的社會責任感和愛國情操推動吳雷川思考基督教於國家和民族能有何種助益。他以為救國的途徑在社會革命，基督徒可以在三個方面進行努力：一是效仿耶穌，服務社會；二是通過革命，改造社會；三是改革制度，重建國家。[3]在當時的社會文化及國情條件下，基督教要脫去「洋教」的帽子，並對國家有所貢獻，需要證明其於中國不相違背，且能提出具有適切效應的社會改革方案。以吳雷川為代表的一批中國基督徒知識份子因為自身對中國文化的體認和對民族未來的關切，在很大程度上影響了他們依照傳統教會神學立場而作出的判斷和表達，即「他們的基督教信仰並沒有幫助他們去決定社會行動的方針，相反，他們是先決定了自己的社會立場後才試圖為這些立場在基督教的範圍中去辯護。他們所要尋找的基督教對中國社會的貢獻，很大程度上是將一些社會理論加上基督教名義而已」。[4]因此吳雷川的神學本質上還是即時性的、處境化的神學，不能成為一種系統性的神學，這也是民國時期許多基督徒知識份子和神學家的一個共通的局限性。

---

[1] 孫尚楊、劉宗坤：《基督教哲學在中國——20世紀西方哲學東漸史》，北京：首都師範大學出版社，2002年9月，61頁。

[2] 吳耀宗在為吳雷川《基督教與中國文化》所撰序言中，就質疑了他對耶穌在地工作宗旨的詮釋是有問題的，並耶穌引導社會革命是否使用暴力方式也提出商榷。劉廷芳在為《墨翟與耶穌》所撰序言中提到基督徒看待吳雷川「去神性化」耶穌行傳可能產生的疑惑。趙紫宸也認為吳雷川在《基督教與中國文化》中將耶穌作為政治領袖似乎有違傳統基督教教義神學。

[3] 李烜：《國家興亡，教會有責——吳雷川的基督教救國思想評析》，載於《理論界》，2009年2月，108-109頁。

[4] 同上，109頁。

　　吳耀宗在為吳雷川《基督教與中國文化》所撰序言中的兩點意見，幾可代表對吳雷川本色神學持懷疑態度的一大批讀者的意見。吳耀宗首先質疑他對耶穌工作計畫的解釋。按吳雷川在本書「耶穌為基督」一章中所示，耶穌福音事工的目標有兩點：一，他要取得政權做猶太人的基督；二，他預備取得政權之後進行社會改造。耶穌本想通過政治革命取得合法性來宣傳他的主張，屬上行路線的政治革命；受挫之後轉向底層民眾的啟蒙，屬下行路線的思想革命。對於吳雷川將耶穌塑造為政治領袖的觀點，吳耀宗提出反駁：一，耶穌整個計畫從始至終沒有更改，是以一貫之的；二，耶穌向民眾的啟蒙不是因奪取政權失敗而改弦更張，乃是做知識和靈性上的準備，且奪取政權是耶穌不肯為的；三，之於「耶穌為基督」，不是一般人所希望的純民族主義的，或者狹義的猶太人的王，也不是所謂的以貫徹社會主義思想為目標的基督。[1]

　　吳雷川後期受社會主義思潮的影響，思想日趨左傾，於社會革命的看法上更加激進。面對日趨嚴重的民族危機，在面對反教人士指責基督教「無抵抗主義」時，他提出「無抵抗主義」適用於個人與個人之間在某種情況下的事理，不適用於國家民族的觀點——「基督教唯一的目的是改造社會，而改造社會也就是尋常所謂革命。縱覽古今中外的歷史，凡是革命事業，總沒有不強制執行而能以和平的手段告成的。所以有人高舉唯愛主義，說基督教不可憑藉武力從事革命，這種和平的企望，我們在理論上應當贊同。但從事實著想：如果要改造社會，就必須取得政權，而取得政權又必須憑藉武力。倘使基督教堅持要避免革命流血的慘劇，豈不是使改造社會的目的成為虛構以終古？」。[2]吳耀宗贊成吳雷川所提倡的基督徒應該愛國、基督教應當參加政治活動、基督教的目的包括社會改造等觀點，但是對背離基督

[1]　吳雷川：《基督教與中國文化》，上海：上海古籍出版社，2008年7月，4-5頁。
[2]　同上，5頁。

教和平主義精神而高舉暴力革命旗幟的激進神學思想卻持質疑態度，「關於革命所能採取的手段，我認為應當把耶穌自己的主張和今日基督教可能採取的方法，分別而論。耶穌自己的主張，我認為是絕對唯愛的、非武力的，然而它卻不是縱容放任的無抵抗」。[1]吳雷川把社會改革當作基督教的核心要義，把當下性的、處境性的、時代性的問題從教會傳統和經典神學中轉移出來，使之關切具體的社會現實，從而不得不隨著外在環境和局勢的變化，不斷修正自己的神學思想，以圖跟上時代。他溢出教會神學而主張暴力革命正是彼時許多中國知識份子對民族危機所作回應的最激進階段，也是試圖借文化思想來解決「問題與主義」的知識份子式的努力。

吳雷川在《基督徒的希望》中談到他對中國基督徒和基督教在中國發展前途的希望：

> ……第二，基督教的教義固然以世界大同，人類博愛為終極，然而當此國家界限尚未泯滅之際既不能高語混同，於是墨家所謂「愛無等差，施由親始」的辦法，當然是最為適用的。中國基督徒既對基督教抱有無窮的希望，就必希望基督教能促進中國的復興。雖然中國現在正在內憂外患最危急的時候，然而「中國不亡」的信念，不但中國一般國民在天道、民心，和世界大勢各方面是如此看，即中國基督徒在基督教進展的前途上更是如此看。原來中國基督徒對國家的觀念，是經過一番訓練之後而日益加強的……[2]

吳雷川引馮友蘭《新理學》第九章語「不管將來或過去有無意外之幸不幸，只用力以作其所應作之事，此之謂以義制命」，認為基督

---

[1] 吳雷川：《基督教與中國文化》，上海：上海古籍出版社，2008年7月，6頁。
[2] 吳雷川：《基督徒的希望》，上海：青年協會書局，1939年11月，39-42頁。

徒的希望乃是在「埋頭苦幹」，從事社會改良運動，即如保羅在《腓力比書》三章說的「我只有一件事，就是忘記背後，努力向前，迎著標杆直跑」。[1]彼時正值中華民族陷入內憂外患的危機時刻，吳雷川望基督徒學習耶穌，改造社會，恢復基督教在耶穌在世時的本來面目，乃是一種社會福音的宣誓。在其希望的第二點中提及墨家「愛無等差，施由親始」的社會改造方案，似乎顯示他以為墨家與基督教在社會事業上具有可以通約的地方。

林慈信認為吳雷川在20年代後期以來，於思想上經受過幾次大的衝擊。迫使他不得不轉變自己固有的神學路徑，漸往社會革命以及儒家之外的文化資源上尋找基督教落地中國的契合點。一次是1926年之後，他認為中國青年已喪失了五四時期的理想，應該重新反省自己，並以耶穌人格為榜樣，投身社會革命；一次是1931年之後，他對中國國民黨開始喪失信心，認為國民政府的腐敗無能已不足支持國家往更好的方向發展；還有就是儒學經過「打倒孔家店」等社會運動，在中國已經沒有了文化的土壤，不成為文化的主流；自己多年來致力於會通儒耶的事業似無必要。所以到了30年代，他不得不用另外的方法，尋找其他的思想資源，來協調二者的關係，以便充實自己的本色化神學。[2]在1940年出版的生平最後一部著作《墨翟與耶穌》，乃是經過此前幾番掙扎和求索所凝成的結晶，亦是吳雷川第一次溢出自己以儒家作為中國文化座標與基督教相互參照的範式，選擇非主流的墨家來介入中西兩種文化的對比。

彼時儒家因受五四以來歷次文化激進主義的衝擊，權威地位不復存在，在國人的精神層面也退居次要地位。而墨學因其包含的平等、兼愛的思想以及內蘊的邏輯以及科學精神，開始得到國人的重視。墨

---

[1]　吳雷川：《基督徒的希望》，上海：青年協會書局，1939年11月，42頁。

[2]　見林慈信：《先驅與過客——再說基督教新文化運動》，多倫多：加拿大福音證主協會，1996年。林慈信：《吳雷川：從儒學到革命》，見網址：http://zailiangzhang.blog.163.com/blog/static/73979961200833218477955/。

學作為儒學的反動，也天然具備儒學無法企及的地方，可以用來補足傳統文化的優質元素。在儒家建制崩潰，失去社會掌控能力的情況下，墨學的價值被重新發現是理所當然的。甚至在處理戰爭與和平的問題上，墨家比之基督教更加激進，因為墨家學說「非攻」而「贊誅」，對不義的戰爭不取消極無抵抗主義，墨翟本人就曾親赴宋國幫助制止楚國的侵略戰爭——「要知人攻我守，以所以達兼愛萬民之旨……不抵抗者，奴隸主義者。世無奴隸，即無盜賊」。[1]墨翟「止楚攻宋」正是中國歷史上彪炳千秋的偉大事蹟。

因此吳雷川選擇墨翟與耶穌作為社會革命家的代表理有可原。他們二人都是「不滿意於當時社會種種不平的現象，因而有改造社會的宏願。他們對於社會改造所提出的綱要如愛、義、勤儉等項，也是大體相同」。[2]吳雷川認為從四點考量可以確定耶墨思想適切中國國情：

一，耶墨二人本是各自生存於不同的時代，不同的地域，而其主張卻大致符同，正是因為他們的辨解精神，其所主張不只是救一時的弊病，實是指示社會永久的原則。所以中國如要踏上建立新社會的正規，必當去求社會改造家的診斷，或所呈現的病態與古代有別，只要病源是一致，就還可以適用他們所遺留下的良方；

二，儒教外表的權威既已成為過去，法家的精神還有待於徹底的改造而後實現，至於道教和佛教，其不足為國家社會間的實質，自不待言。所以為應付時代的需求，實有別立質幹的必要。我們合理的觀察，就是希望墨耶一派將要代之而興；

三，唯物論者說明社會的結構，是以經濟構造為下層基礎，以政治制度（法制政治）與意識形態（宗教、藝術、哲學、科學等）為其上層建築物。而社會的變革，便是因經濟基礎有了變動，巨大的上層建築便隨之而緩慢的或急劇的變革……現時中國社會之必須變革，

---

[1] 吳雷川：《墨翟與耶穌》，上海：青年協會書局，1940年，62頁。

[2] 同上，158頁。

已迫在眉睫，而墨耶一派，則正是對於經濟制度的改革有很鮮明的主張，所以我們應當注意；

四，社會間最不平等的現象，無過於人類的貧富不均，所以廢除私有財產制，是凡物皆為公有，平均分配，是無可否認的真理……墨耶一派的主張，既與民生主義或共產主義所要做的同一趨向，而其理論的透徹，尤足以在人的心理上有所建設。要喚起一般人的注意，使全國的人思想集中，以促進經濟制度及早改良，他們最能有良好的貢獻；[1]

吳雷川在第一點談及耶墨二人的教訓足為普世典範，放之四海而皆準，歷萬代而常新，為當時和後代的個人修身及社會革命的指南；第二點談及儒學淡弱的客觀事實，希望耶墨二派能夠補充儒學的不足，為中國文化作出貢獻，以應付時代需求。以上兩點在吳雷川對耶墨二人的道德人格之推崇已可得到確證，自不待言。第三點和第四點涉及吳雷川的社會主義思想和經濟制度改革理念，他轉引孫中山言「共產主義是民生主義的好朋友」、「民生主義的大目的就是要眾人能夠共產」，來強調三民主義中居於重要地位的「節制資本，平均地權」的經濟思想。他不滿國民黨忽視民生主義導致經濟工作的混亂，而革除弊病的方法乃是消除私有財產，凡物共有，平均分配。吳雷川提及經濟基礎決定上層建築，物質決定意識的唯物論，說明他此時已受到社會主義思想的影響。其實在儒家大同之治理想中，已可見這種類似共產制度的雛形，《兼愛》篇中描述的「有道相親，有財相分」更是早期使徒生活的東方版，

墨學「十論」關於經濟制度方面的就有「節用」、「節葬」、「非樂」等思想，墨學中包含的民間自治、強力從事、勤儉節約，正是吳雷川極為激賞的優質元素。吳雷川更將福音書中耶穌勸導人的比喻詮釋為經濟制度改革宣言，如「浪子歸家是指示人應當自視為社會

---

[1] 吳雷川：《墨翟與耶穌》，上海：青年協會書局，1940年，158-162頁。

的雇工」、「葡萄園主人發工資是當認定自己的本分」、「論無知的財主是指示人為自己積財乃是徒勞」。[1]在吳雷川看來，耶墨二人從事社會改革的目標，正是共產社會中各盡所能按需分配的目標。

四、吳雷川的「耶墨比較」在文化研究中的位置

清末民初教會外知識份子的「耶墨比較」是出於對近代西方文化思潮的回應，援耶入墨補儒，使基督教墨學化，以便接引西方文明成果（如承繼「耶教墨源說」的部分民國知識份子）；教會內知識份子的「耶墨比較」，多出於消解基督教與中國文化之間的緊張關係，援墨入耶，使墨學基督教化，為中國的福傳事業拓寬道路，以達救人的目的（如張亦鏡的《耶墨辨》）。[2]相較而言，吳雷川的「耶墨觀」及其「耶墨比較」的範式，很大程度上迥異於上述兩種主流。他取「耶墨並提」的傾向，不含辨道衛教的色彩，同尊基督教與墨家、耶穌與墨翟，不做此高彼低的排他範式的比較，具備很大的包容性，這在他的本色化思想中歷多體現。即便單以教會內基督徒群體對中國文化的態度來考量，相比趙紫宸的「補充說」、韋卓民的「融通說」、王明道的「對立說」，吳雷川對中國文化採取的充量的認同態度，也是彼時不多見的。[3]但也正因著這種包容性，使其主張幾於其他思潮和流派無異——基督教或是基督徒所能夠為社會做出的貢獻，與其他各派人士所能做的並無太大分別。因為既然基督徒並不能夠完滿解答為什麼中國要接納基督教的問題，那麼非基督教人士就沒有十足成為基督徒的理由。[4]

---

[1] 吳雷川：《墨翟與耶穌》，上海：青年協會書局，1940年，155-156頁。

[2] 范大明：《耶墨對話——張亦鏡的耶墨觀》，載於《理論月刊》（第十期），2012年，50頁。

[3] 陳曉嫚：《碰撞之後的反思——從民國知識份子的視點看中國文化與基督教的關係》，載於《玉溪師範學院學報》（第一期第二十卷），2004年，14-18頁。

[4] 李烜：《國家興亡，教會有責——吳雷川的基督教救國思想評析》，載於《理

　　蔡彥仁指出吳雷川徵引《聖經》文本和中國古籍，存在「詮釋迴圈」的問題。在其經典詮釋中，如《墨翟與耶穌》，人格修養與社會改造乃前置的前設，之後的解經無不以此為原則尋章摘句施於相關經文。[1]經過一番詮釋之後，所得的結論再來反證前提的合法性與有效性——基本上他所解經的結果在其預設中已經註定。而設若以嚴謹的歷史評鑒法或者古籍校勘法而觀，《聖經》新舊約中各書作者不同，成書年代不同，篇章主題不同，在文本內部無法以不同章節的經句來互相論證同一個前置的預設。這個道理也適用於其他儒家經典和《墨子》文本本身。梁慧認為吳雷川從中國儒家經學的思想進路介入《聖經》的詮釋，不失為一種原創性的嘗試；但是過分溢出經文及西方教會認信傳統的教義神學，亦不採納歷史批判的原則梳理歷史脈絡，導致強烈的主觀主義傾向。吳雷川使經文義理為自己的預設服務，並沒有溝通中國經學和西方《聖經》詮釋學之間的鴻溝。[2]當然這涉及到一個解釋學上的問題，即若果不參照基督教較為公認的權威解釋而遽下判斷，很容易割裂文本意和詮釋意之間的關係；但是退一步說，即便創始人／原始文本有一種意思，也要考慮到後來的解經傳統可能是另一種意思，因為經典是活在解釋當中。因此似乎也不宜太過苛責吳雷川的「耶墨觀」。

　　那麼應該如何評價吳雷川的「耶墨比較」在文化研究中的位置呢？吳雷川是以「經世致用」的工具理性態度來介入經典的詮釋，他「刻意」塑造「內聖而外王」的、兼具道德人格典範和社會實踐能力的墨翟與耶穌，因此嚴謹的學術考量在他的解經過程中是不成為問題的。在上個世紀三四十年代，面對國家內憂外患的危機處境，吳雷川急欲找

　　論界》，2009年2月，109頁。

[1]　蔡彥仁：《經典詮釋與文化會通》，載於《東亞文明研究學刊》（第一卷第二期），2004年12月，322頁。

[2]　梁慧：《從中國經學傳統出發詮釋〈聖經〉——吳雷川解讀〈聖經〉的立場和方法》，載於《世界宗教研究》（第二期），2013年，126頁。

尋一位能帶領國人出埃及的世俗彌賽亞，因此去神性化的、作為政治領袖的猶太人的王也就呼之欲出了。不同於同時代的神學家如吳耀宗、趙紫宸等對基督教與科學、哲學、社會現實有更複雜和精密的學術性考察，吳雷川最注目的是基督教如何能應付中國社會現實以及中國基督徒如何能為國家做出貢獻等問題上。他努力使基督教與當時中國社會相適應，調和基督教與中國文化之間的衝突與矛盾，將各種主義、流派、思潮融合進他本色化神學思想當中，以期得到基督教與中國之間的「最大公約數」。[1]吳雷川所構建的一系列本色化神學，旨在服務於改造國民性及救亡圖存的目標，在某種層面上，甚至可目為類似上個世紀60年代拉丁美洲天主教神學家古鐵雷斯、列奧那多博夫等人所開啟的實踐性的解放神學──雖然他的神學未曾得到機會實踐，也並不成一系統性的系統神學，卻實具備「解放」的色彩與意味。

在過去，甚至當代，教會內部許多知識份子，都認為墨家不像儒家和佛教，具備和基督教同比的文化當量，屢給予責難，例如清代儒家基督徒張星曜、民初基督徒知識份子黃治基以及當代華人神學家何世明，都持此觀點。[2]眾所周知的是，「儒耶對話」之所以能夠有豐富

---

[1]　梁慧褀、褚良才、黃天海：《中國現代的基督徒是如何讀聖經的──以吳雷川與趙紫宸處理〈聖經〉的原則與方法為例》，載於《世界宗教研究》（第三期），2005年，85頁。

[2]　清代儒家基督徒張星曜在寫於1711年的《天教明辯》中，說自己皈依天主教，實乃「世之儒者，皆儒名而墨行者也，以其皆從佛也。予歸天教，是棄墨而從儒也。孔子尊天，予亦尊天；孔孟辟異端，予亦辟佛老。奈世之人不知天教之即儒耶，又不知天教之有補於儒也」。見方豪：《中國天主教史人物傳》，100頁，轉引吳莉葦：《中國禮儀之爭──文明的張力與權力的較量》，上海古籍出版社，2007年7月，82頁；黃治基在《耶墨衡論‧跋》中曾回憶：「憶童時，從師受舉子業。師敬某教士為人，撰句為贈，而援墨之兼愛為比。某教士怒，欲興舌戰而報復焉。余亦私怪吾師既敬其人，胡乃相侮若此」，見黃治基：《耶墨衡論》，上海：美華書局，1912年，2頁。何世明認為：「至於墨家之徒，既倡兼愛之說，又道明鬼之論，其說最易與基督教之信仰混清不清。而就事實言之，則墨子之說，亦未可謂其於基督教絕無近似之點。然而墨家者流，動輒言利，而且必言大利，甚至為此大利之原因，不惜盡閉天下之心聲，而倡言非樂，此與基督之不忽乎小子中之一個而以天國之生長，喻之謂芥菜之種籽

的角度和進路進行，就在於基督教和儒家不單是建立在偉大的文獻經典上，更是有文本之外的「活的傳統」；而墨學自漢代中絕之後，已沒有墨家組織和團體延續相應的學派傳統和生活方式，幾乎很難採取從基督教和墨家各自歷史傳統中選取相應代表人物進行觀點對比的方法（例如從基督教傳統中擇取多瑪斯和儒家傳統中擇取王陽明，就兩人關於耶儒利他主義的觀點做比較）。當然，民國時期同樣也有很多介入「耶墨比較」的學人，他們高舉耶穌和墨翟人格，激賞耶墨二家平等博愛之精神，並以為相較儒家文化，耶墨二家平等差、辟親疏的超血親的利他主義精神，與時代「若合符節」。[1]這多少也能解釋，吳

的那一種知其不可而為之博愛仁厚之情懷，其相去之遠，實誠不知其幾千萬里。至其所明之鬼，其目的只在於賞賢而罰暴，而絕無與其所言之兼相愛，且所言之鬼，又未山川鬼神之鬼，是以墨子雖亦言天志，言上帝，但其在上帝之外，又另有多神之觀念，蓋甚顯明。是以我們若真欲隨墨子之後以尋求上帝，則我們所尋得之上帝，必如墨子之流，既刻薄而寡恩，又精打而細算，開口言小利，開口言大利之上帝。而由此更進一步，則更有陷於多神論之危機性。」見何世明：《從基督教看中國孝道》，北京：宗教文化出版社，1999年10月，107頁。

[1] 清末民初湧現「耶墨會通」的學者觀點，有一部分是認為耶墨二派可以補充儒學不足，也就是說耶墨二派都是儒學的反動。體現在一下幾點。墨家的「非儒」主張及其對儒家的反動：（1）以兼愛非仁愛（2）以非命非有命（3）以明鬼非無鬼（4）以天志非天道（5）以薄葬非厚葬（6）以性染非性善（7）以相利非唯義；基督教的「辟儒」觀點及其對儒家的批判：（1）以博愛辟等差之愛（2）以原罪論辟性善論（3）以神之本辟人之本（4）以天堂永生辟內聖外王（5）以契約精神辟血緣關係（6）以救贖在神辟修證在人（7）以宗教倫理辟倫理宗教；耶墨二家要旨的近似：（1）博愛世人與兼愛天下（2）獨一神觀與鬼神有明（3）借助他力與義由外入（4）君權神授與上同下比（5）契約精神與周道夏政（6）人人平等與兼善相利（7）和平思想與非攻精神（8）耶墨二家相似的宗教組織及宗教精神；「耶墨衡論」的內在一致：（1）在重構以儒家思想為主線的中國傳統文化的要求上耶墨兩像俱備一致性（2）在改造以儒家傳統為基底的中國國民性格之使命上耶墨兩像俱備一致性（3）在推動以耶墨二人之人格典範作為「人格救國」論的基礎上具備一致性（4）耶墨二家所代表的實幹精神及科技精神在呼應「民主與科學」上具備一致性；「耶墨衡論」的潛在目標：（1）借用中國傳統文化資源，以作為異端思想的「墨學」來批判儒家（從中國傳統文化內部尋求資源）（2）借用西方的基督教文明，以作為異質文化的基督教來批判儒家（從中國傳統文化外部尋求資源）。黃蕉風：《草鞋十字架──一個墨家基督徒的神思冥想》，澳洲：國際華文出版社，2012年12月，38頁。

雷川獨取墨翟與耶穌二人作為耶墨二家代表來比較，而不在「全稱」式的基督教或者墨家上進行比較。[1]

　　當代學者殷穎在為虞格仁巨著《基督教愛觀研究》中譯本寫作的序言中，也高舉了墨家的兼愛，認為「相比儒家，墨家其胸襟，遠遠超過儒家的保守、閉鎖；較之希臘哲人僅限其玄想於個人性靈的追求，更為高尚；墨家兼愛和基督教的愛佳泊，觀念有近似之處；與儒家仁愛相比，則高出一籌」。[2] 這似乎指出了一條與吳雷川在《墨翟與耶穌》中相近的，以墨學作為「文化仲介」接引基督教思想的進路。從基督徒的立場出發比較耶墨的異同，發現墨子的「兼愛」與耶穌的「博愛」幾無分別，得出這個結論並不困難，不僅吳雷川，早在他之前的張亦鏡、黃治基等亦有相同的看法。但是正如「耶教墨源說」一樣，若將耶墨兩者之特質化約為道德觀的、利他觀的、群己觀等方面的近似表述，則有簡單粗疏之嫌。並且隨著瞭解的深入，一旦發現兩者本質上的不同，那麼這種「耶墨比較」就會很快平復下去了。

---

[1] 應該如何評價吳雷川的「耶墨比較」在文化研究中的位置呢？就比較研究的進路而言，無非是同中存異，或者異中求同。從事兩種經典文本的比較研究，原則上應該同異並存，一般有兩種情況：一是相互比較的兩者其相同點已被普遍認識，而其差異還有待發掘；一是相互比較的兩者的相異已被普遍認識，而相同點有待揭出。就「耶墨比較」而言，要真正做到同異並存是比較困難的，因為《聖經》和《墨子》在人們心目中正是沒有多大關係的異者。吳雷川的「耶墨比較」也面臨同樣的問題。我們顯然很難定義它是全然的比較哲學（或全然的比較宗教）。就比較哲學內容而言，側重思想文化倫理道德；而比較宗教則涉及儀軌建制宗教經驗。雖然基督教和墨家的因襲和變遷同樣離不開歷史遺傳，吳雷川卻主要是從倫理思想價值觀層面上進行考量。從內容上看，更接近比較哲學的範式。常規上涉及兩種經典文本的比較，理應考察內部包含的倫理觀、價值觀成型的時代背景以及相關文本成書時代的文化歷史和社會環境，以歷史的眼光考察經典文本本身和其背後的文化遺傳之間的關係；並釐清文本詮釋意和書面意的區別，確認文本作者於其所處時代背景之間的關聯，使得文本作者在對經典的援引和詮釋在這種互動的關係下得到更具體的詮釋以及更客觀的還原。吳雷川不措意於此，自然有對經文經句斷章取義和去處境化的問題。

[2] 虞格仁，殷穎譯：《基督教愛觀研究》，臺北：臺灣道聲出版社，2012年9月，24頁。

　　觀諸史實，基督教經過2000年的流變，而今的影響仍然無遠弗屆；墨學自漢代中絕之後已歷千年，自清末孫詒讓始，墨學開始復興；儒家則自五四衝擊之後，不再成為中國核心價值觀以及主流意識形態——儒家與非儒家學派的力量此消彼長，這意味著構建本色化神學的素材也需要一定改變。因此「耶墨會通如何可能」被提到案上，乃是自然的。由耶墨個人道德人格入手，導向耶墨社會革命理想，塑造「內聖而外王」的道德家與革命家的形象，不外是吳雷川在儒家之外找尋適合構建本色化神學的替代性舉措。[1]

　　吳雷川的「耶墨比較」對當下的文化研究有何助益和價值，其實可以有很多元的探討。自明末利瑪竇等耶穌會士來華傳教以來，基督教的本色化已經走過百年歷史；從基督教神學與中國諸文化傳統（儒釋道及民間信仰）的相遇來看，雙方始終存在一個傳承與轉化的過程；尤其對於宗教對話，更是同時具備開放和委身的兩個面向——特別是對吳雷川這種深具傳統文化修養，又有基督教信仰的中國基督徒學者而言，他們介入文化比較多採「非皈依，但對話」的態度——

---

[1]　事實上，從歷史上看，墨學雖然自漢代之後中絕，但只能說是衰微，不能說是消失，其遺緒仍在中國歷史上留下痕跡，這點李澤厚在《中國古代思想史論》中有詳細剖析。近人又有山東大學的儒家學者顏炳罡提出了「儒墨互補」論，認為中西文化交會之前國人未意識到中華文化系統之不足，其原因即在於先秦時的「儒墨道法」和西漢以後的「儒釋道」所組成的縱貫系統把墨家思想排除出去。顏炳罡借用波爾「以互斥而互補」解釋光學波粒二象性的原理，來證明儒家與墨家在文化論域上具備嚴絲合縫的互補效應，亦即「在對立中求協調的新型邏輯結構」。這說明瞭墨學在當今時代仍然有很大的發展空間。可見縱然在學派建制和歷史傳統上，墨家不具備和儒家一樣的文化當量；但不代表其在基督教與中華文明的契合與融通不能貢獻價值。例如《墨子》中的「兼愛交利」與《聖經》中的「愛人如己」，皆是承認他人與自己是同樣存在，在肯定自己的同時，也肯定對方，具備超越一己血親走向超血親倫理的維度。在施愛的同時，「不分貴賤，不別親疏，當下肯定對方的存在，極容易形成平等概念」。如果說基督教是將西方世界導向民主憲政的起點，那麼設若墨學未曾衰微，則後世中國政治經濟文化之走向，也未可知了。參李澤厚：《中國古代思想史論》，北京：人民出版社，1985年3月，62-76頁；顏炳罡、彭戰果：《孔孟哲學之比較研究》，北京：人民出版社，2012年11月，274-277頁。

這同樣適用於「耶墨對話」或「耶墨比較」。除了在學術上可被囊括於比較哲學的範疇之內，是否之於當代漢語神學的討論中，也有必要構建一套相應的「墨家基督教神學」？[1]因為時代的局限性，吳雷川的「耶墨比較」還只能局限在相對狹窄範疇內，無法觸及更多神學上的、文化比較上的探討。但他獨具特色的「耶墨觀」及對《聖經》、《墨子》的本色化詮釋，可以作為今後學者從事於「耶墨比較」工作的一種前驅。在新時代的條件下，繼續繼承吳雷川「耶墨並提」的「思想實驗」。[2]

---

[1] 在學界已有學者提出諸如「儒家基督教神學」、「融貫神學」、「中庸系統神學」等新時代的本色化神學。參何世明：《融貫神學與儒家思想》，北京：宗教文化出版社，1999年10月；何世明：《中華基督教融貫神學芻議》，北京：宗教文化出版社，2002年3月；田童心：《儒家神學新議》，中國國際文化出版社，2005年12月；陳慰中：《中庸系統神學》，北京：中國基督教協會，2000年1月。

[2] 例如香港中文大學的賴品超教授就以大乘佛教的資源作為素材，透過與基督宗教的比較，來反思基督教神學。作者從比較神學的角度，採用佛教的判教、方便法門、波爾互補原理、淨土觀、淨土真宗拯救論等視角對基督教神學進行反思，並提出從大乘神學來反思比較神學方法論的問題。這種比較神學的進路，並非建構一套新的「儒家基督教神學」或者「佛教基督教神學」，乃是尋索比較對象中有何種因素可以成全或者補完過往西方言說傳統下的基督教神學言詮。借用大乘基督教神學的視角，反觀「耶墨比較」，則是否在比較神學的方法論之下，有延展漢語神學議題的可能性與限度？例如基督教與墨家血親倫理的比較，是否可以進一步反思兩者「人論」的不同？基督教的止戰與墨家「非攻」比較，可助力和平主義的反思？基督教的三一神論與墨家的「天志」、「鬼神」觀的比較，是否能夠幫助釐清普遍恩典以及自力他力的迷思？《聖經》中《申命記》史派到《約伯記》作者，《墨子・明鬼》到上博簡戰國楚竹書《鬼神之明》中酬報神學衍變，是否有利於探索基督教神學以及普世宗教文化中的神義論轉型？由於比較神學之進路強調的是一種「歷程」的過程而非結果效能，故未來「耶墨比較」之議題，或許有望在借用此方法論的基礎上，實現對比較哲學之平行比較方法論上的「更新轉進」，從而進一步提高科研的價值。吳雷川在彼時所無法涉及或解決的問題，在當代我們或許可以借助最新的學術資料和學術工具得到更好的解決。當然，目前這項工作仍然只是筆者美好的願景。參賴品超：《大乘基督教神學——漢語神學的思想實驗》，香港：道風書社，2011年。

結語

　　民國時期的中國基督徒為了推動基督教與中國文化的對話、融通，於教會內部開展了轟轟烈烈的本色化運動。深受中國傳統文化與基督教信仰雙重滋養的神學家吳雷川，從基督徒的角度出發，通過比較耶墨二家之同異，發現基督教和墨家在精神上的相通，並提出高舉耶穌和墨翟偉大人格以拯時弊的獨特的「耶墨觀」。在比較的過程中吳雷川並未將耶墨二家做具體的高下之分，體現了他「耶墨觀」的包容性。不過由於著力於開掘耶墨二家救世利他的相似因素，以至於未能深入辨析耶墨二家在義理上和建制上的本質分別，存在粗疏「取同」的缺陷，從而也限制了該議題在學理上的進一步發揮與探討。

高時代的精神低谷[1]

襴慶文

東南大學人文學院專任助理教授

　　這是高科技、高速度、高效率、熱情高漲的時代，同時也是高風險、高基尼指數、高失業、高犯罪的時代。就精神領域而言，這又是個高道德危機、高自殺率、高精神病發率、高心理失衡的時代。有明確數據表明，目前中國的心理和精神疾病的比率，遠高於其他國家或地區。有鑒於種種「高」的現象，且把這個時代稱為「高」時代。另一方面，這個時代所呈現種種「高」的現象，又表明這個時代有一種「低」的特質。有一段廣為流傳的話，前不久我就聽到一位歷史學教授又講了一遍，大意是講這個時代的無奈和困境。比如，我們有保險，卻沒有安全；有房子，卻沒有家的感覺；我們有祖國，卻爭先恐後要逃離這神奇的土地；有長壽，卻沒有幸福，生不如死；有豪華大床，卻要吃安眠藥；有許多巫山雲雨，卻沒有愛情；我們的高科技火箭上天了，孩子卻喝毒奶粉吃地溝油；年年三月學道德模範人物，卻沒人救小悅悅，如此等等。在歷經百年的科學和經濟發展的崇拜之後，一覺醒來，發覺機器和經濟不能拯救心靈。精神領域的危機不是傳說，而是現實。凡此種種，可以歸結為一點，即，在這個「高」時代，精神走入了低谷。這就是要問為什麼和該如何。

　　追問為何出現精神低谷，有兩點需要注意的事實，一是傳統價值的分崩離析和禮崩樂壞，二是以往半個多世紀的統一意識形態，現

---

[1]　此文原稿為2012年秋東南大學「高時代與中國社會」論壇上的發言。此論壇由樊和平博士提議和發起。感謝樊和平博士、何志寧博士和李林豔博士的信任和邀請。

在已經瓦解，國人鮮有相信。正是這兩個事實，導致國人精神走入低谷。如果要繼續追問下去，這兩個事實又從何而來，則是另一個大題目了，不是這裏所能講清楚的。本文對「為什麼」的問題存而不論，不詳細討論精神低谷的亂象根源。本文所論是「該如何」的問題，並要論證，只有一種自發秩序的精神世界重構才是可以得到辯護的。本文分為五節。第一節考察在這危機面前學界所出現的幾種方案。第二節用楊慶塰的社會學理論闡釋中國傳統的精神世界，說明自發秩序不僅存在於中國傳統之中，現實中也依舊在一些傳統保留較好的華人社區發生作用。第三節嘗試從社會成本和人的知識局限兩個角度來論證自發秩序來重構精神世界乃為最優選擇。第四節回應各種可能的反駁，並反思自發秩序的約束條件。第五節結語重申精神世界自發秩序的主張，並指出這種主張並非新說，而是有深遠的歷史淵源。

一、走出低谷的可能途徑

如何走出普遍的精神低谷？對此有不同的應對方案，其中三種也許是最引人注目的。第一種方案是提倡復興儒家，甚至回到康有為設立孔教的思路。這種復興舊傳統的方案，也有不同的提法，近年討論較多的是儒家社會主義，在儒家修齊治平的價值下追求公義、平等的大同世界[1]。另有學者認為，儒家價值為主的中國傳統是一種超穩定結構，一直延續至現代。中國現代的革命領袖，雖然使用的全是西來革命話語，底子裏還是修齊治平的儒家傳統[2]。在儒家社會主義的討論中，不少借助了施密特和斯特勞斯（Karl Schmidt & Leo Strauss）等人的精英政治哲學[3]。一些學者指出，其中所論微言大義，雖隱晦曲折，其

---

[1] 甘陽：《中國道路：三十年與六十年》，載於《讀書》（第六期），2007年。
[2] 金觀濤：《開放中的變遷》，香港：中文大學出版社，1993年，12-13頁。
[3] 劉小楓：《儒家革命精神源流考》，載於：顧彬、劉小楓等著：《基督教、儒教與現代中國革命精神》，香港：漢語基督教文化研究所，1999年，28-30頁。

實不過是集權的另一種表達，是以往領袖式政治理想的回響[1]。這種主張也多有依附或利用權力的趨向，但這似乎更多是一廂情願，能走多遠，其中之人都大為存疑[2]。

第二種方案是儒家憲政。有些出人意外，這是一些自由主義者所提倡的方案，要以儒家價值來重建精神世界。與復興儒教或儒家社會主義的主張不同，儒家憲政的主倡者所注重的不是內聖外王的領袖，而是獨立之精神自由之思想的士大夫傳統。他們看到了西方的自由、民主和法治，是以猶太——基督教的價值觀為基礎的，相應地，他們認為在仁義禮智信之下，也能建構現代的民主、自由和法制。論者認為儒家士大夫其實是千年帝王中國的一種制衡力量，與之相應的是宗法家族等傳統。不僅如此，更有人力證儒家傳統能夠與現代社會相輔相成。最近有實證論文，論證改革開放以來經濟最活躍的東南沿海，確切說，是從錢塘江往南，溫州、廣東等地，這些私人經濟最活躍的地區，其實就是儒家的宗法家族等傳統保留最為完整的地區[3]。另一個例證就是海外華人，他們基本都有充分自由得以保留自己傳統，卻在不管全球哪個地區，華人都能適應現代經濟文明。海外華人沒有統一意識形態，他們所依賴的很大程度上還是傳統的儒家為主的價值體系。

第三種方案是一些基督徒的願景和雄心，要使中國基督化，他們的提法是中華歸主（Christianizing China）。這思路無疑來自五四一代自由知識分子，如胡適的全盤西化，只不過，基督徒知識人認為胡適的西化還不夠徹底，光有制度和義理的西化還不夠，還必須完成精神的

---

[1] 劉瑜：《今天你施密特了嗎？》，載於《財經》（第十八期），2010年。

[2] 張祥龍多年來都向有關部門呼籲設立儒家特區，但他在一次訪談中明確表達了他的絕望。（戴志勇：「我為什麼倡議建立儒家文化特區：對話北京大學教授張祥龍」，《南方週末》，2013年12月6日。）

[3] 姚中秋：《儒家憲政民生主義》，載於《開放時代》（六月號），2011年。
姚中秋：《錢塘江以南中國：儒家式現代秩序——廣東模式之文化解讀》，載於《開放時代》（四月刊），2012年。
姚中秋：《美德、君子、風俗》，杭州：浙江大學出版社，2012年。

西化，這就是使中國基督化。這個提法很早，可以溯源到利瑪竇等早期西來教士。民國時期的基督徒士人如趙紫宸、謝扶雅等對此尤為關注。後來由於時局變化，這種討論主要在海外華人界，國內很少。重開國門後這些話題被一些學者重新拾起。此中所論還基本停留在晚清民國中西文化比較的泛泛而談[1]。晚近十數年的討論已經進入具體技術層面，至今已有大量文獻。最引人注目的就是基督教與憲政關係的討論，已有頗有份量的學術之作問世[2]。

除此三者之外，還有其他方案，都試圖以另一種價值體系來代替現有意識形態。這是否可行呢？在人文社會科學領域，沒有演繹無誤如2＋3＝5這樣的答案，而是理由和證據是否充分的問題。本文認為，各種方案固然各有其理，但必須是一種自發生成的精神世界。下面即要嘗試說明，中國古代的精神世界即為一種自發秩序。

二、作為彌散宗教的中國傳統

中國傳統的精神世界本身可視為一種自發秩序。這裏要用C. K. Yang（楊慶堃）的宗教社會學理論來闡釋中國傳統。楊氏理論的要點是區分建制宗教和彌散宗教（Institutionalized religion and diffused religion）[3]。楊氏所指建制宗教其代表就是猶太——基督教，特徵是有明確教義和組織。建制宗教可以是自發組織和基於同意的，如早期猶太——基督教和現在大多數基督教會。建制宗教也可以是強制的國家宗教，成為人人都要接受的意識形態，如中世紀的西方世界。近現

---

[1] 劉小楓：《拯救與逍遙》，上海：三聯書店，2007年；《道與言：華夏文化與基督文化相遇》，上海：三聯書店，1995年。

[2] 參見叢日云：《在上帝和凱撒之間：基督教二元政治觀與近代自由主義》，上海：三聯書店，2003年；王怡：《憲政主義：觀念與制度的轉捩》，濟南：山東人民出版社，2006年。

3 Yang, C. K., *Religion in Chinese Society: A Study of Contemporary Social Functions of Religion and Some of Their Historical Factors*. Berkeley: University of California Press, 1961.

代出現了許多有單一政治意識形態的國家，就社會功能、教義和組織而言，都可視為一種建制宗教。建制宗教首要目標是建立精神世界秩序，並以此推動相應的社會經濟秩序。

建制宗教與彌散宗教的概念並非楊氏首創，但這對概念是經由他的著作才在學界大有影響。楊氏把儒家和道教與三大有神信仰（theistic belief，或稱一神信仰）等量齊觀，都歸為建制宗教，本文則認為此說有可商榷之處。建制宗教需有三樣基本內容，一是文本，二是教義，三是組織。如果與三大有神信仰，即猶太──基督教和伊斯蘭教對比，儒家道教的這三樣內容都很弱，兩者歸為建制宗教相當勉強，視為彌散宗教則較合適。比如，就文本而言，三大有神信仰都有很清楚嚴格的正典，而儒家道教的典籍則鬆散寬泛很多。雖有道教的道藏、儒家的六經及後來朱熹審定的四書等文本彙編，這些並成為如同有神信仰那種嚴格的正典。以此類似，教義和組織而言，儒家道教都有一些相關內容，但對比三大有神信仰就都顯得薄弱很多。所以，勉強把儒家道教歸為建制宗教並不合適，而應視為彌散宗教。

由此觀之，按照楊氏自己的理論，古代中國精神世界是一種彌散宗教，沒有類似猶太──基督教那樣嚴格的文本、教義和組織。以儒家和道教等為主體的中國傳統精神世界，外在表現為如宗祠廟堂，家中祖宗牌位，以及各種崇拜，如土地、財神、關公等，再加三綱五常和半官方的祭孔等，這些總體構成了古代中國的精神秩序。這些都是彌散滲入到百姓日用之中的，使得人們不僅社會經濟上安居樂業，也使精神得到安身立命。從楊氏的論述可以得到一個結論，古代中國沒有建制宗教，也能解決精神世界的秩序問題。

其次，中國的傳統精神世界，基本上是老莊的無為而治。古典中國雖有三綱五常，但並沒有大一統的精神世界。對比西方中世紀人人都要受洗懺悔，古代中國精神世界的約束要弱很多。固然，為科舉功名要讀四書五經，但這不是強制的。私塾和書院都可自由設立，自由教學，

沒有指定教科書。即便是外來思想和宗教，都以漢唐胸襟以禮相待。早期基督教的一個分支，就以大秦景教的名稱進入中國，受到唐室的盛大禮遇[1]。由於一些儒教士大夫的影響和個別帝王的偏好，雖有如中唐辟佛那樣的抵制外來宗教的國家行為，這卻是短暫個別的現象。總的說，中國傳統並沒有強制的大一統意識形態，而是一種無為而治的思想圖景。讀一讀李白和蘇東坡的詩詞文章，就可以知道古代中國精神世界的豐富多樣，儒道釋家，諸子百家，修道煉丹，全無限制。

其三，古代中國的彌散宗教，可視為一種自發秩序，也是洛克所論的一種基於同意的約束（governing by consent）[2]。洛克的政治哲學中，基於同意的管治是重要的論點，並對後世如傑弗遜、華盛頓等有深遠影響。獨立宣言、立憲文獻等，很多都照搬洛克的遺產。以此來分析中國傳統，其彌散宗教形式的精神世界基本上是基於同意的管治約束，是自發形成的而非外在強制的。

最後，現實看華人世界，精神世界的自發秩序也依舊是可行的。在香港和北美訪問時候，我很留意觀察當地華人的精神世界。坦率說，沒有看到海外華人有大陸這樣的精神低谷，那種仁愛、禮儀、誠信、義氣等，使人在異鄉重溫久違的華夏古風。另一個事實就是，大陸以外的華人世界，沒有一個統一的建制宗教或意識形態。在唐人街，既有很原汁原味的宗祠祭祖，也不乏熱誠的福音派基督徒。

以上所述，說明自發秩序的精神世界本來就存在於中國傳統之中，也是現實中依舊存在並可行的一個選項。

---

[1] 「大秦景教流行中國碑」，拓本見香港道風山漢語神學研究所，原碑藏西安碑林。
[2] John Locke, *Two Treatises on Government*. Cambridge University Press, 1960.

三、自發秩序下的精神世界重構

　　以上以彌散宗教闡釋中國傳統，並指出這是一種自發秩序，現實的華人世界中依然存在。下面要從兩方面論證為何自發秩序是可取的，一是知識局限，二是社會成本。

　　知識局限角度對自發秩序的論證，其思路出發點是每個主體與他人交互行為都有知識的局限。無人可以代替他人思想，也無法代替他人去感受生活。生活是否美好，只有自己知道。所以，與之相應的應該為一種自發形成的社會生活方式。與之相反的是外在強制的哲學王模式。這模式雖有不同表述，不同程度上都是要代替他人思想，代替他人去感受生活。統一規劃的哲學王美好生活模式，對他人而言就可能是地獄。無論是生活還是思想層面，都將帶來災難，都將會對個體基本權利造成侵害。波普爾、海耶克和阿倫特等人都論證，哲學王模式無可避免走向專制和極權主義。而哲學王模式的最大危險是走向一個封閉的知識環境，即柏拉圖《理想國》第七卷所講的洞穴。洞穴狀態的可怕在於，洞穴中人的無知將使這洞穴更為穩固，從而斷絕可能的出路。因此，從知識論的角度而言，人們都無法逃避無知的困局，都有知識的局限，從而沒有理由設計一種普遍的秩序方案[1]。

　　社會成本的角度對自發秩序的論證，與之相關的就是科斯定理。此定理說明，在私產清楚界定情況下，無需外在強力統一的規劃，私產所有者就會自覺按照市場規則，儘量降低交易成本，從而使總體社會成本最小[2]。對這理論的反駁，最常見的就是外部效應的提法，即在完全私產界定情況下，會出現許多有害他人的外部效應，比如上游河

---

[1]　柏斯丁：《追隨論證》，上海人民／世紀出版集團，2013。此書第十章給出了一個主體間的知識圖景，對此有詳述。

[2]　Ronald Coase, "The Nature of the Firm". *Economica*, New Series, Vol. 4, No. 16, Nov., 1937, pp. 386-405.
　　"The Problem of Social Cost". *Journal of Law and Economics*, Vol. 3, Oct., 1960, pp. 1-44.

邊的企業主會只管自己生意，不理會排汙給下游造成的傷害。外部效應大家都不願意負責，因而總體上使得社會成本上升。後來科斯等人給出有力辯護，說明只要私產界定清楚，這些問題都可以解決[1]。比如，下游被污染侵害的私產所有者，就會與上游企業主協商，協商不成將訴諸法律，總之最終將使得問題解決。

　　與此類似，海耶克他們雖然鮮有使用社會成本的概念，他們對集權規劃的反駁，說明對整個社會的需求和供應的計算一定是不可能準確的，與此相應的統一規劃社會經濟模式一定會破產，這可以說也是社會成本角度的考察。海耶克和Michael Polanyi、Ludwig von Mises等人的論證說明，按照科斯的社會成本概念，自發秩序雖遠非完美，卻是最佳選項[2]。海耶克等人所論一開始是著眼於經濟社會領域，後來都引申到意識形態或更廣義的精神領域。他的著作如《自由秩序原理》，即是要提供一個完整的包括精神思想如何自發生成的整體社會方案。

　　具體操作而言，精神領域的問題，可以還原到社會經濟政治的議題。比如，道德水準低下的問題，牽涉最大的社會事務無疑就是教育。和其他社會生產不同，教育投入的是道德情操、智力、知識、才藝、熱情等，而產出的是人，而這個人的質量又可以用相應的道德、智力、知識、體質等指數來衡量。與其他社會生產一樣，這都有個成本和收益的計算。而如果社會普遍的道德水準低下，如前面提到的小悅悅的悲劇；或者整體而言公民的知識體系都有缺陷，比如全體國民都相信稻穀可以畝產百萬斤，或相信番鬼膝蓋都不會彎曲，等等，這些就說明教育的成本與收益不成比例。

---

[1]　Steven N. S. Cheung, "The Structure of a Contract and the Theory of a Non-Exclusive Resource". *Journal of Law and Economics*, Vol. 13, No. 1, Apr., 1970, pp. 49-70.

[2]　Friedrich Hayek, *Road to Serfdom*. Routledge, 1944.
　　Hayek, Feriderick, *The Constitution of Liberty*. the University of Chicago Press, 1960.
　　Ludwig von Mises, *Socialism: An Economic and Sociological Analysis*. London, Janathan Cape, 1936.
　　Michael Polanyi, *The Logic of Liberty*. Liberty Fund Incorporated, 1998.

　　弗里德曼等人曾給出完整的論證，說明國家不應該為教育徵稅。如果有徵稅，也應該給公民選擇的權利如何使用這些稅收[1]。加拿大和美國有些省和州就有政策規定，如果某些家庭選擇不上公立學校，選擇私立學校或在家教育（Home School），那麼所在省或州會給他們一部分退稅，這部分就相當於為公立學校收的稅。弗里德曼他們的最終目標是國家應該從教育領域退出，公立學校應該逐步取消，至少收縮到僅僅為那些不願意或沒有能力教育子女的群體服務，即收縮到國家作為守夜人角色的功能。

　　國家如僅僅作為守夜人，如教育、道德和精神風尚等都歸屬為私人領域，則會有自發秩序的精神世界。與此對應，中國的私學傳統就符合弗里德曼等人構想。中國傳統的私塾和書院，就屬於自發秩序。而不同的私塾書院教導是非常多元的。傳統中國的道德水準不低，比如出現小悅悅這樣的事情大家就會援之以手，背後所據道德誡命也是多元的。這些人所據或為孔孟的人皆有惻隱之心，或所據為救人一命勝造七級浮圖，或純粹就是鄉紳長老教導的善有善報惡有惡報。

　　以上所述，說明自發秩序從知識和社會成本兩個方面而言都是可辯護的，而且不僅經濟社會領域可行，在精神領域也是可行的。那麼，自發秩序將面對什麼質疑？自發秩序還需要什麼約束條件？

四、自發秩序的約束條件

　　這裏所提的以自發秩序來重構精神世界，可能的反駁很多，這裏作點簡單討論。首先，誠然，自發秩序有其短板，其中之一就是決策的困局，缺少一個強力決策的機制，容易陷入凡事無法決策，一事無成。

---

[1] Milton Friedman: "The Role of Government in Education". From *Economics and the Public Interest*, ed. Robert A. Solo, copyright 1955 by the Trustees of Rutgers College in New Jersey. Reprinted by permission of Rutgers University Press.
"Public Schools: Make Them Private". *Education Economics*, 1997, vol. 5, issue 3, pp. 341-344.

相反，一個強力決策的機制則往往有很高的效率。這是否能構成一個對自發秩序的反駁？這裏要借用一個比較優勢的概念，來說明自發秩序雖然有其困境，但和哲學王模式比較之下，有其優勢。特別是，哲學王模式的危險在於，它會導致一種無法修正的錯誤，一種無法回頭的通向洞穴之路。而自發秩序所要求的開放知識環境，則能保證在錯誤發生時，能夠有可能發現並修正錯誤。即，從長遠的全域來看，自發秩序的優勢是其他選項，尤其是哲學王模式，所無可比擬的。

第二個反駁，自發秩序帶來的多元局面是否意味著不同價值體系的衝突？首先，如前所述，從歷史來看沒有必要有此擔憂。中國傳統就是多元的自發秩序精神世界，卻一直有不低的道德水準。其次，價值體系的衝突當然不可避免，歷史上有，現實中也有。而自發秩序就是要使衝突最小化。從物理學來看，壓力累積就預示爆發。在精神領域也如此。而單一的精神世界秩序恰好無法有釋放壓力的管道，壓力累積以至爆發，才會帶來衝突的混亂。在全球化時代，不同價值體系的衝突是個必須面對的現實。回到封閉的單一價值體系，不能避免衝突，而是使得衝突更為激烈。從現實來看，儘管全球化時代使得不同文化價值體系的衝突普遍出現，另一方面，也使得人們日益認識到，在地球這個小村子裏，若要和平共處，不管什麼背景的人，一些天下公理是全體都必須接受的。這些天下公理就是處理價值體系衝突的原則，如孔子所言「己所不欲，勿施於人」，或如新約所載「你願意別人如何待你，你也當如何待別人」等。隨著全球化的深入，這些天下公理也將更為廣泛地成為地球公民的共識。

第三種反駁是自發秩序導致虛無主義的危險。西方後現代的無所不可（anything goes）的時代精神，確實出現了傳統破壞和價值喪失，以至於虛無。這確實是難題。但是，這是各種壞選項中最不壞的。柏拉圖哲學王的洞穴囚徒，由於無知，幸福指數可以很高，而洞穴外的自由人，可能在多種選擇面前無所適從，精神虛空信仰迷失陷入痛

苦。但兩者之間，你會作何選擇？從另一方面說，選擇走出洞穴需要勇氣和承擔，要勇敢面對洞穴外虛無的曠野，要自強不息為自己生命創造意義。

所以，這些反駁都不成立。前面提到的三種方案，比如儒家憲政的提法，有其合理之處。不僅是儒家憲政，上面所提的其他方案也一樣可以是合理的。要強調的是，本文對這些方案都持開放的態度，不能認同的是將這些方案變為強制的統一意識形態並排斥其他思想。如果是屬於自發秩序，都是基於同意的，不管何種社會主張都可得到辯護，即便有些主張在旁人看來也許顯得怪異。

但基於同意的自發秩序是有約束條件的。前提有二，首先，只有在一個開放的知識形成環境中，基於同意的原則才有效。而在諸如柏拉圖洞穴的知識環境，人們處於無知，或被矇騙，或沒有選擇的狀態中，基於同意就是虛假的。這基於同意的是在開放的知識環境裏形成的，而不是在洞穴狀態之中。達成的同意其中人們有權利和能力充分知曉周圍情況，在多種可能性下自願選擇的。當然，不排除真有一些人雖有機會站在洞穴外藍天綠樹下，卻選擇相信藍天綠樹是幻覺，洞穴中所見才是真實，並因此樂意過洞穴王國的美好生活。對此有何可說？除了讚歎人類的豐富多樣並嘖嘖稱奇，這也無可指責。其次，這種自發秩序不能以傷害他人為代價。這就是穆勒的自由原則，嚴復的譯文對此有完美表達，「人人自由，以他人自由為界」。一批自由人自由聯合起來組成洞穴王國，可以在其中自娛自樂，但不能強迫別人也過洞穴生活。柏亭格（Alvin Plantinga）曾論及一些可能的信念，比如，一個群體相信一種地球是扁平的主體思想（the Flate Earth Belief），或者一種南瓜王普治萬邦的南瓜王信仰（the Great Pumpkin Belief）[1]。其中信徒如要建立相應的扁平地球哲學王國和大南瓜王國，都沒有問題，但不能去侵犯其他非扁平地球信徒或非南瓜王信徒。回到現實例

---

[1]   Plantinga, Alvin, *The Warrant Christian Belief*, Oxford University Press, 2000.

證，在當年的第三帝國，整個德意志上下齊心，對元首一致擁護無限愛戴，樂在其中，其樂融融，這也沒有問題，但不能因此去侵犯猶太人或其他非雅利安人。總之，一個人或一個群體擁有的信念，即使比扁平地球信念更怪異，只要沒有侵害他人，都是可以得到辯護的。

上面所述的開放社會中形成的自發秩序，其合理之處並不難理解。但人們不能接受這種主張，並非因其不合理，乃對其所致結果有疑慮。這可說是一個憂慮，說不上是一個嚴格的反駁。就中國傳統而言，有一種相當普遍的思潮，即，如果在一個開放社會中，由自發秩序所形成的結果是非中國傳統的新精神世界格局，比如基督教在中國最後成為主幹，這是否可以接受？百多年來中國士人所念茲在茲的，恐怕就是這個問題。很多人也因此不假思索，都走向拒斥他者的立場，直至主張動用公權力來對他者進行排擠打壓。因此歷史和現實中，都不缺乏由此而來的衝突悲劇。

現在要面對的問題是，中國傳統真會在自發秩序的競爭過程中消亡嗎？接踵而至的問題是，如果中國傳統真會在一個開放的社會中消失，那麼這樣的傳統有何價值值得去保存？事實上，對孔孟之道和諸子百家，大可存當有之信心。康有為當年倡導孔教，就明確說孔門教導是「人道之教」[1]，並相信孔門之教最圓融透徹。他也明確說，孔教不是排他的宗教。保留孔孟之道，和相容並包如基督教等，並無矛盾，「尊孔子教，與信教自由何礙焉」[2]。基於這種信心和寬容，康有為甚至倡議孔門全球宣教，要儒生要走出國門，向普天下的「王風未化」之地傳播孔門真理[3]。另一方面，很多人都忽略了一個事實，基督

---

[1] 康有為：《孔教會序二》，載於湯志鈞編：《康有為政論集》，北京：中華書局，1981年。

[2] 康有為：《中華救國論》，載於湯志鈞編：《康有為政論集》，北京：中華書局，1981年。

[3] 康有為的孔教主張，顯然是模仿基督教。這個孔門宣教倡議，也是從基督教傳教士得到啟發。至於現在全球為數眾多的孔子學院，是否屬於儒生的宣教，恐怕就大有爭議。

教不僅至少不晚於唐初之世就在中國很有根基，而且，基督教也並不是唯一外來的宗教。外來宗教進入中國後形成的儒道釋三家的局面，並沒有影響孔孟之道在中國的主導地位。康有為他們當年的信心和胸懷，恐怕恰是今日士人所缺乏的。因此，對中國傳統在開放社會中的地位，無需不必要的憂慮。

結語

　　以自發秩序來建構精神世界，這不是創新，前輩所述甚詳。科斯是最長壽的諾貝爾獎得主，現在已經一百多歲[1]，還在關心中國。前不久就重提他幾十年前所討論的一對概念，物品的市場和觀念的市場。他認為中國幾十年的經濟開放是成功的，但還不夠，現在急需開放的是觀念的市場（market for ideas，或又稱intelligent market（智力市場））[2]。按照這個思路，中國也急需有精神領域的開放（spiritual market）。這也不是創新的提法，信仰的市場（religious market, faith market）這一術語在國際學界早已是通用的學術範疇了。如果說，大家對科斯不夠熟悉，就可以引用另一位思想家的話，這是大家都熟悉的一位，他就是馬克思。在中文本舊版的《馬克思恩格斯全集》第一卷第九頁，有這樣一段話：「你們讚美大自然令人賞心悅目的千姿百態和無窮無盡的豐富寶藏，你們並不要求玫瑰花散發出和紫羅蘭一樣的芳香，但你們為什麼卻要求世界上最豐富的東西——精神只能有一種存在形式呢？」[3]

---

[1] 此文底稿作為一個論壇的發言發表時，科斯尚健在。他於2013年9月2日去世。

[2] Coase, R. H., "The Market for Goods and the Market for Ideas", The American Economic Review, Vol. 64, No. 2, Papers and Proceedings of the Eighty-sixth Annual Meeting of the American Economic Association, May, 1974, pp. 384-391.
Coase, Ronald, With Wang Ning, How China Became Capitalist, Palgrave MacMillan, 2011.

[3] 馬克思：《評普魯士最近的書報審查令》，載於《馬克思恩格斯全集》（第一卷），（蘇）蘇共中央馬克思列寧主義研究院編譯，中共中央馬克思恩格斯列寧史達林著作編譯局譯，北京：人民出版社，1956，7-9頁。

以上所述，試圖論證一種自發秩序的精神世界，來應對目前的精神低谷。中國傳統的私塾、書院、宗族家法、祭祀神社等，總體構成的自發秩序的精神世界，其中的道德水準都不低。國人可以自信，面對目前的精神困境，若有一個開放環境，中國也將搏合創造出一種新的精神秩序，並走出困局。這自發搏合過程所憑藉者，既有固有之諸子百家，也有外來思想。此即義寧陳寅恪所言，「一方面吸收輸入外來之學說，一方面不忘本來民族之地位。此二種相反而適相成之態度，即道家之真精神，新儒家之舊途徑，而二千年吾民族與他民族思想接觸史之所昭示者也」[1]。這並不表明要提倡一種現實綱領，要去改變世界。作為一個學者，價值中立是一個基本立場。馬克思說，哲學只是用不同方式解釋世界，而問題是要改變世界。我要補充的是，如果對世界的解釋錯了，不會改變出一個好的世界，而會是一個更壞的世界。

過去一兩百年的各種社會運動帶來的眾多悲劇，恰印證了錯誤的思想所致錯誤的行為，會帶來更壞的世界。詩人荷爾德林說得對，世界之所以變成地獄一樣，是有人想把這世界變成天堂。海耶克則指出，通往奴役之路，總由宏大美好的願望築成。遺憾的只是這些宏大美好願望往往是錯的。因此，改變出一個好的世界，首先要求的是對世界的正確解釋。新會梁任公有言，學術乃天下公器。所謂公器，就是要提供對世界的正確解釋。至於改變出一個好的世界，有待來者。

---

[1] 陳寅恪：《馮友蘭〈中國哲學史〉下冊審查報告》，載於《陳寅恪集》之《金明館叢稿二編》，北京：生活·讀書·新知三聯書店，2001年，285頁。

論慧能禪學思想的經濟倫理價值

黃雲明

河北大學哲學系專任教授

德國思想家馬克斯・韋伯在《新教倫理與資本主義精神》一書中斷言，西方基督教之所以能夠率先創造資本主義市場經濟制度，推動社會現代化，是因為馬丁・路德和加爾文領導了基督教的革命，基督教新教倫理為資本主義市場經濟提供了發展的精神動力。中國社會儘管有一系列的有利於資本主義市場經濟發展的文化因素，但是，由於中國宗教沒有像基督教新教的改革，所以，不能提供資本主義市場經濟發展所需要的價值觀。全面審視中國儒、釋、道三家唐、宋以後的思想發展，我們不難看出韋伯思想的偏頗。錢穆先生在《再論禪宗與理學》中說佛教禪宗六祖慧能相當於中國的馬丁・路德，余英時在《儒家倫理與商人精神》中也肯定了此說。可見，理清慧能禪學思想及其經濟倫理價值，對於重新審視中國社會現代化的思想進程意義重大。

一、宗教革命及其現代經濟倫理價值

德國思想家馬克斯・韋伯認為任何偉大的事業背後都有一個指導其進行的價值觀念體系，他把這一價值觀念體系稱為「世界圖像」。馬克斯・韋伯說：「直接支配人類行為的是物質上和精神上的利益，而不是理念。但是由『理念』所創造出來的『世界圖像』常如鐵道上的轉轍器，決定了軌道的方向，在這軌道上，利益的動力推動著人類

的行為。」[1]宗教倫理是構成這個「世界圖像」的主要色素，宗教倫理的變革總是社會革命的先導。在西方社會，正是路德和加爾文領導的基督教新教改革，轉變了人們對世俗活動的態度，賦予了世俗勞動以神聖的價值，為資本主義市場經濟的發展提供了所需的價值觀念，推動了資本主義市場經濟的發展。

韋伯認為，路德批評了天主教對待世俗活動的態度，「路德認為，修道士的生活不僅毫無價值，不能成為在上帝面前為自己辯護的理由，而且，修道士生活放棄現世的義務是自私的，是逃避世俗責任。與此相反，履行職業的勞動在他看來是胞愛的外在表現。」[2]他對世俗活動價值的評價逐漸提高，後來，路德不僅反對天主教貶低世俗活動的價值，而且主張賦予世俗活動以一定的宗教價值。馬丁・路德在翻譯《聖經》的時候賦予了職業以「天職」的思想，隨著新教的傳播，天職的思想也被新教的信仰者迅速接受。「個人道德活動所能採取的最高形式，應是對其履行世俗事物的義務進行評價。」[3]天職的思想賦予了世俗的日常活動以宗教的意義，「這樣，職業思想便引出了所有新教教派的核心教理：上帝應許的唯一生活方式，不是要人們以苦修的禁慾主義超越世俗的道德，而是要人完成個人在現世裡所處地位賦予他的責任和義務。這是他的天職。」[4]

托尼也認為，路德和加爾文的稱義理論，特別是加爾文的稱義理論，徹底否定了善行和稱義之間的聯繫，否定了教會和宗教禮儀的意義，認為基督徒有《聖經》和他自己的良知的指引就足夠了，在某種意義上，世俗生活與宗教生活的區別已經消失，隱修生活被世俗化

---

[1] [德]馬克斯・韋伯著，康樂、簡惠美譯：《中國的宗教・宗教與世界》，桂林：廣西師範大學出版社，2005年，447頁。

[2] [德]馬克斯・韋伯著，于曉、陳維綱譯：《新教倫理與資本主義精神》，上海：三聯書店，1987年，59頁。

[3] 同上，59頁。

[4] 同上，59頁。

了；從此所有的人在上帝面前處於相同的地位，這一進展包含了此後一切革命的萌芽，它是如此巨大，以致其餘一切都顯得無足輕重。

韋伯認為，基督教新教確立了一種個人主義自我生存狀態。因為預定稱義論強調，人類只有一部分能夠得救，其餘則被罰入地獄，而哪些人會得救，哪些人下地獄，是上帝早已經預前決定的，「教士無法幫助他，因為上帝的選民只能用自己的心靈來理解上帝的旨喻；聖事無法幫助他，因為儘管上帝規定用聖事增添自己的榮耀，因而人們必須嚴格地執行，但聖事並非獲得恩寵的手段，而只是信仰的主觀的『外在支柱』；教會也無法幫助他，因為儘管人們相信『離群者乃不健康之人』，意即，回避真正教會的人永不可能是上帝的選民，然而取得外在性的教會成員的資格也仍然要接受末日的審判。他們應該屬於教會並遵守教規，但不能以此得救，因為這是不可能的，而只是為了上帝的榮耀，他們也被迫遵守上帝的戒規；最後，甚至上帝也無法幫助他，因為耶穌也只是為了上帝的選民而死的。」[1]每一個信仰者的命運除了和上帝預前的安排相關，與任何其他事情都無關，每一個信仰者都必須孤獨地承受自己的命運，忍受自己是不是上帝選民帶來的心理孤獨和焦慮，只有個人虔誠的信仰能夠幫助自己減緩這種心理的孤獨和焦慮。這種孤獨感成為有幻滅感及悲觀傾向的個人主義的一個重要根源。「而這種個人主義，即使在今天也可以從有清教歷史的民族的民族性格或習俗中發現，這與後來啟蒙運動看待世人的眼光形成鮮明的對比。」[2]個人主義為市場經濟的經濟制度與民主政治的政治制度奠定了社會基礎。

韋伯認為，基督教新教確立了理性主義的生活方式。預定稱義論本身就是理性邏輯的產物，韋伯認為加爾文的邏輯是：「如果假定人類的善行或罪惡在決定這一命運時會起作用，則無異於認為上帝的

---

[1] [德]馬克斯·韋伯著，于曉、陳維綱譯：《新教倫理與資本主義精神》，上海：三聯書店，1987年，79頁。

[2] 同上，80頁。

絕對自由的決定能夠受人類的支配；而上帝的決定又是永恆地固定了的，因此，這是於理不通的自相矛盾。《新約》中所描述的那個天界裡的聖父，是那樣富有人情味和同情心，他會為一個罪人的幡然悔悟而由衷地感到欣慰，恰如一個婦人為銀幣的失而復得而欣喜一樣。但這個上帝已經不存在了，取而代之的是一個超驗的存在，是人類理解力所無法企及的存在。」[1]所以，對於加爾文宗來說，其全部意義在於上帝，而不在於人；上帝不是為了人類而存在的，相反，人類的存在是為了上帝。人是不是能夠得救完全取決於上帝，教會、神職人員、宗教儀式以及人的一切努力等都沒有意義，一切與神祕主義相關的魔力性的東西必須從世界上排除，這是預定稱義論的必然邏輯結論，加爾文宗的信仰者只能過一種絕對理性化的生活。「真正的清教徒甚至在墳墓前也拒絕舉行宗教儀式，埋葬至親好友時也免去挽歌及其它儀式，以便杜絕迷信、杜絕靠魔法的力量或行聖事的力量來贏得拯救這種想法。」[2]社會生活的理性化是資本主義文化的核心特點。

　　預定稱義論所昭示的上帝的絕對超驗性，不僅把魔力從世界中排除出去，而且它宣稱「一切和肉體有關的都是墮落」，於是，加爾文教的信仰者就必須把一切訴諸感官和情感的成分都採取徹底否定的態度。人們往往認為，基督教新教的改革是基督教信仰的弱化、世俗化，也許這確實是基督教新教的改革長期影響社會以後的結果，但是，在改革之初，加爾文不是讓所有神職人員都世俗化，恰恰相反，加爾文讓世俗生活中的所有人都要變成聖僧，加爾文信仰者的生活狀態比天主教信仰者更具有禁慾主義色彩，更強調理性對本能、慾望、情感的約束和控制。新教徒的禁慾主義為資本主義社會的原始資本積累提供開源節流的雙向管道。

---

[1] [德]馬克斯・韋伯著，于曉、陳維綱譯：《新教倫理與資本主義精神》，上海：三聯書店，1987年，78頁。

[2] 同上，79-80頁。

二、慧能的宗教經濟倫理思想

韋伯在斷言基督教新教倫理為資本主義市場經濟發展提供精神動力的同時，斷言其他民族的市場經濟文化之所以都是次生性的，是因為其他民族的宗教沒有像基督教新教一樣的改革，其民族文化缺乏現代化的內在基因。實際上，慧能禪學在諸多方面與路德和加爾文的思想具有同質性，內涵了社會現代化所需要的價值文化因素。

（一）佛法在世間與世俗生活宗教價值的確立

宗教經濟倫理變革首先要解決的問題是消除傳統宗教聖俗兩分的絕對界限，擺脫貶低世俗活動的價值觀念，解除世俗經濟活動的傳統倫理束縛。基督教新教的改革要點之一就是對世俗活動價值認識的轉變。

傳統佛教將世界分為塵世和淨土，認為世俗世界是塵世、穢土、苦海或者火宅，修行佛教的目的就是要往生西天佛國淨土世界。慧能一反傳統佛教的思想，主張成佛就在當下、此世。他說：「佛法在世間，不離世間覺，離世覓菩提，恰如求兔角。」[1]慧能彌合了聖俗、僧俗的絕對界限，他認為佛教修行不一定在寺院、真心修行在家也可以。

宗教經濟倫理變革不僅要擺脫貶低世俗活動的價值觀念，解除世俗經濟活動的傳統倫理束縛，還要更進一步賦予世俗活動以宗教的神聖價值，才能做到將宗教倫理價值轉化為世俗活動的精神動力。基督教新教加爾文宗認為人的行為與其能否得救無關，人在現世生活的唯一目的應該是榮耀上帝，世俗的成功是榮耀上帝的根本方式，世俗活動因此獲得了神聖的價值。

慧能說：「所以佛言：『隨其心淨，即佛土淨。』使君！東方人但心淨即無罪；雖西方人，心不淨亦有愆。東方人造罪，念佛求生西方；西方人造罪，念佛求生何國？凡愚不了自性，不識身中淨土，願

---

[1] 河北禪學研究所編：《禪宗七經‧壇經》，北京：宗教文化出版社，1997年，335頁。

東願西，悟人在處一般。所以佛言：『隨所住處，恒安樂。』使君！心地但無不善，西方去此不遙；若懷不善之心，念佛往生難到。」[1] 慧能認為，佛國淨土和現世穢土的差別不是東方西方的差別，心淨、心善就是佛國，在現世依善心而行，就是佛行，就是修行，慧能賦予了現世活動以宗教的價值。

當然，慧能的本意與經濟倫理幾乎是風馬牛。但是，禪宗僧人對其學說的進一步發揮使其具有了相當明確的經濟倫理價值。宋代禪師大慧宗杲將慧能的佛法在世間表述為「世間法即佛法，佛法即世間法」，世俗的宗教價值更加明確。百丈懷海則以此為價值指導確立了禪宗的「普請」制度，重新制定了禪宗僧人的生活戒律，規定禪宗僧人「朝參夕聚，飲食隨宜，示節儉也。行普請法，示上下均力也」[2]。這種普請制度規定僧人必須過節儉的生活，大家一起睡通鋪，一起勞動，一天不勞動，一天不吃飯。百丈懷海禪師率先垂範，「師凡作務，執勞必先於眾，主者不忍，密收作具，而請息之。師曰：吾無德，爭合勞於人？既遍求作具不獲，而亦忘餐。故有『一日不作，一日不食』之語，流波寰宇。」[3] 佛祖最初為佛教僧人確立的是托缽乞討的生活方式，修行就是要擺脫世俗活動的紛擾，而普請制度卻將勞動作為修行不可或缺的功課。後來的禪僧逐漸將修行與日常生活相結合，強調修行不能脫離日常生活，日常生活中時時刻刻都可以修行。唐朝著名的居士龐蘊作偈云：「日用事無別，唯吾自偶諧。頭頭非取捨，處處沒張乖。朱紫誰為號，北山絕點塵。神通並妙用，運水與搬柴。」[4] 大珠慧海禪師說修道用功就是「饑來吃飯，困來即眠」[5]。歷代的祖師大德，出身行單的很多，雪峰在德山座下當飯頭，道匡在招

1 河北禪學研究所編：《禪宗七經・壇經》，北京：宗教文化出版社，1997年，336頁。
2 釋慧皎等：《高僧傳合集・宋高僧傳》，上海：上海古籍出版社，1991年，445頁。
3 釋普濟：《五燈會元》，北京：中華書局，1984年，136頁。
4 釋道原：《景德傳燈錄》（卷八），《襄州居士龐蘊》。
5 釋普濟：《五燈會元》，北京：中華書局，1984年，157頁。

慶座下任桶頭，紹遠在石門座下任田頭，曉聰在雲居座下任燈頭，義懷在翠峰座下任水頭，香岩刈除草木，雲岩幫人補鞋、作鞋，臨濟鋤地栽松，仰山開荒牧牛，洞山鋤茶園，玄沙砍柴，趙州掃地，印光行堂，諸多大德莫不是在勞動中領悟禪的滋味，成為一代龍象。當然，禪僧將修行與日常生活融會，目的不在聖化日常生活，而是將修行普遍化，但是，既然融合，聖俗的界限就被打通，賦予世俗生活以神聖價值已經是題中應有之義。

佛法在世間的思想對日本佛教思想也產生了重大影響。日本著名學者山本七平在《日本資本主義精神》一書中認為，日本高僧鈴木正三在禪宗思想的基礎上提出「勞動即禪行」的思想，實現了日本佛教的世俗化，促使日本佛教徒確立了現代生活發展所需要的價值觀，為資本主義市場經濟的主體提供了敬業的精神基礎。鈴木正三主張，「任何職業皆為佛行，人人各守其業即可成佛，而佛行之外並無成佛之道，必信其所事之業皆於世界有所益。……世無鐵匠以下諸工匠，則無諸品可用；世無武士，則無以治國，世無農人，則無穀粟充饑；世無商人，則無貨物流通。此外尚有諸多職業，亦皆於世界有所益。」[1]

近代社會以後，太虛、虛雲等大和尚以及趙樸初先生，發揚禪宗思想精神，宣導實踐佛陀教導、利濟眾生的人間佛教，主張佛教不是消極地避世，而是積極地救世；不是空虛玄談，而是真篤實踐；不是追求作神做鬼，而是利用佛教思想改造現實社會，推進社會進步，促使眾生覺悟人生。「生活禪」是沿著這條道路創造的更切合現代生活特色佛教形式。

---

[1] 轉引自山本七平著，蔣景石譯：《日本資本主義精神》，上海：三聯書店，1995年，117頁。

（二）明心見性與個性自由和解放

　　精神革命是社會革命的前提和基礎。基督教新教改革宣導因信稱義，主張信徒憑著信仰就可以在上帝面前稱義，每一個信徒自己都可以祈禱和懺悔，可以通過《聖經》獲得神意，打破了天主教宗教組織的神學權威，廢除了天主教神職人員對神權的壟斷，為信徒的精神解放創造了空間。在天主教中，神職人員壟斷著《聖經》的解釋權，《聖經》只有希臘文和拉丁文，為了便於信徒閱讀《聖經》，路德宣導各民族用自己的語言翻譯《聖經》。

　　慧能創立禪宗同樣具有打破傳束縛的佛教革命意義。慧能認為，人人皆有佛性，人人皆可成佛。據《壇經》記載：

　　　　祖問曰：「汝何方人？欲求何物？」
　　　　惠能對曰：「弟子是嶺南新州百姓，遠來禮師，惟求作佛，不求餘物。」
　　　　祖言：「汝是嶺南人，又是獦獠，若為堪作佛？」
　　　　惠能曰：「人雖有南北，佛性本無南北；獦獠身與和尚不同，佛性有何差別？」[1]

　　慧能強調人人皆有佛性，將終生成佛的依據內在化，與基督教新教的稱義依據內在化具有同質性。

　　人人皆可成佛，不是說人人就是佛。佛和眾生的區別是迷和悟。慧能說：「佛向性中作，莫向身外求。自性迷，即是眾生；自性覺，即是佛。慈悲，即是觀音；喜捨，名為勢至。能淨，即釋迦；平直，即彌陀。」[2]他還說：「善知識，凡夫即佛，煩惱即菩提；前念迷，即

---

[1]　河北禪學研究所編：《禪宗七經・壇經》，北京：宗教文化出版社，1997年，324頁。
[2]　同上，337頁。

凡夫；後念悟，即佛；前念著境，即煩惱；後念離境，即菩提。」[1]
「不悟，即佛是眾生；一念悟時，眾生是佛。故知萬法盡在自心，何不從心中頓見真如本性？」[2]

　　既然自性的迷悟是成佛的關鍵，所以，佛教修行的根本就是剷除內心自性的塵垢，而不必拘泥於讀經、念佛、打坐等傳統的修行方法，所以，慧能主張：「教外別傳，不立文字，直指人心，見性成佛。」據《壇經》記載：

> 尼乃執卷問字。
> 師曰：「字即不識，義即請問。」
> 尼曰：「字尚不識，焉能會義？」
> 師曰：「諸佛妙理，非關文字。」[3]

　　慧能主張不立文字，諸佛妙理，非關文字，並不是說佛經沒有價值，而是說不要拘泥佛經，如果拘泥佛經，還不如不讀經。慧能說：「三世諸佛、十二部經，在人性中本自具有，不能自悟，須求善知識指示方見。若自悟者，不假外求；若一向執謂須他善知識方得解脫者，無有是處。何以故？自心內有知識自悟，若起邪迷，妄念顛倒，外善知識雖有教授，救不可得；若起真正般若觀照，一剎那間，妄念俱滅。若識自性，一悟即至佛地。」[4]

　　單從外在形式上來看，慧能對待經典的態度與路德截然不同，一個是打破經典權威，一個是確立經典權威，但是，二者要打破傳統宗教束縛的根本價值追求是相同的。當然，我們也可以認為，在衝破傳統教義束縛，追求精神解放上，慧能更徹底、更堅決。

[1]　河北禪學研究所編：《禪宗七經·壇經》，北京：宗教文化出版社，1997年，331頁。
[2]　同上，333頁。
[3]　同上，344-345頁。
[4]　同上，333頁。

　　佛、法、僧是佛教三寶，皈依佛教就要皈依佛、法、僧。慧能禪學革命，將傳統皈依佛、法、僧改為皈依自心三寶，「若言歸依佛，佛在何處？若不見佛，憑何所歸？言卻成妄。『善知識！各自觀察，莫錯用心。經文分明言、自歸依佛，不言歸依他佛。自佛不歸，無所依處。今既自悟，各須歸依自心三寶，內調心性，外敬他人，是自歸依也。』」[1]由此可見，慧能和路德都重視宗教組織和神職人員的作用，但是反對把他們絕對化、權威化。

　　慧能的後人與慧能相比，走得更遠，他們不僅不再強調佛、僧和經的重要性，而且為了追求心靈的自由，貶低佛、僧和經的重要性，甚至於呵佛罵祖，說佛經是拭疣瘡紙，德山宣鑒罵禪宗祖師：「達摩是老臊胡！」出於同樣的道理，義玄禪師，還罵出了更厲害的話，認為求法之人，真要想獲得佛法見解，就一定不要受人從外欺惑，逢著就要把他們殺掉，逢佛殺佛，逢祖殺祖，逢羅漢殺羅漢，逢父母殺父母，逢親眷殺親眷，只有不被任何一物所拘束，心靈才能夠真正自由自在。

　　既然明心見性是成佛要旨，傳統佛教的修行，諸如：念經、參禪、打坐、持戒……都不必拘泥。所以就有了「酒肉穿腸過，佛祖心中留」，有的僧人不僅喝酒吃肉，甚至嫖娼狎妓，簡直是視清規戒律為無物，百無禁忌了。

　　市場經濟是競爭的經濟，市場經濟體制的建設要求其主體個體人格的獨立以及個性的自由和解放。禪宗僧人的精神解放是為了追求心靈的自由和幸福，沒有世俗社會經濟發展的目的，但是其產生以唐宋市民社會的發展為背景，也促進了中國人的個性的自由解放，對於明清之際的社會啟蒙具有深遠的影響。

---

[1]　河北禪學研究所編：《禪宗七經・壇經》，北京：宗教文化出版社，1997年，342頁。

（三）打坐不能成佛與理性生活方式

韋伯將人類現有宗教分為兩種：禁慾主義宗教和神秘主義宗教，他說：「宗教信仰者既可以因為他覺得自己是聖靈的容器也可以因為覺得自己是神的意願的工具而確信自己已處於恩寵狀態。在前一種情況下，他的宗教生活傾向於神秘主義和感情主義，而在後一種情形裡則傾向於禁慾行為。」[1]在韋伯看來，西方宗教傾向於禁慾主義宗教，東方宗教則傾向於神秘主義宗教，基督教新教是最典型的禁慾主義宗教，而佛教、印度教和中國道教等則是典型的神秘主義宗教。神秘主義宗教往往與信念倫理相關，禁慾主義宗教則往往是與責任倫理相連，與神秘主義宗教相比，禁慾主義宗教更具有理性主義精神，更適應資本主義市場經濟發展的要求。

與西方基督教相比，佛教具有更濃鬱的神秘主義宗教色彩是不容置疑的，但是，佛教到中國以後發生了很大變化，特別是隋唐以後，慧能禪宗對佛教的改革，使佛教具有了更多的理性主義精神，這種傾向表現在兩個方面，其一是對成佛狀態認識的轉變；其二是佛教修行方法的轉變。

首先，禪宗將佛教的彼岸追求現實化，強調佛法在世間，在現世當下也可以成佛，而且禪宗的信仰者強調成佛就是一種自然而然的生活狀態，就是搬柴運水、穿衣吃飯，並不神秘。《壇經》記載：

> 薛簡曰：「京城禪德皆云：『欲得會道，必須坐禪習定。若不因禪定而得解脫者，未之有也。』未審師所說法如何？」
> 師曰：「道由心悟，豈在坐也？經云：『若言如來若坐若臥，是行邪道。』何故？無所從來，亦無所去，無生、無滅，

---

[1] ［德］馬克斯・韋伯，于曉、陳維綱譯：《新教倫理與資本主義精神》，上海：三聯書店，1987年，86-87頁。

是如來清淨禪。諸法空寂，是如來清淨坐。究竟無證，豈況坐耶？」[1]

成佛就是覺悟人生，能夠順其自然地接受生活的實有狀態。

其次，修行的根本在於明心見性，所以參禪、打坐等就不是關鍵。《壇經》記載：

宗復問曰：「黃梅付囑？如何指授？」

惠能曰：「指授即無，惟論見性，不論禪定解脫。」

宗曰：「何不論禪定解脫？」

謂曰：「為是二法，不是佛法，佛法是不二之法。」[2]

簡化聖禮以及減少聖禮的宗教價值是基督教新教對天主教改革的重要表現之一。天主教認為，洗禮、聖餐禮、堅振禮、告解禮、終傅禮，聖秩禮，婚禮等七件都是聖禮。基督教新教改革後只承認洗禮和聖餐禮為聖禮，尤其是清教信仰者幾乎反對所有的宗教儀式，認為所有宗教儀式都有神秘主義傾向。

佛教的禪定是典型的神秘主義的宗教儀式，禪定是佛教徒追求與佛際遇的根本方式，也是獲得神機妙用的基本途徑。慧能創立禪宗就不主張強調參禪打坐，《壇經》記載：

心平何勞持戒？行直何用修禪？

恩則孝養父母，義則上下相憐。

讓則尊卑和睦，忍則眾惡無喧。

若能鑽木出火，淤泥定生紅蓮。

---

[1] 河北禪學研究所編：《禪宗七經・壇經》，北京：宗教文化出版社，1997年，359頁。

[2] 同上，329頁。

> 苦口的是良藥，逆耳必是忠言。
> 改過必生智慧，護短心內非賢。
> 日用常行饒益，成道非由施錢。
> 菩提只向心覓，何勞向外求玄？
> 聽說依此修行，天堂只在目前。[1]

　　慧能的後學更有人明確反對參禪打坐。《五燈會元》載，「開元中有一沙門道一，即馬祖耶。在衡岳山常習坐禪。師（南懷岳讓）知是法器，往問曰：『大德坐禪圖什麼？』一曰：『圖作佛。』師乃取一磚，於彼庵前石上磨。一曰：『磨作什麼？』師曰：『磨作鏡。』一曰：『磨磚豈得成鏡耶？』師曰：『磨磚既不成鏡，坐禪豈得作佛？』」[2]

　　「心平何勞持戒？行直何用修禪？」「菩提只向心覓，何勞向外求玄？」將修行融匯在日用常行，而不是追求玄虛的參禪打坐，生活方式的理性色彩強化是顯而易見的。儘管禪僧的目的是修練成佛，但是，生活方式的理性因素的增加可以間接地影響社會，促進市場經濟的發展。

三、慧能宗教經濟倫理思想的歷史地位

　　從慧能的禪學思想確實還很難看出促進世俗社會經濟發展的經濟倫理思想，但是，他的思想在理論內容、思維方式以及價值導向等多方面影響了宋明理學，特別是陸王心學，賴永海說：「陽明之學，實多以儒家術語、範疇去闡發禪學的佛性、心性理論，是儒學其表，禪學其裡。」[3]王陽明的基本哲學觀念「心即理」、「知行合一」、「致

---

[1] 河北禪學研究所編：《禪宗七經・壇經》，北京：宗教文化出版社，1997年，337-338頁。
[2] 普濟：《五燈會元》，北京：中華書局，1984年，127頁。
[3] 賴永海：《佛學與儒學》，杭州：浙江人民出版社，1992年，185頁。

良知」等與慧能「心具萬法」、「人人皆有佛性」、「明心見性」等
密切相關。特別是王陽明在慧能「佛法在世間」和「心地但無不善,
西方去此不遙」的思想基礎上提出,只要是本著善心而行,就是善
行,在世俗社會中,不論做什麼,只要是踐履內在的良知就是聖賢的
行為,因此,他反對傳統儒家士農工商四民貴賤不同的等級思想,主
張:「古者四民異業而同道,其盡心焉,一也。士以修治,農以具
養,工以利器,商以通貨,各就其資之所近,力之所及者而業焉,以
求其盡心。其歸要在於有益於生人之道,則一而已。」[1]他把傳統觀念
中一直被視作「賤業」的工商擺到與士同等的水準。王陽明《傳習錄
拾遺》中還說:「雖經日做買賣,不害其為聖為賢。」在王陽明的影
響下,明末諸多學者都對傳統儒家的崇本抑末的思想進行了批判。汪
道昆說:「大江以南,新安以文物著。其俗不儒則賈,相代若踐更。
要之,良賈何負閎儒?,則其躬行彰彰矣!」[2]「四民異業而同道」、
「商與士異術而同心」的「新四民論」解除了商人從業的傳統道德價
值的束縛,「雖經日做買賣,不害其為聖為賢」甚至可以說為商人的
敬業精神提供了價值觀的支援。

　　慧能的宗教經濟倫理思想沒有像路德和加爾文的思想那樣催生出
資本主義現代文化的花朵原因是多方面的。

　　首先,中國唐宋以至明清社會發展的特殊性是社會客觀原因。

　　唐朝中國社會快速發展,絲綢之路開通,中國與周邊各國貿易往
來、文化交流頻繁,促進了中國社會經濟的發展,文化的繁榮,佛教在
這個時期獲得迅速發展,世俗文化也獲得長足的進步,慧能禪學就是在
這樣的社會背景中發展起來的。宋朝以後,由於國家政策的影響,世俗
社會市民文化進一步發展,沈垚在《費席山先生七十雙壽序》中說:
「宋太祖乃盡收天下之權利歸於官,於是士大夫始必兼農桑之業,方得

---

[1] 王陽明:《王陽明全集》,上海:上海古籍出版社,1992年,491頁。
[2] 汪道昆:《太函集》(卷五十五),合肥:黃山書社,2004年,1146頁。

贍家，一切與古異矣。仕者既與小民爭利，未仕者又必先有農桑之業方得給朝夕，以專事進取，於是貨殖之事益急，商賈之勢益重。非父兄先營事業於前，子弟即無由讀書以致身顯通。是故古者四民分，後世四民不分。古者士之子恆為士，後世商人之子方能為士。此宋、元、明以來變遷之大較也。」[1]宋朝，隋唐佛教八大宗中惟禪宗一支獨秀，不僅是因為禪宗汲取了中國傳統文化因素，適合中國人的內在心理，更是因為禪宗思想契合市民社會發展的要求。但是，元朝的興起，在很大程度上阻斷了中國市民社會的發展，這也是禪宗開始式微的社會原因。明朝以後，人口劇增，科舉名額沒有與人口相應增加，「棄儒就賈」成為儒生不得已的選擇，市民社會因此獲得進一步發展，「士而成功也十之一，賈而成功也十之九。」[2]明末「棄儒就賈」的社會運動以財富開拓了民間社會，為儒家的社會活動提供了新的社會條件，同時，專制皇權惡化造成的政治僵局又堵塞了儒家憑藉朝廷改革政治的傳統途徑，兩個方面一迎一拒，導致了儒學轉向。滿清入關，中國市民社會的進程再次受阻，儘管清朝沿襲了明朝的社會管理制度，但是它維護的必然是傳統的儒家文化，必然會對改造傳統思想的啟蒙文化進行打擊，如果沒有元朝和清朝對市民社會的阻斷，中國資本主義的發展並非像韋伯斷言的不可能。毛澤東所說「中國封建社會內的商品經濟的發展，已經孕育著資本主義的萌芽，如果沒有外國資本主義的影響，中國也將緩慢地發展到資本主義社會」[3]是有道理的。

其次，禪宗文化自身特殊性是內在原因。

馬克斯・韋伯認為，現代世界主要宗教的先知有倫理先知和楷模先知兩種類型。倫理先知有將上帝旨意布達給民眾的使命，他們提出一整套的預言，並由此衍發出系統的教規、教義和倫理規範，對人

---

[1] 沈垚：《落帆樓文集》（卷二十四）。
[2] 張海鵬、王廷元主編：《明清徽商資料選編》，合肥：黃山書社，1985年，251頁。
[3] 毛澤東：《毛澤東選集》（第二卷），北京：人民出版社，1966年，584頁。

們世俗生活的控制深入而全面；楷模先知憑藉個人的美德善行來教育人，預言缺乏系統性，不能將社會生活的各方面全部容納在宗教倫理的約束範圍之內。慧能是典型的楷模先知，而路德則是倫理先知。佛教在中國從來沒有佔據社會意識形態的主流，更沒有像基督教那樣的壟斷地位，路德改革影響註定是全社會的，而慧能的影響註定是局限於社會一隅。儒家是社會主流意識形態，佛教影響社會往往通過影響儒家來實現，慧能思想影響世俗社會也是以儒家為仲介的。

韋伯把世界宗教的救贖方式區分為入世主義和出世主義兩種，認為入世主義宗教本質上與禁慾主義宗教相連，出世主義宗教則與神秘主義宗教相通。入世主義宗教與出世主義宗教對世俗社會的影響直接、廣泛而深入。基督教新教是典型的入世禁慾主義宗教，而佛教則是典型的出世神秘主義宗教。佛教禪宗改革入世主義傾向明顯增加，但是佛教出世主義的本質沒有改變。路德的宗教思想融匯著系統的社會法律思想，而且路德的法學思想對西方資本主義法律制度產生了深刻的影響，這樣的情形，對慧能來說是不可想像的。

韋伯把世界宗教區分為禁慾主義和神秘主義兩種，認為禁慾主義宗教更具有理性主義精神，神秘主義宗教具有情感主義傾向。佛教禪宗改革理性主義追求增加了，但是佛教神秘主義的性質沒有改變，慧能思想與路德思想相比顯然理性化程度不夠。禪宗僧人雖然強調成佛可以在現世當下、在日用常行中，但是也強調成佛的覺悟境界是如啞受義、不可言說、「一落唇吻即不是」的神秘境界。

基督教新教之所以能夠促進資本主義市場經濟發展，是因為新教信仰特別是加爾文的預定稱義論給信仰者造成了強烈的內在心理張力，使信仰者時時刻刻處於是否是上帝選民的焦慮，為他們的職業活動提供了精神動力。慧能禪宗革命的根本目的是解脫人生苦難，追求內在心靈的和諧寧靜、幸福和安逸，所以，禪宗信仰給信仰者心理的影響與加爾文教截然不同。

　　研究慧能的思想以及將其與路德和加爾文比較，目的不在於說明西方社會的東西，我們的祖先早已就有，而是通過比較研究促使我們更加準確地理解中國傳統思想，盤點中國社會現代化的傳統文化資源，以利於推進現代化的進程。

異邦

論日本奈良、平安時代的「布」和「布衣」

朱彥

清華大學美術學院博士候選人

　　古人稱「麻、苧、葛曰布」[1]，葛、麻以及棉織物在日本的起源很早，大約西元前3世紀的彌生時代便出現了棉、麻等植物的製成品。《魏書・倭人傳》載景初二年（239年）倭女王遣大夫難升米等貢獻魏廷「班布二匹二丈」[2]，《後漢書・東夷傳》又云：「（倭國）土宜禾稻、麻紵、蠶桑，知織績為縑布。」[3]可知麻、葛織物至少已在西元3世紀時便已衍為日用，廣為植種了。相信此後一直到奈良時代，以麻、葛材料為主的布製品始終是日本舉國上下的服飾用料，《日本書紀》載仁德天皇四十一年（354年），在太子菟道稚郎子遭逢大山守皇子的謀殺時，也僅只「服布袍」[4]；到延長五年（927年）由醍醐天皇命撰的

[1]　《小爾雅・廣服》。

[2]　「景初二年六月。倭女王遣大夫難升米等詣郡，求詣天於朝獻，太守劉夏遣吏將送詣京都。其年十二月，詔沼書報倭女王曰：『制詔親魏倭王卑彌呼：帶方守劉夏遣使送汝大夫難升米、次使都市牛利奉汝所獻男生口四人，女生口六人，班布二匹二丈，以到。汝所在逾遠，乃遣使貢獻，是汝之忠孝，我甚哀汝。今以汝為親魏倭王，假金印紫綬，裝封付帶方太守假授。其綬撫種人，勉為孝順。汝來使難升米，牛利涉遠，道路勤勞，今以難升米為率善中郎將，牛利為率善校尉，假銀印青綬，引見勞賜遣還。今以絳地交龍錦五匹、絳地縐粟罽十張、蒨絳五十匹、紺青五十匹，答汝所獻貢直。又特賜汝紺地句文綿三匹、細班華罽五張、白絹五十匹、金八兩、五尺刀二口、銅鏡百枚、真珠、鉛丹各五十廳。皆將封付難升米、牛利還到錄。悉可以示汝國中人，使知國家哀汝，故鄭重賜汝好物也。」《三國志》（卷三十），《魏書三十・烏丸鮮卑東夷傳》。

[3]　《後漢書》（卷八十五），《東夷傳》。

[4]　「會明，詣菟道，將渡河。時太子服布袍，取檝檝，密接度子，以載大山守皇子而濟。至於河中，誂度子，蹈船而傾。於是大山守皇子墮河而沒更浮。」《日本書紀》（卷十一），《仁德紀》。

法律條文《延喜式》中記載百官、親王、後宮以及宮人的時服，其面
料也多數是以絹和布為主。[1]

　　西元5至6世紀時，布、絁、絹開始進入庸調製度，租庸調法是一
種賦稅制度，租納穀物，調納布帛，庸是力役，不過時常以交納布帛
代替。到大化二年（646年），孝德天皇推行革新時，制定「行田之
調」，[2]即按照每戶耕種田地的多少制定其需要交納的租稅數量，規定調
布一端的尺寸是長2.5尺，寬40尺；大寶元年（701年）規定調布一端的尺
寸是長2.4尺，寬52尺；大寶三年（703年）政府又明確規定[3]每丁的庸布
是二丈六尺；和銅七年（714年）二月，上總國上書要求因「去京遙遠，
貢調極重。請代細布，頗省負擔。其長六丈，闊二尺二寸。每丁輸二
丈，以三人成端」[4]，規定細布一端的尺寸是長6丈（60尺），寬2.2尺，
另規定調布一端42尺，商布一端26尺；天平八年（736年）五月規定調庸
之布的尺寸是調布一端長28尺，寬1.9尺，庸布一端的尺寸是長14尺，寬
1.9尺；到延長五年（927年）頒行《延喜式》時，規定調庸布的尺寸是一
端長42尺，寬2.4尺，尺幅最長的如望陀貲布等一端是80尺，最短如狹布
等一端是37尺，最廣如廣布等是2.4尺幅，最狹如狹布等是1.8尺幅。[5]

---

[1] 《延喜式》（卷十二），《中務省、內記、監物、主鈴、典鑰》。

[2] 「罷舊賦役，而行田之調。凡絹、絁、絲、棉，並隨鄉土所出。田一町絹一
丈，四町成匹。長四丈，廣二尺半；絁二丈，二町成匹，長、廣同絹；布四
丈，長廣同絹、絁，一町成端。絲、綿絇屯，諸處不見。別收戶別之調，一
戶貲布一丈二尺。凡調副物鹽贄，亦隨鄉土所出。凡官馬者，中馬每一百戶
輸一匹，若細馬每兩百戶輸一匹；其買馬直者，一戶布一丈二尺。凡兵者人身
輸刀、甲、弓、矢、幡、鼓。凡仕丁者改舊每三十戶一人，以一人宛廝也。而
每五十戶一人，以一人宛廝，以宛諸司，以五十戶宛仕丁一人之糧。一戶庸布
一丈二尺，庸米五斗。凡采女者貢郡少領以上姊妹及子女形容端正者，從丁一
人，從女二人。以一百戶宛采女一人糧。庸布、庸米、皆准仕丁。」《日本書
紀》（卷二十五），《孝德紀》。

[3] 「准令明，正丁歲役收庸布二丈六尺。當欲輕歲役之庸，息人民之乏，並宜減
半。其大宰所部，皆免收庸。若公作之役，不足傭力者，商量作安穩條例，永
為法式。」《續日本紀》（卷三），《文武紀三》。

[4] 《續日本紀》（卷六），《元明紀三》。

[5] 參見《日本染織年表》，[日]山邊知行著：《染織》，東京：講談社，1960，

　　當然，進入庸調的布帛也根據當地的生產狀況有所變動，比如和
銅六年（713年）五月，相模、常陸、上野、武藏、下野五國的調物便
從以前的布改為布、絁並進[1]，天平勝寶四年（752年）二月，「陸奧
國調庸者，多賀以北諸郡，令輸黃金。其法，正丁四人一兩，以南諸
郡，依舊輸布。」[2]不僅本國諸國貢調布匹，在新羅的貢調之物中，布
帛也是必不可少的，比如天武十四年（684年）九月新羅遣使貢調便有
「金、銀、銅、鐵、綿、絹、鹿皮、細布之類」[3]，朱鳥元年（686年）
正月貢調有「細馬一匹、騾一頭、犬二狗、鏤金器及金、銀、霞錦、
綾羅、虎豹皮及藥物之類，並百餘種。亦智祥、健勳等別獻物，金、
銀、霞錦、綾羅、金器、屏風、鞍皮、絹布、藥物之類，各六十餘
種」[4]，持統二年（688年）二月太宰府獻新羅調賦便有「金、銀、絹、
布、皮、銅、鐵之類十餘物」[5]。

　　日本這一時期的布的產地，在《延喜式》的「交易雜物」與「諸
國貢調」[6]中反映得很清楚，東海道的常陸、下總、上總、武藏、相
模、安房、甲斐、駿河、伊豆、遠江、伊賀、伊勢，東山道的陸奧、出

193頁。

[1]　「癸酉，相模、常陸、上野、武藏、下野，五國輸調，元來是布也。自今以
　　後，絁、布並進。」《續日本紀》（卷六），《元明紀三》。

[2]　《續日本紀》（卷十八），《孝謙紀二》。

[3]　「冬十月，乙酉，新羅遣沙㖨一吉餐金忠平、大奈末金壹世貢調。金、銀、
　　銅、鐵、綿、絹、鹿皮、細布之類，各有數。別獻天皇、皇后、太子，金、
　　銀、霞錦、幡、皮之類，各有數。」《日本書紀》（卷二十九），《天武紀
　　下》。

[4]　「戊子，新羅進調從築紫貢上，細馬一匹、騾一頭、犬二狗、鏤金器及金、
　　銀、霞錦、綾羅、虎豹皮及藥物之類，並百餘種。亦智祥、健勳等別獻物，
　　金、銀、霞錦、綾羅、金器、屏風、鞍皮、絹布、藥物之類，各六十餘種。別
　　獻皇后、皇太子及諸親王等之物，各有數。」《日本書紀》（卷二十九），
　　《天武紀下》。

[5]　「二月，庚寅朔辛卯，大宰獻新羅調賦，金、銀、絹、布、皮、銅、鐵之類十
　　餘物，並別所獻佛像，種種彩絹，鳥、馬之類十餘種，及霜林所獻金、銀、彩
　　色，種種珍異之物，並八十餘物。」《日本書紀》（卷三十），《持統紀》。

[6]　見《延喜式》（卷二十三），《民部省下》、（卷二十四），《主計寮上》。

羽、上野、下野、信濃、美濃、飛鐸、近江以及西海道的隱岐、播磨、築前、築後、肥前、肥後、豐前、豐後、日向、大隅、薩摩等諸國是其主要產地，其分佈範圍大約佔據了日本國土面積的五分之三以上。

布的產地既多，使用也必極廣泛。在皇室各種名目的賜物之中，通常是絁、綿、布搭配起來，布匹始終是其賞賜的主流。

賞賜有針對公卿百官的，比如養老五年（721年）正月，賞賜「優遊學業，堪為師範者」，明經第一博士「各絁廿匹，絲廿絢，布卅端，鍬廿口」，第二博士、明法、文章、算術、陰陽、醫術、和琴師、唱歌師、武藝等諸人「各絁十疋，絲十絢，布廿端，鍬廿口」[1]；神龜三年（736年）九月有文人一百二十人獻上玉棗詩賦，經過評定，一等賜「絁廿疋，綿卅屯，布卅端」，二等賜「絁十疋，綿廿屯，布廿端」，三等賜「絁六疋，綿六屯，布八端」，四等賜「絁四疋，綿四屯，布六端」，不第賜「絁一疋，綿一屯，布三端」[2]；神龜四年（727年）冬四月，天皇賜「與皇子同日產者，布一端，綿二屯，稻廿束」[3]；神龜五年（728年）上巳節時天皇御鳥池塘，宴五位以上的百官，又召集文人，「令賦曲水之詩，各齎絁十疋，布十端」[4]；天平二年（730年）春正月，天皇賜宴群臣於大安殿，隨後移幸皇后宮中，「百官主典已上陪從踏歌，且奏且行。引入宮裡，以賜酒食。因令探短籍，書以仁、義、禮、智、信五字，隨其字而賜物，得仁者絁也，義者絲也，禮者綿也，智者布也，信者段常布也」，君臣遊藝，其風雅如此。延曆十五年（796年）八月，「幸大藏省，賜侍臣以下，布有差」[5]；天長四年（827年）六月，「幸神泉苑，見參中納言已下大舍人已上，賜商布有差」[6]；貞觀四年（861年）夏四月，「天皇不御前殿，

---

[1] 《續日本紀》（卷八），《元正紀二》。
[2] 《續日本紀》（卷九），《元正紀三》。
[3] 《續日本紀》（卷十），《聖武紀二》。
[4] 《續日本紀》（卷十），《聖武紀二》。
[5] 《續日本紀》（卷十），《聖武紀二》。
[6] 《日本後紀》（卷三十五），《淳和紀五》。

於右近仗下，賜侍臣飲。賜祿如常，喚左右近衛樂人於北殿東庭奏音樂，中宮別賜中將以下近衛以上禦衣並布，各有差。」[1]

　　皇宮中也經常舉行射禮，並煞有介事地規定了其獎懲制度，如大寶三年（703年）春正月規定：「定大射祿法。親王二品、諸王臣二位，一箭中外院布廿端，中院廿五端，內院卅端。三品、四品、三位，一箭中外院布十五端，中院廿端，內院廿五端。四位，一箭中外院布十端，中院十五端，內院廿端。五位，一箭中外院布六端，中院十二端，內院十六端。其中皮者，一箭同布一端。若外、中、內院及皮重中者倍之。六位、七位，一箭中外院布四端，中院六端，內院八端。八位、初位，一箭中外院布三端，中院四端，內院五端。中皮者，一箭布半端。若外、中、內院，及皮重中者如上。但勳位者不著朝服，立其當位次。」[2]仁壽二年（852年），文德天皇「亦幸豐樂院，睹諸衛府賭射。公家以白布賜勝者，其多籌者得布亦多。先王舊式也。」[3]

　　也有專門獎勵功勳的。比如持統五年（691年）表彰直廣肆築紫史益自拜太宰府典以來，二十九年於任上，「以清白忠誠，不敢怠惰。是故賜食封五十戶、絁十五匹、綿二十五屯、布五十端、稻五千束」。[4]天武十四年（700年）冬十月，遣百濟僧人法藏和優婆塞益直金鐘二人到美濃國，「令煎白術，因以賜絁、綿、布」。[5]和銅五年（712年）七月，「播磨國大目、從八位上、樂浪河內，勤造正倉，能效功績，進位一階，賜絁十疋，布卅端。」和銅六年（713年）六月，右京人支半於刀、河內國志紀郡人刀母離余叡色奈，染作暈繝色而獻之，「各授從八位下，並賜絁十疋，絲卅絇，布卅端，鹽十籠，

1　《日本三代實錄》（卷五），《清和紀五》。
2　《續日本紀》（卷三），《文武紀三》。
3　《日本文德天皇實錄》（卷四），《文德紀四》。
4　《日本書紀》（卷三十），《持統紀》。
5　《日本書紀》（卷二十九），《天武紀下》。

穀一百斛。」[1]天平十六年（744年）夏四月，「紫香樂宮西北山火，城
下男女數千餘人，皆趣（去）伐山，然後火滅。天皇嘉之，賜布人一
端。」[2]延曆十六年（797年）秋七月，賜陰陽師允大津海成絁五匹、布
十端，以嘉賞占卜靈驗也。[3]另外，獻瑞之人也往往受到獎賞，如持統
八年（694年）冬十月，賜獲白蝙蝠的獻瑞人絁四匹，布十端[4]；大寶三
年（703年）春五月，賜河內國石河郡獻白鳩的朝臣絁五疋，絲十絇，
布廿端，鍬廿口，正稅三百束。[5]天平寶字二年（758年）二月和天平神
護二年（766年）八月還特別規定了獻瑞的獎勵制度：「當郡司者，加
位一級，貢瑞人大和雜物者，特敘從六位下。賜絁廿疋，綿卅屯，布
六十端，正稅二千束」，「但瑞出郡者，特免調庸。大伴人益，刑部
廣瀨女，並授從八位下。賜絁各十疋，綿廿屯，絜布卅端，正稅一千
束。」[6]此後獻白鹿、白龜、白雉者，皆可獲得數量可觀的賞賜。

　　對外國使節也頻頻賜贈。唐、新羅、渤海、百濟都是當時與日
本頻繁往來的幾個國家，使臣通往之間往往承擔著外交任務，也自
然免不了貢物和回賜。天智元年（662年）正月，賜百濟使臣「信
矢十萬枝、絲五百斤、綿一千斤、布一千端、韋一千張、稻種三千
斛」，三月，又賜百濟王「布三百端」[7]；天智六年（667年）閏十一
月，「以錦十四匹、纈十九匹、緋二十四匹、紺布二十四端、桃染布
五十八端、斧二十六、釣六十四、刀子六十二枚，賜（聘羅使）橡磨

1　《續日本紀》（卷六），《元明紀三》。
2　《續日本紀》（卷十五），《聖武紀七》。
3　「秋七月，甲申朔乙酉，賜陰陽允大津海成，絁五匹、布十端，以占霽有驗
　　也。」《日本後紀》（卷六），《桓武紀六》。
4　「冬十月，辛亥朔庚午，以進大肆，賜獲白蝙蝠者飛驒國荒城郡弟國部弟日，
　　並賜絁四匹、布十端，其戶課役限身悉免。」《日本書紀》（卷三十），《持
　　統紀》。
5　「五月，癸卯朔丁巳，河內國石河郡人河邊朝臣乙麻呂，獻白鳩。賜絁五疋，
　　絲十絇，布廿端，鍬廿口，正稅三百束。」《續日本紀》（卷三），《文武紀
　　三》。
6　《續日本紀》（卷二十），《孝謙紀四》。
7　《日本書紀》（卷二十七），《天智紀》。

等」[1]；持統七年（693年）賜唐使郭務悰「絁一千六百七十三匹，布二千八百五十二端，綿六百六十六斤」[2]；天平十二年（740年）正月，賜贈渤海大使「賵調布一百十五端，庸布六十段」[3]；寶龜七年（776年）新羅王子滯留難波館，賜「絁一百匹，細布一百端，砂金大一百兩」。[4]

另有對寺、僧的賜贈，其實可視為國家給祿的一種方式。如天武九年（680年）五月，「敕，絁、綿、絲、布以施於京內二十四寺，各有差」[5]；天武十四年（685年）十月，因體恤京內諸寺的貧乏僧尼及百姓，賜「每僧尼，各絁四匹、綿四屯、布六端，沙彌及白衣，各絁二匹、綿二屯、布四端」[6]；持統四年（690年），「以絁、絲、綿、布，奉施七寺安居沙門三千三百六十三」[7]；天平六年（734年）三月，「施入四天王寺食封二百戶，限以三年，並施僧等絁布」[8]；天平感寶元年（749年），「舍大安、藥師、元興、興福、東大五寺，各絁五百疋，綿一千屯，布一千端，稻一十萬束，墾田地一百町。法隆寺，絁四百疋，綿一千屯，布八百端，稻一十萬束，墾田地一百町。弘福、四天王二寺，各絁三百疋，綿一千屯，布六百端，稻一十萬束，墾田地一百町。崇福、香山藥師、建興、法花四寺，各絁二百疋，布四百端，綿一千屯，稻一十萬束，墾田地一百町。」[9]天平神護元年（765年）三月「幸元興寺，舍綿八千屯，商布一千段」，「幸藥師寺，舍調綿一萬屯，商布一千段」[10]。弘仁二年（810年），在對聽福法師

---

1 《日本書紀》（卷二十七），《天智紀》。
2 《日本書紀》（卷二十八），《天武紀上》。
3 《續日本紀》（卷十三），《聖武紀五》。
4 《續日本紀》（卷三十四），《光仁紀四》。
5 《日本書紀》（卷二十九），《天武紀下》。
6 《日本書紀》（卷二十九），《天武紀下》。
7 《日本書紀》（卷三十），《持統紀》。
8 《續日本紀》（卷十一），《聖武紀三》。
9 《續日本紀》（卷十七），《聖武紀九》、《孝謙紀一》。
10 《續日本紀》（卷二十八），《稱德紀三》。

一番情詞懇切的賜書之後，又「附送綿百屯、布卅端」[1]；弘仁三年（811年），「使問玄賓法師，兼施法服並布卅端」[2]，十二月，又賜其綿、布等物。這裡需要插入一筆的是，在延請寺僧誦經或做法事時，佈施之物並非隨意給出，而是根據官級大小有所限制：「凡王臣已下誦經佈施物者，親王一品商布五百段已下，二品三百段已下，三品四品各二百段已下。諸王、諸臣，一位五百段已下，二位三百段已下，三位二百段已下，四位一百段已下，五位五十段已下，六位已下卅段已下，並三七若七七日一度，施修不得違差。非商布者，亦准此數。若相勞之人，必有可諷誦。只許二等已上親。其佈施物，不得過本位數。」[3]

國家亦有恤民政策，對老弱病殘者予以關照。朱鳥元年（686年）十二月，「賜京師孤獨、高年，布、帛各有差」；持統四年（690年）三月，「賜京與畿內人年八十以上者島宮稻，人二十束，其有位者，加賜布二端」[4]；持統七年（693年）正月「賜京師及畿內有位年八十以上人衾一領、絁二匹、綿二屯、布四端」[5]，養老元年（717年）十一月，對天下老人年八十以上者，「授位一階，若至五位，不在授限。百歲已上者，賜絁三疋，綿三屯，布四端，粟二石。九十已上者，絁二疋，綿二屯，布三端，粟一斛五斗。八十已上者，絁一疋，綿一屯，布二端，粟一石」[6]；直到天安二年（858年）七月，「帝聞年滿八十，恩賞殊異，施度者八人，縑八十疋，調布商布交易布各八十段，綿八十斤，錢八萬貫，米八十石」[7]。另外，對一產多胎者，也予以厚待，如文武三年（700年）正月，新羅人牟久賣，「一產二男二

---

[1] 《日本後紀》（卷二十一），《嵯峨紀四》。
[2] 《日本後紀》（卷二十二），《嵯峨紀五》。
[3] 《延喜式》（卷二十一），《治部省・雅樂寮、玄蕃寮、諸陵寮》。
[4] 《日本書紀》（卷三十），《持統紀》。
[5] 《日本書紀》（卷三十），《持統紀》。
[6] 《續日本紀》（卷七），《元正紀一》。
[7] 《日本文德實錄》（卷九），《文德紀十》。

女，賜絁五疋、綿五屯、布十端、稻五百束、乳母一人[1]」；文武四年
（701年）十一月，大倭國葛上郡一產二男一女者，「賜絁四匹，綿四
屯，布八端，稻四百束，乳母一人」[2]；和銅四年（711年）七月，山背
國相樂郡一產三男者，「賜絁二匹，綿二屯，布四端，稻二百束，乳
母一人」[3]。

　　此外，在百官、命婦、法師包括外國使臣死亡時，皇家也會表示
慰問，賜贈布帛一類的物事，謂之「賻物」，以助喪葬之用。比如大
寶元年（701年）正月，賜贈新羅大使金所毛賻物「絁一百五十四、綿
九百三十二斤、布一百段」[4]。神龜元年（724年）四月，賜陸奧國陸奧
國大掾佐伯宿禰兒屋麻呂「賻絁一十匹，布廿端」[5]，同年九月，贈石
川朝臣正三位夫人「賻絁三百疋，絲四百絇，布四百端」[6]。神龜五年
（728年）冬十月，義淵法師卒，贈「賻絁一百疋，絲二百絇，綿三百
屯，布二百端」[7]，弘仁四年（813年）十一月賜賻物「布一百卅段、錢
一十一貫、米七斛」給已故傳燈大法師的諸位賢弟子，弟子們稱師遺
命，辭而不受，因「有敕，強賜之」。[8]

　　因為織物不僅在中國也在日本長期保持著實物貨幣的地位，因
而充當俸祿的情況也時有發生，比如對「諸夷入朝」[9]和「入諸蕃
使」[10]，均會根據其官位大小，賜予數量不等的絁、綿、布等若干。

---

[1] 《續日本紀》（卷一），《文武紀一》。
[2] 《續日本紀》（卷一），《文武紀一》。
[3] 《續日本紀》（卷五），《元明紀二》。
[4] 《續日本紀》（卷二），《文武紀二》。
[5] 《續日本紀》（卷九），《元正紀三》、《聖武紀一》。
[6] 《續日本紀》（卷九），《元正紀三》、《聖武紀一》。
[7] 《續日本紀》（卷十），《聖武紀二》。
[8] 《日本後紀》（卷二十三），《嵯峨紀六》。
[9] 「凡諸夷入朝給祿者，第一等絁六疋，綿十二屯，布十二端。第二等以下，等
別減絁一疋，綿二屯，布二端。即參向皇朝，准此法給。自餘不用此式。」
《延喜式》（卷十八），《式部省上》。
[10] 「入唐大使，絁六十疋，綿一百五十屯，布一百五十端。副使，絁卅疋，綿
一百屯，布一百端。判官，各絁十疋，綿六十屯，布卅端。錄事，各絁六疋，

　　奈良時代的布名目繁多，就性質而言，便有調布、庸布、調庸布、祖布（租布）、商布、國交布，調布中按其產地又分為陸奧（調布）、常陸（調布）、武藏（調布）、上總（調布）、下總（調布）、下野（布）、相摸貨（調布）、信濃（調布）、越後調布、佐土（調布）、望陀（調布）；就材質的精粗而言，有細布、紫細布、貨布、細貨布、薄貨布、太貨布等；就尺幅來說，有長布、短布；就顏色而分，有黃布、紺布、白布；就用途而言，有染布、洗布、白洗布；就製成方式和材料而言，有太布、牒世布、曝布、熟布、葛布、紵布等。[1]因為品種相異，又或產地不同，布的價格也有所變動，調布一端值四百五十文，布一段值一百三十文，商布一段值一百二十五

綿卅屯，布廿端。知乘船事、譯語、請益生、主神、醫師、陰陽師、畫師，各絁五疋，綿卅屯，布十六端。史生、射手、船師、音聲長、新羅・奄美等譯語、卜部、留學生、學問僧、傔從，各絁四疋，綿廿屯，布十三端。雜使、音聲生、玉生、鍛生、鑄生、細工生、船匠、絁師，各絁三疋，綿十五屯，布八端。傔人、挾杪，各絁二疋，綿十二屯，布四端。留學生、學問僧，各絁卅疋，綿一百屯，布八十端。還學僧，絁廿疋，綿六十屯，布卅端。已上布各三分之一給上總布。水手長，絁一疋，綿四屯，布二端。水手各綿四屯，布二端。絁師、挾杪、水手長及水手，各給帷頭巾、巾子、腰帶、貨布、黃衫、著綿魚褌子、袴及汗衫、褌、貨布半臂。其渤海、新羅水手等，時當熱序者，停綿褌子袴，宜給細布袴，並使收掌，臨入京給。其別賜，大使，彩帛一百十七疋，貨布廿端。副使，彩帛七十八疋，貨布十端。判官，各彩帛十五疋，貨布六端。錄事，各彩帛十疋，貨布四端。知乘船事、譯語，各彩帛五疋，貨布二端。學問僧、還學僧，各彩帛十疋。」
「入渤海使，絁廿疋，綿六十屯，布卅端。判官，絁十疋，綿五十屯，布卅端。錄事，絁六疋，綿卅屯，布廿端。譯語、主神、醫師、陰陽師，各絁五疋，綿卅屯，布十六端。史生、船師、射手、卜部，各絁四疋，綿廿屯，布十三端。雜使、船工、絁師，各絁三疋，綿廿屯，布十端。傔人、挾杪，各絁二疋，綿十屯，布六端。水手，各絁一疋，綿四屯，布二端。」
「入新羅使，絁六疋，綿十八屯，布十八端。判官，絁四疋，綿八屯，布八端。錄事、大通事，絁各三疋，綿六屯，布六端。史生、知乘船事、船師、醫師、少通事、雜使，各絁二疋，綿四屯，布四端。傔人、鍛工、卜部、絁師、水手長、挾杪，各絁一疋，綿二屯，布二端。水手，各綿二屯，布二端。」
《延喜式》（卷三十），《大藏省・織部司》。
[1] 參見[日]關根真隆：《正倉院古文書物名索引　五　染織關係項》，載於《正倉院紀要》（第十號），昭和63年（1988年）。

文，細布一端值五百五十文，望陀布一端值四百文，常陸布一端值四百文，摸貲布一端值二百七十文，陸奧布一端值二百七十文，信濃布一端值三百六十文，武藏布一端直三百五十文。

布的使用細緻而廣泛。在祭祀活動中，布匹是最常見的獻祭品，往往是絁、布、絲、綿並舉，成為一組祭品，而布匹又通常充當祭祀中的雜用料和齋服料，比如春日神四座祭的祭神料便需「調布二丈三尺，曝布一端八尺，商布十二段」，散祭料中需「曝布一端」，解除料中需「庸布一段，商布二段」，釀神酒並馳使等食料中需「調布五尺，庸布一段」，釀神酒解除料中需「庸布四段」，齋服料中需「細布二端，調布二端」，「膳部八人、卜部二人，別佐渡調布二丈七尺，紅花二兩。守神殿仕丁二人，別商布二段」。[1]

作為裝飾，布常裁作形制寬廣的帷帳、覆蓋等，用於宮殿裝飾或各種禮儀場合。比如，在太神宮裝飾中，就有「敷床細布袷帷一條（長九尺，廣四幅）」，「敷御道布廿三端三丈」；度會宮裝飾中，有「敷御道調布十八端」；荒祭宮裝飾中，有「土代細布帷一條（長八尺，廣二幅）」；多賀宮裝飾中，有「細布單帷一條（長六尺，廣二幅）」。[2]在築造宮殿時，需要舉行鎮祭儀式，「其築平殿地之日，以紺布帳，奉翳神殿，勿令工夫臨看」[3]。喪葬儀式中，「凡王以下小智以上，其帷帳等宜用白布；庶人亡時，收埋於地，其帷帳等可用粗布」。[4]

作為日用，布也通常用為小件的布袋、布篩等，另外，布還充當各種雜料，在製作御鏡、御腰帶、御太刀、內印、外印、諸司印、諸國印、御斗帳、御輿、御車、屏風、燈檯等物件中皆有需要，它們或作揩拭，或為黏貼，又或充當裏料。

---

[1]　《延喜式》（卷一），《神祇一・四時祭上》。
[2]　《延喜式》（卷四），《神祇四・伊勢太神宮》。
[3]　《延喜式》（卷四），《神祇四・伊勢太神宮》。
[4]　《日本書紀》（卷二十五），《孝德紀》。

當然，此時布的主要用途，還是在裁造衣物。無品親王時服一年的定額中需「細布卅七端二丈一尺（冬加綿二百屯）」，後宮需「細布卅端，曝布五十端（冬加綿三百屯）」；夫人需「細布卅端，曝布五十端（冬加綿二百五十屯）」；嬪需「細布廿端，曝布卅端（冬加綿二百屯）」；女御需「曝布卅端（冬加綿一百屯）」。內教坊，未選女孺五十人需「貲布一端（冬調布二端）」；女丁需「縹調布二丈一尺，庸布一段（冬亦同）」。[1]

布可做袍、衫、袴、襪、前裳、早袖（肩覆）、半臂、冠巾、頭巾、手巾、唾巾、湯帷或湯帳（浴衣）、帶、被、褥、敷（鋪陳）、袋等。在《正倉院文書》中，還詳細記載了各種功用所需的布匹尺寸。比如，湯帳（浴衣）每條用布一丈二尺，手巾一條用布五尺，襪一雙用布三尺，冠、早袖、前裳每人用布一丈，單袖、冠、前裳每人用布九尺，冠一條用布三尺，單袖並前裳每人用布六尺，單袍一領用布一丈九尺，袷袍一領用布三丈六尺，袴一腰用布七尺，袷袴一腰用布一丈二尺，單袴一腰用布七尺，單衣一領用布一丈五尺。就裁縫功程來說，「布袍，長功日三領，中功日二領，短功日一領。布衫，長功日六領，中功日四領，短功日三領。單布袴，長功八日腰，中功日六腰，短功日五腰」[2]。

現存奈良、平安時代的布料，主要集中在正倉院的收藏中，且以服飾品居多，以下就以袍、衫、貫頭衫、早袖、半臂、前裳、袴、襪、袋分述說明，以略窺其形制：

（一）布袍（圖1）

奈良、平安時代的袍服，有當色袍、蓁摺袍、青摺袍、榛藍摺綿袍、榛摺帛袍、袷袍、緋皂袷袍、黃帛袷袍、緋袍、黃袍、綠袍、

---

1 《延喜式》（卷十二），《中務省　內記、監物、主鈴、典鑰》。
2 《延喜式》（卷十四），《縫殿寮》。

紫袍、紺袍、緋紫袍、緋大袖袍、赤白橡袍、暴布袍、緋貲布袍、縹袍、緋大縹袍、帛袍、襖袍、黃單袍等名目。天子在六月晦日時的贖服是暴布袍，東大寺的雜役人等，著布袍的有舍人、廝女、驅使丁、侍丁、優婆夷、膳部（庖廚）。這件麻布袍上有墨書銘「久米淨衣返上」，久米氏是當時東大寺的一名經生，布袍反映了奈良時代一般庶人的常服樣式，其圓領、右衽、直裾、大襟、窄袖一反漢以來的寬袍大袖，是典型的唐代樣式，其窄袖深受少數民族胡服的影響。

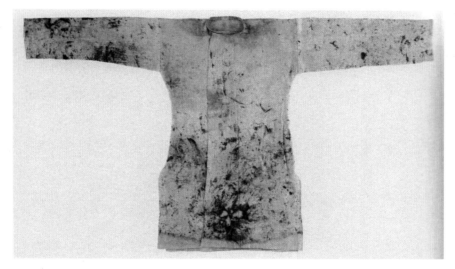

圖1　丈120 cm　正倉院中倉藏

（二）布衫（圖2）

日本此時的布衫，有青摺布衫、青摺細布衫、青揩調布衫、佐渡布衫、汗衫、赤練汗衫、繡衫、黃布衫、紺布衫、細布衫、紅染細布衫、紅染布衫、深紅衫、綠襖青揩衫、襴縠衫、調布衫、縹調布衫、紺調布衫、商布衫、大橫布衫、緋大縹布衫、緋大縹布衫、深綠布衫、柴揩貲衫、黃色柴揩貲衫、緋帛衫、貲布衫、深綠貲布衫等名

目。布衫一般是侍丁、舞人、近衛、騎射官人、御輿長等品秩不高的
下層官員的服用，這件布衫有墨書銘「東寺古破陣樂布衫　天平勝寶
四年四月九日」，破陣舞樂是鼎鼎有名的唐樂，那麼此衫則極有可能
為當時的樂舞人所有。這件布衫是奈良時代的典型樣式「右衽上領
式」，圓領、直裾，兩袖較寬，據日本學者的解說，應是替代布袍的
夏服。[1]

圖2　丈79.3 cm　正倉院中倉藏

（三）貫頭布衫（圖3）

　　圓領、無袖，形樣簡素質樸，其衣右上方有墨書銘「東大寺羅
樂久太衫　天平勝寶四年四月九日」，是東大寺大佛開眼會上伎樂服
裝。因《後漢書‧東夷傳》和《魏志‧倭人傳》中均有對倭國女子
「衣如單被，貫頭而著之」的表述，而有研究者結合文獻與實物對貫
頭衣的流傳軌跡得出了合情入理的解說：「『貫頭衣』是古代中國百

---

[1]　《正倉院展》（第四十七回），奈良：奈良國立博物館，1995年，68頁。

越民族傳給朝鮮之後再傳入日本的」[1]。但如果我們再補充《魏書‧西域傳》中波斯國男子的服飾記載：「丈夫剪髮，戴白皮帽，貫頭衫，兩廂近下開之，並有巾帔，緣以織成」，梁元帝《職貢圖》中，第一位滑國（囗厭噠）使者的裝束：「內穿貫頭衫，外套翻領長袍，束帶，足踏麂皮長筒靴」[2]，以及結合現存實物新疆尼雅一號墓地出土的兩件實物，山普拉墓出土的兩件實物，新疆尼雅三號墓出土的一件菱格綺貫頭衫[3]，似可說明，貫頭衫的來源至少還有西域服式的背景。

圖3　貫頭布衫　丈66.8 cm　正倉院中倉藏

---

[1]　參見周菁葆：《日本正倉院所藏「貫頭衣」研究》，載於《浙江紡織服裝職業技術學院學報》（第二期），2010年。

[2]　參見新疆維吾爾自治區民族事務委員會編，劉維新主編：《新疆民族辭典》，烏魯木齊：新疆人民出版社，1995年，66頁。

[3]　參見李曉君：《尼雅三號墓出土菱格綺貫頭衫復原研究》，載於包銘新主編：《西域異服：絲綢之路出土古代服飾復原研究》，上海：東華大學出版社，2007年。

（四）布早袖（圖4）

功用類似於唐代的披帛，是披肩之一種。東大寺的雜役人等，服用早袖的有膳部（袍廚）、優婆塞、廝女、侍丁、驅使丁等。

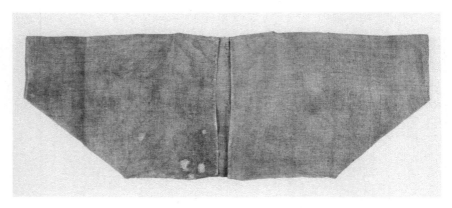

圖4　布早袖　丈36.5 cm　正倉院中倉藏

（五）布半臂（圖5）

是一種短袖或無袖上衣，交領、腰下接襴，與襴袍不同，半壁之襴一般為異色或相異花紋，並且自腰而下至膝，形似短裙。唐代的半臂是男子常服之一種，在使用搭配上，一般穿於袍衫之內，使男子肩背顯得更加挺拔魁梧，大量唐代壁畫、陶俑均生動地刻畫了袍衫之內隱隱鼓起的半臂輪廓。敦煌莫高窟116窟盛唐彌勒經變之「樹上生衣」有男子取袍套著的場景，清晰地描繪了穿在袍內的一件暗紅帶碧襴的半臂衣。半臂在製作材料上，除了這件無襴的布半臂外，還有不少採用硬挺華麗的錦製成。「當年，半臂錦的需求量應當不小，因此，揚州還專門織造半臂錦，逐年貢進。」[1]服用錦半臂的男性有崔成甫、鄭愚、李白、安祿山等人，他們或以狂放自居，或以才華稱著，又或是胡人貴戚。奈良、平安時代的半臂，是天子的春夏禦服，又是入唐大

---

[1]　尚剛：《唐錦的功用》，載於《古物新知》，北京：三聯書店，2012年版，44頁。

使「絁師、挾杪、水手長及水手」[1]的賜物。正倉院現存四十多件半臂，則多為東大寺的雜役和舞人等服用。其中花錦身者占很大比例，而襯料則多為較為柔軟的綾、絹等。

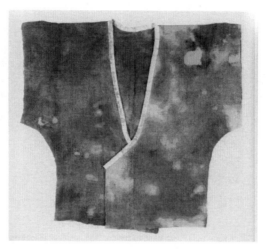

圖5　布半臂　丈69.0 cm　正倉院中倉藏

（六）布前裳（圖6）

即圍腰、圍裙，在中國流行於西南少數民族中，這件前裳為東大寺婢女、染女、驅使丁、侍丁、庖廚等工役勞作時的服飾。

---

[1] 「絁師、挾杪、水手長及水手，各給帷頭巾、巾子、腰帶、絓布、黃衫、著綿帛襖子、袴及汗衫、褌、絓布半臂。」《延喜式》（卷三十），《大藏省、織部司》。

圖6　布前裳　丈85.0 cm　正倉院中倉藏

（七）布袴（圖7）

　　《箋注倭名類聚鈔》謂袴「脛上衣名也」，晉時有「袴褶」制度，「包括大、小袖子長可齊膝的衫或襖，膝部加縛的大小口袴」[1]。奈良時代的袴是上自天子、下至御巫、輿長、舞人、舍人、經師、校生、熟銅火作工、擔夫、侍丁及其他各種雜役之人的四時常服，使用十分廣泛。

圖7　布袴　丈約68.0 cm　正倉院中倉藏

---

[1] 沈從文：《中國古代服飾研究》，上海：上海書店出版社，2005年，220頁。

（八）布襪

　　兩雙，一雙略長，及膝（圖8），有緣；一雙略短（圖9），名大歌布襪。奈良時代的襪的材料，不僅有布襪，也有絁襪、絹襪、帛襪和錦襪。長襪墨書銘「尾張子豬　廿四日」，緣邊為淺綠地花紋錦；短襪墨書銘「東大寺後一　天平勝寶四年四月九日」，「東大綱印」，是天平勝寶四年（752年）大佛開眼會上的伎樂服用。

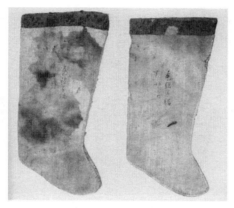

圖8　長各約43.0 cm　正倉院南倉藏

圖9　布襪　丈20 cm　底長26 cm　正倉院南倉藏

（九）摺布屏風袋（圖10）

　　這件盛裝屏風的布袋是採用摺繪（疊印）的形式在麻布上繪製裝飾，儘管年代久遠，我們卻還能依稀辨認上面的團花圖案。

圖10　摺布屏風袋　胴部長147.0 cm　同幅57.0 cm　正倉院中倉藏

（十）布袋（圖11）

上有墨書銘「信濃國水內郡中男作物芥子二斗　天平勝寶二年十月」，原是一件盛放芥子的布袋。

圖11　布袋　縱45.5 cm　橫48.0 cm

此外，也有採用線描形式在麻布上作畫的實例。南倉收藏的一件麻布菩薩（圖12），結跏趺坐、體態雍容、仙袂飄飄，頗具盛唐風采。另有東大寺山堺四至圖、東大寺開田地圖（越中國礪波郡伊加流伎野、越中國新川郡丈部野、越中國射水郡、越前國足羽郡糞置村、越前國足羽郡糞置村、越前國足羽郡道守村、越中國三郡墾田野、近江國水田，均為正倉院所領莊園）（圖13）幾幅在麻布料上墨書勾勒的地圖，這些麻布地圖雖然藝術價值不高，但卻是反映當時用布情況的重要資料。

圖12　縱138.5 cm　橫133.0 cm　正倉院南倉藏

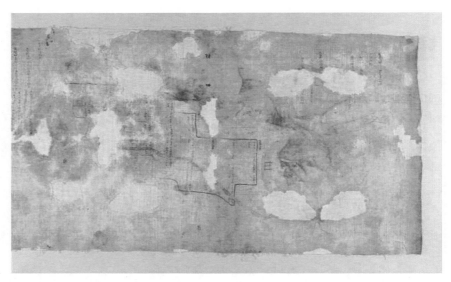

圖13　近江國水田地圖（局部）　縱69 cm　橫253 cm　正倉院中倉藏

　　其實，布就其原料來說，分葛、麻織物和棉織物，也即麻布和棉布，但在奈良、平安時代，我們雖然也可從各地貢調和各種賞賜中經常見到綿和木綿，不過它們卻僅僅只是一種略經加工的作物。麻、葛織物相對粗重，印染費時費工，這也可以反過來解釋當時布服何以大多樸素無紋的原因，而被元人稱賞的「宛如一軸院畫，或蘆雁、花草尤妙，此出於海外倭國，而吳人巧而效之」[1]的印染青花棉布，出現還要等到13世紀。另外，還需提請注意的是，前文已揭奈良、平安時代的麻布產地主要集中在日本東南沿海的東海道、東山道和西海道諸國，與唐王朝國土相隔懸遠，裁作衣物的原料產自本國應無疑問。品級較高的服飾因為禮制原因仿照唐服已是常識，而本文列舉的正倉院的各類庶人布衣也一應悉仿唐式，甚至還有唐代服裝深受西域風格影響的影子，這也可見日本當時對唐代物質文明的吸收和模仿早已深入到了士庶社會。

---

[1]　孔克齊：《至正直記》（卷一），《松江花布》。

朝鮮人眼中的古代瀋陽文壇探析
——以《燕行錄》為例[1]

趙旭

瀋陽大學中文系專任副教授

自隋唐征高麗，到元明清朝鮮成為藩屬，中國與三韓文化交流有著悠久的歷史。蒙古太宗三年（1231）耶律楚材入相，他在太宗四年所作的《和高麗使三首》（其一）中提出「仁綏武震誠無敵，重譯來王四海同」，「仁綏」以「來王」的政策深刻影響了自元朝以後的中朝關係。尤其是忽必烈即位後，中朝的藩屬關係一直是穩定發展的，其文化交流也日益密切，而《燕行錄》就是這種文化交流的證明。

從廣義上看，《燕行錄》就是泛指從高麗到朝鮮這七百多年間形成的文獻，指元、明、清時期朝鮮人在中國所見所聞的文字記載；而從狹義上看，則是專指「朝鮮時代使臣們來往燕京（北京）時根據所聽所見而記錄下來的紀行錄」[2]。事實上，許多並非以北京為目的地的作品也被視為《燕行錄》，如李晚秀、李田秀的《入瀋記》，樸來謙的《瀋槎日記》和金種正的《瀋陽日錄》都被林中基收入《燕行錄全集》中。

目前對《燕行錄》的研究尚未充分展開。從文獻的整理來看，韓國學者做了較多工作，1962年，韓國成均館大學校大東文化研究所編纂了《燕行錄選集》兩卷本；1967年，韓國民族文化推進會編譯了《燕行錄選集》11輯本。此外還有一些文集與單行本，如韓國文集編

---

1   此文為「遼寧省高等學校優秀人才支持計劃資助」與2013年度遼寧省社會科學規劃基金項目：遼寧地域文學與文學史現象研究（編號L13BZW008）。

2   [韓]林中基：《領導朝鮮朝的知識人的背景紀行見聞錄》，載於《燕行錄全集》（第一百卷），首爾：東國大學出版社，2001年。轉引自張傑：《韓國史料三種與盛京滿族研究》，瀋陽：遼寧民族出版社，2009年，4頁。

撰委員會的《韓國歷代文集叢書》本和韓國民族文化推進會標點影印的《韓國文集叢刊》。而2001年，韓國東國大學出版的由林中基編輯的一百冊《燕行錄全集》，收入五百餘種，並計畫出版續集五十冊，內容搜羅比較全面。在中國大陸，也翻譯出版了一些《燕行錄》作品，如1997年上海書店出版了樸趾源《熱河日記》。但單行本數量不多，許多作品是以專著附錄形式出版的，如2005年，遼寧大學的張傑從韓國複印了李田秀、李晚秀的《入瀋記》，樸來謙的《瀋槎日記》和金種正的《瀋陽日錄》並加以校注，於2009年在國內以《韓國史料三種與盛京滿族研究》之名首次出版；邱瑞中將李忔的《學汀先生朝天日記》作為其專著《燕行錄研究》的附錄於2010年出版。據邱瑞中2010年統計，韓國東國大學出版社的《燕行錄全集》「銷往中國的不足十部，大多數人不知道，故未形成影響」[1]。2010年6月，廣西師範大學出版社出版了《燕行錄全集》第一輯十二冊，此後又於2012年2月出版了第二輯十冊，但後續部分尚未見到。

　　《燕行錄》與瀋陽有著極為密切的聯繫，對於瀋陽的歷史挖掘以及未來的文化建設都具有重要的意義。朝鮮人來中國，除少數時候由於戰亂等原因之外，（如李忔《雪汀先生朝天日記》所言：「崇禎年間，虜陷遼東，自是我國貢路遠乘渤瀣之險，人皆憚行。」[2]後金佔領遼瀋地區後，朝鮮使臣只能從繞路去北京朝貢。）一般情況下都會經過瀋陽，有時甚至以瀋陽為目的地。在瀋陽停留期間，一些有較高漢語寫作水準的朝鮮人，他們出於不同的目的，或出於個人愛好，或向本國政府彙報沿途見聞，或為了打探朝廷情況，他們主動觀察瀋陽的社會狀況，並將所見所聞納入筆端。其作品多為日記體實錄，形式自由，內容豐富，看似瑣碎，實際上卻為後世保留了大量關於瀋陽地區政治、經濟、文化各方面的第一手資料。同時，外國人的身份使其具

---

[1]　邱瑞中：《燕行錄研究》，桂林：廣西師範大學出版社，2010年，3頁。
[2]　[朝]李忔：《學汀先生朝天日記・序》，轉引自邱瑞中：《燕行錄研究》，桂林：廣西師範大學出版社，2010年版，281頁。

有相對獨立性，顧忌較少，能夠客觀地反映情況，如金毓紱對朝鮮人柳得恭《燕台再遊錄》所評價的那樣：

> 此爲異國人紀中朝事蹟之書，不參利害之見，頗能得真，故可貴也。[1]

其中，有的作品側重於社會重大歷史事件的記錄，如1637年到1644年朝鮮王世子在清朝作人質期間，其隨從所作的《昭顯太子瀋陽日記》，「它敘事恪守法度，用詞造句嚴謹，所記史事十分細緻，可以說一步《昭顯世子瀋陽日記》就是一部清國八年發展史」[2]；有的則側重記述在中國的交遊見聞，如柳得恭的《燕台再遊錄》和李田秀、李晚秀的《入瀋記》；有的則側重於個人的創作，如柳得恭的《灤陽錄》。而後兩者對瀋陽古代文學的研究而言，無疑更具有價值。能夠更加客觀、真實地反映瀋陽當時的文壇狀況，對後人把握瀋陽古代文學特點有著重要意義。《燕行錄》與瀋陽文壇的關係其主要表現在以下幾個方面：

一、構成瀋陽古代文學的一部分

地方文獻，除了包括當地作家的作品外，還應該包括非本地人在該地創作以及表現該地內容的作品。如《遼海叢書》中就收錄多部朝鮮人表現遼沈的著作，如柳得恭《瀋陽錄》、《燕台再遊錄》，宣若海《瀋陽日記》以及不知撰者姓名而表現朝鮮世子在瀋陽作人質情形的《瀋館錄》等。因此，朝鮮人在瀋陽創作的作品，當然也屬於瀋陽古代文學範疇。

---

[1] 金毓紱：《遼海叢書總目提要》，《遼海叢書》，瀋陽：遼沈書社，1985年，3640頁。

[2] 邱瑞中：《燕行錄研究》，桂林：廣西師範大學出版社，2010年，2頁。

　　朝鮮人中具有較高漢文寫作水準的自古以來就大有人在。《全唐詩》中收有朝鮮詩人王巨仁、高元裕、金真德、薛瑤、金地藏和金可紀等人的作品，而「在其後的上千年時間裏，半島所出現的漢詩詩人到底有多少，實在是無法統計」[1]。許多來到瀋陽的朝鮮人都喜歡中國文學，能夠用漢語創作，他們在瀋陽期間創作的和以瀋陽為表現對象的文學作品本身就是瀋陽古代文學的重要組成部分。這些作品中，有許多是單純的描述眼中的瀋陽景物，表現出較高的漢語運用能力。如金種正《瀋陽日錄》中記載乾隆二十九年（1764）四月十九日觀瀋陽行宮：

> 宮南向外無正門，由旁小門而入，少進有兩牌樓，左曰「文德坊」，右曰「武功坊」。文德坊內有景佑宮，奉三清神像。少進有一座門，門內有崇政殿，縱五間，橫二間，當中設坐榻，以黃金刻龍，輝煌奪目。榻上作彩楣，橫扁（按：匾）「正大光明」四金字。門戶皆飾以金，牆青瓦，殿青黃瓦，兩頭以彩磁作龍獅，勢若飛動。棟樑、壁砌及瓦頭皆作雕龍，奇巧異常。月臺不甚高，而石色青瑩，左右設香爐石日影台。殿左飛龍閣，殿右翔鳳閣，皆層樓。殿后新構三層鳳凰樓，鉅麗甚，聞一柱之費至千緡。樓下有層階，凡二十二級。由樓後左折，有皇帝寢殿，順治生於此云。其南太后宮，其西皇后宮，其下太子宮，內外諸庭，皆鋪磚石，密密無罅隙。殿北左右閣貯祭器、床卓（按：桌）。中有永寧宮，即其先廟也。其北牆外有十八倉云。[2]

---

[1]　劉順利：《半島唐風：朝韓詩人與中國文化》，銀川：寧夏人民出版社，2004年，87頁。

[2]　轉引自張傑：《韓國史料三種與盛京滿族研究》，瀋陽：遼寧民族出版社，2009年，376頁。

　　這段文字描寫得細緻而具體，通過文字表述，不僅能夠讓我們一窺當時瀋陽故宮的風貌，而且在今天也可以當作一篇精彩的導遊詞來看。同時，這段文字對景物的描述，層層鋪開而絲毫不亂，表現出極高的漢語寫作能力。

　　朝鮮文人作品中表現最多的內容是與瀋陽文士的交往情況。例如柳得恭（1748-1807），字惠風、惠甫，號泠齋、泠庵、歌商樓、古芸居士、古芸堂、恩暉堂，與樸齊家、李德懋、李書九合稱為朝鮮王朝「漢學四家」。他是「東人之贍於文學者也」[1]。其所著《灤陽錄》乃「乾隆五十五年隨其國使臣赴熱河行宮賀高宗萬壽詠其所見而成書，一稱《熱河紀行詩注》，蓋以詩為主而又自為注也」[2]。其中表現與瀋陽文士交往的就有兩首。卷一《瀋陽書院》曰：

> 不見江南張秀才，講堂深處獨徘徊。
> 當年別語工悽楚，瀋水東流可再來。[3]

　　他於乾隆四十三年（1778）秋天在瀋陽書院與諸文友分別，十二年後舊地重遊，此為回憶當時情景所作。「講堂深處獨徘徊」一句，將作者面對舊遊之地物是人非的惆悵與心中對友人的懷念之情形象地展現出來。由其自注可知，分別的時候諸文友還進行了唱和，「臨別贈詩者凡十七人」[4]，其中不乏金科豫這樣的著名詩人。而柳得恭自己的和詩也在注中記錄下來：

1　金毓黻：《遼海叢書總目提要》，《遼海叢書》，瀋陽：遼瀋書社，1985年，3639頁。
2　同上，3639頁。
3　[朝]柳得恭：《灤陽錄》（卷一），《遼海叢書》，瀋陽：遼瀋書社，1985年，315頁。
4　同上，315頁。

悠悠小別僅堪哀，瀋水東流可再來。
記取今秋書院裏，淡黃紙上筆談回。[1]

此外，李海應在《薊山紀程》中也記載了嘉慶八年十二月在瀋陽和程偉元見面唱和的詩：

郢下歌成白雪春，主人情致譱怡神。
逢迎詩席匆匆話，莫辨浮生夢與真。[2]

瀋陽文人與朝鮮文人的文化交流是很頻繁的，彼此唱和很多，如繆公恩《夢鶴軒梅瀨詩鈔》卷三就有《送朝鮮使臣李魯山、高兼之、金清山諸君》、《得李魯山、金清山見和之作卻答》、《懷朝鮮李魯山、金清山諸君》，卷四有《寄朝鮮李魯山、金清山、高兼之諸君》等詩作；金朝覲《三槐書屋詩鈔》卷一有《和洪樗庵渡渾河望見瀋陽元韻》、《贈朝鮮使臣高二首》、《送李學山一首》、《贈金清山一首》、《送樸慈庵二首》、《送洪樗庵回朝鮮》、《懷朝鮮奉使諸公》、《答夢鶴軒主人並呈懷朝鮮使臣詩》等詩作，但許多朝鮮文人在瀋陽與之應和的詩作目前尚不得見，這有待於進一步發掘。

朝鮮文人的作品中還有一些思古感懷之作。如柳得恭《灤陽錄》卷二《瀋陽》曰：

嗚呼崇德二年春，牢記干支是甲辰。
歸到瀋陽城外路，斷煙秋草弔三臣。[3]

---

1 [朝]柳得恭：《灤陽錄》（卷一），《遼海叢書》，瀋陽：遼瀋書社，1985年，315頁。
2 轉引自趙建忠：《新發現的程偉元佚詩及相關紅學史料的考辨》，《紅樓夢學刊》（第六輯），2007年，130頁。
3 [朝]柳得恭：《灤陽錄》（卷一），《遼海叢書》，瀋陽：遼瀋書社，1985年，330頁。

　　所謂「三臣」又稱「朝鮮三學士」，指的是三位反抗清朝的朝鮮大臣。後金天聰十年（明崇禎九年）四月十一日（1636年5月15日），皇太極在瀋陽稱帝，改國號爲大清，改元崇德。事先，遣使通報朝鮮，並要求其斷絕與明朝的關係，轉事滿洲。這引起了朝鮮君臣的反對，認爲此行爲是對明朝的叛逆。皇太極稱帝後，率軍征朝鮮。崇德二年正月，朝鮮戰敗，被迫讓世子作人質，並交出抗清主張最堅決的三位大臣：司憲府掌令洪翼漢、弘文館校理尹集和修撰吳達濟，朝鮮史料上稱之爲「丙子虜亂」。三位大臣被帶回瀋陽後，態度堅決，毫不屈服，最終以「倡議祖明，敗盟構兵」的罪名先後被處死。柳得恭在北京得到《皇清開國方略》一書，看到書中關於三學士的事蹟，非常感動，同伴「以小紙鈔來，剔燈共讀，爲之髮豎」，而對書中所言「倡議祖明，敗盟構兵」的罪名也是大加讚賞，「嗚呼！其所書八個字即無愧乎天下萬世！」回到瀋陽後，面對三學士遇難之地，情難自已，「益不禁竹如意擊石之思」，讚美其「卓然大節，今又得信史矣」[1]。其中洪翼漢死於三月初五，正是甲辰日，故其詩中有「牢記干支是甲辰」之語。朝鮮人對三學士的敬仰和懷念是發自內心的，如樸來謙於道光九年所作的《瀋槎日記》中有九月初十日的記載：

　　　　早發入城，出外攘門外通街，即三學士丁丑成仁處也，即地懷古，不覺裂眥。[2]

　　雖然「丁丑」與柳得恭所記「甲辰」不符，但「即地懷古，不覺裂眥」的感情則與柳得恭是一致的，即使已經過去了近200年，這種敬仰之情依然強烈。

---

[1]　[朝]柳得恭：《灤陽錄》（卷一），《遼海叢書》，瀋陽：遼瀋書社，1985年，330頁。

[2]　轉引自張傑：《韓國史料三種與盛京滿族研究》，瀋陽：遼寧民族出版社，2009年，345頁。

　　朝鮮文人的作品中還有一些具有文化評論性質的內容。朝鮮向來崇尚中華文化，在明朝的時候，朝鮮使臣「尊奉明朝為『天朝』，所以將出使北京視為『朝天』」，所以「凡是冠有『朝天』二字的，都是明代前往北京的朝鮮使臣的作品」[1]。而到了清朝，「朝鮮使臣的『燕行錄』的名稱中，再也沒有出現『朝天』的字樣，這是因為在清朝統一中國後的很長時間內，朝鮮方面始終不承認清朝統治合法性的緣故」[2]。即使在崇德二年朝鮮世子被迫到瀋陽作了人質，《昭顯世子瀋陽日記》中對皇太極的稱呼也還是前後不一致的。直到清軍通過錦寧大戰消滅了明軍在山海關外的主力，《昭顯世子瀋陽日記》才徹底以「帝」稱之，此前則稱之為「汗」或者「清主」。甚至在崇德三年正月初一，朝鮮世子陪同皇太極出遊後，還不顧清廷的猜忌，專程去拜訪了被俘的明臣張春，並表示「高仰無緣奉接，天與其便，獲覘清儀，幸甚！幸甚！天時人事到此地頭，今見大人，使人大慚」[3]。甚至當天朝鮮的大君使臣在參加清廷的宴會時，「是日雜陳百戲，我國之女樂俳優交進於前，觸目酸骨，不忍正視。女隊中亦有收淚而歌者」[4]。「有清一代，朝鮮士人當中有一大批人不承認滿清政權，著文紀年用崇禎後若干干支」[5]乾隆二十三年金種正也在《瀋陽日錄》中記載自己三月十九日剛到瀋陽時，「竊念今年今日，即崇禎皇帝殉社之回甲也，余適以今日入瀋，益不勝俯仰悲慨，賦一律寄懷」[6]。金種正所作的「一律」尚不得見，但其傾向明朝的態度則是非常明顯的。而這種情緒在前面所引柳得恭和樸來謙等人對三學士的敬仰也可

---

[1] 轉引自張傑：《韓國史料三種與盛京滿族研究》，瀋陽：遼寧民族出版社，2009年，148頁。

[2] 同上，148頁。

[3] [朝]不著撰人：《沈館錄》（卷一），《遼海叢書》，瀋陽：遼沈書社，1985年，2768頁。

[4] 同上，2768頁。

[5] 邱瑞中：《燕行錄研究》，桂林：廣西師範大學出版社，2010年，44頁。

[6] 轉引自張傑：《韓國史料三種與盛京滿族研究》，瀋陽：遼寧民族出版社，2009年，372頁。

見一斑，尤其是柳得恭在讚美反清的三學士後，又將清太祖曾作為明朝寧遠伯家僮的身世傳說寫在後面，並強調「傳聞宜不誤」[1]，兩相對照，顯然有諷刺清太祖的意思。甚至在一些朝鮮人心目中，作為使臣到清朝也是很不舒服的事。例如先後於順治六年（1649）和康熙元年（1662）作為朝鮮使團正使的鄭太和，將其「日錄」分別命名為《乙丑飲冰錄》和《壬寅飲冰錄》，其出使時間與冰雪毫無關係，但「在他的心目中，出使清朝是一件十分痛苦的事情，所以他即使在陽春三月前往北京，在心中卻認為是如同行走在冰雪世界般不幸，所以以此作為兩部燕行錄的名字」[2]。乾隆二十九年（1764），出使瀋陽的金種正在《瀋陽日錄》中也寫到自己啟程回國時的感受：「發瀋陽。稍脫樊籠，喜可知已。」[3]而道光九年（1829）出使瀋陽的樸來謙也在《沈槎日記》中寫到離開瀋陽回國時的心態：「出土城南門，胸次爽豁如出籠之鳥、脫鉤之魚矣。」[4]這種態度的形成，很重要的一點是因為在這些朝鮮人看來，清朝只是「胡風」，不能代表中華文化；明朝滅亡後，朝鮮才是中華文化的繼承人，所謂「今天下中華制度獨存於我國」[5]。這種文化上的優越感在清代《燕行錄》的文字中常有流露。例如金種正在《瀋陽日錄》結尾部分曰：

> 蓋勤力役、恥遊食，固是胡人之所長，而生利之外，更不知有
> 他。飲食寢處，相混犬豕，言語動作全沒模樣，上下無章，男
> 女無別，穹廬本種，固宜其如此。而獨怪夫中華舊民薰染臊
> 羶，不但化其身，並與其心而化焉，可勝痛恨。豈以天下之

---

[1] [朝]柳得恭：《灤陽錄》（卷二），《遼海叢書》，瀋陽：遼沈書社，1985年，330頁。

[2] 張傑：《韓國史料三種與盛京滿族研究》，瀋陽：遼寧民族出版社，2009年，148頁。

[3] 同上，377頁。

[4] 同上，2009年，355頁。

[5] 吳晗：《朝鮮李朝實錄中的中國史料》，中華書局，1980年，4397頁。

大，百年之久，而英雄豪傑不一作於其間乎？雖或有循發扼腕、飲泣慷慨者，而天醉未醒，隻手難容，遂不能以自見耶。抑天地東南已有真人消息，而余未及聞知耶。思之及此，發為之豎云。[1]

他不僅蔑視「胡人」風氣，甚至對「中華舊民薰染臊羶，不但化其身，並與其心而化」的民族融合現象表示出極大的憤怒。而其對「天地東南已有真人消息」的期盼更是富有深意的。

而朴來謙在《瀋槎日記》九月二十八日的記載直指道光皇帝行「還願祭」，「禁人莫敢進」，因為是「係是胡風恐有譏議，不使人知云」[2]，而在《瀋槎日記》的「聞見事件」中進一步指出皇帝所行的「烏雲祭」、「祭神」和「還願祭」「三祭俱係胡風，恐有譏議，不使人見」[3]。這樣的觀念，使得朝鮮文人能夠毫不客氣地通過自己的作品對當時的文化現象做出評論。例如，乾隆五十九年，洪良浩作《瀋陽》：

雲飛黑水降神人，風拂紅旗掃八垠。天子不知何姓氏，地方未有自生民。祖孫二代百餘歲，臣僕萬邦六十春。叔季繁文天所厭，養成真氣返醇真。[4]

這首詩語涉康熙、乾隆皇帝，甚至直指其祖先「不知何姓氏」，批評「愛新覺羅」姓氏之謬誤。關於努爾哈赤的姓氏問題，現在有許多學者提出了不同的看法，本書在此不做考辯，只是要證明當時朝鮮

---

[1] 轉引自張傑：《韓國史料三種與盛京滿族研究》，瀋陽：遼寧民族出版社，2009年，382頁。
[2] 同上，353頁。
[3] 同上，363頁。
[4] 轉引自邱瑞中：《燕行錄研究》，桂林：廣西師範大學出版社，2010年，142頁。

文人在文化評論上毫無顧忌的態度。康熙五十一年，清帝要求朝鮮呈送本國之詩賦文章。但朝鮮當代詩文多有觸犯忌諱之作，只能選取久遠文集中不違忌諱的內容刊印成書，共兩函十五冊，稱之為《東文選》。這也從側面證明瞭朝鮮文人在文化批評上的大膽。

二、豐富了瀋陽古代文學史料

　　許多朝鮮使臣出於對中國文化的熱愛，積極主動搜集了諸多瀋陽文人的名號、作品及其文學活動情況。柳得恭在《灤陽錄》卷一《瀋陽書院》中記載了乾隆四十三年自己在瀋陽書院與諸文士的交往唱和，並列舉了孫鎬、張燮、裴振、沈暎宸和沈暎楓兄弟、金科豫、王瓛和王志騏共八個人的姓名，但實際上有十七個人贈給他詩歌，而且他在十二年後舊地重遊所作詩篇中，似乎更推重張燮，而金科豫在乾隆四十三年的聚會中詩名似乎並不算顯著，這對我們瞭解乾隆後期的瀋陽文壇顯然很有價值。而當柳得恭在《燕台再遊錄》中記載嘉慶六年再遊瀋陽書院時，在記載的諸生十三人中，特意提到「金尚絅者，字美含，舊交金科豫笠庵從子。年二十，美貌，恭執後生之禮。問其伯父安，信知射洪縣，係川省，距此八千里」[1]。可知這個時候金科豫名聲響亮，柳得恭對這個老朋友也更加關切了。不過，文中卻沒有提到金朝覲，這是值得注意的。因為金朝覲是金科豫的從弟，而且也是名士，即使當時沒有在場，也應該為柳得恭所關注提及。其不提金朝覲的原因只能是當時金朝覲還沒有來瀋陽書院讀書。按照繆公恩在「嘉慶十一年歲次丙寅九月二十有三日」為金朝覲《三槐書屋詩鈔》所作序：「鑾坡，字西侯，錦州鑲黃旗漢軍人，倜儻士也。肄業瀋陽書院，天資穎邁，雄視文壇。與余訂交四年矣。」[2]繆公恩和金朝覲是

---

[1]　[朝]柳得恭：《燕台再遊錄》，《遼海叢書》，瀋陽：遼瀋書社，1985年，333頁。
[2]　繆公恩：《〈三槐書屋詩鈔〉序》，《遼海叢書》，瀋陽：遼瀋書社，1985年，1359頁。

在嘉慶七年九月之前訂交的，可見金朝覲剛在瀋陽書院讀書一年多的時間，就表現出極高的文學天賦，得到了繆公恩的讚賞。

再如李海應在《薊山紀程》卷之二《程偉元書齋》中記載嘉慶八年十二月在瀋陽和程偉元見面的場景：

> 號小，能詩文字畫，家在城內西胡同。因沉教習仕臨，往見之。程出，肅延座。題一絕句：「國語難傳色見春，雅材宏度盡精神。賤生何幸逢青顧，片刻言情盡有真。」程本係河南籍，伊川先生三十一世孫，見授瀋陽學掌院。[1]

其中，「號小」顯然是「號小泉」之誤。這段文字不僅詳細記載了程偉元的出身和職業，而且還收入了他創作的一首詩，使我們對這位《紅樓夢》的重要傳播者有了更全面的認識；

樸來謙《瀋槎日記》中也記述了許多瀋陽文壇的情況。如他在九月初一日記載：

> 曾聞瀋陽多文士，謂當於留館之時過從消遣矣。來聞程小泉偉元作古已久，潘果茹元鈂、金朝覲俱遊宦在外云。[2]

結合《瀋槎日記》的其他記載和相關史料，從中可以得出這樣幾個資訊：首先，在道光九年之前，瀋陽被朝鮮人認為是「多文士」之地，絕非文化不發達之區，而著名者是程偉元、潘元鈂和金朝覲；其次，在道光九年的時候，繆公恩的文名似乎已經不如金朝覲了。雖然繆公恩在朝鮮享有極高的聲譽，「朝鮮使臣有過瀋陽者以不識蘭皋為

---

[1] 轉引自趙建忠：《新發現的程偉元佚詩及相關紅學史料的考辨》，載於《紅樓夢學刊》（第六輯），2007年，130頁。

[2] 轉引自張傑：《韓國史料三種與盛京滿族研究》，瀋陽：遼寧民族出版社，2009年，342頁。

恨」[1]，而且樸來謙早就聽「石崖趙台萬永曾盛稱其名」[2]，知道繆公恩「能詩工畫，文章士也」，「故到此後即擬相逢」，但樸來謙在談到「瀋陽多文士」時卻並沒有將繆公恩的名字與程偉元、金朝覲並列。第三，道光九年，金朝覲不在瀋陽，樸來謙與金朝覲未能見面。《瀋槎日記》九月二十日記載樸來謙赴繆公恩宴請，席間遇見兩個人，「一是符芝號壽潛，一是金□號富錫，皆為瀋陽文士云」[3]。符芝是繆公恩的友人，繆公恩曾委託他校理自己的詩集，並「委寄予詩云『但祈直筆不求寬』」；符芝曾為其《夢鶴軒梅澥詩鈔》題詞，作四首七律，稱繆公恩為「詩壇老將」，「留都多少能吟客，總讓公才一著先」[4]，可見兩人交情極為密切。而另一個人名字不詳，有學者認為這個姓金的人就是「滿族人金朝覲」[5]。雖然金朝覲與繆公恩也是交情莫逆，但在這裏顯然是一個錯誤的判斷，因為九月初一日金朝覲「遊宦在外」，樸來謙未能探訪得到，那麼如果此時在繆公恩的家裏遇到，一定會詳加介紹並在此後的日子裏有所交往，但在《瀋槎日記》中根本沒有記載這些，這個姓金的人只是被一筆帶過了。而且，在金朝覲的《三槐書屋詩鈔》中也沒有發現與樸來謙的唱和之作。

　　《瀋槎日記》記述較多的是關於繆公恩及其家人的內容。繆公恩是瀋陽文壇的著名人物，他在嘉慶十年（1805）考取了盛京右翼官學助教官。樸來謙在沈期間，時年七十四歲的繆公恩與其子繆圖箕一起擔任朝鮮使臣的館伴，負責接待工作，當時繆圖箕擔任盛京禮部左翼官學助教官，所以樸來謙稱「楳澥父子皆官助教，而俱為朝鮮使臣

[1] 王樹楠，吳廷燮，金毓黻等：《奉天通志》（卷二百一十一），瀋陽：東北文史叢書編輯委員會，1983年，4596頁。

[2] 轉引自張傑：《韓國史料三種與盛京滿族研究》，瀋陽：遼寧民族出版社，2009年，342頁。

[3] 同上，349頁。

[4] 符芝：《〈夢鶴軒梅澥詩鈔〉題詞》，《遼海叢書》，瀋陽：遼瀋書社，1985年，3193頁。

[5] 張傑：《韓國史料三種與盛京滿族研究》，瀋陽：遼寧民族出版社，2009年，85頁。

館伴」[1]。樸來謙《瀋槎日記》記錄了自己和繆公恩及其家人的多次交往。道光九年（1829），道光帝出關謁陵，朝鮮派出以李相璜為正使，樸來謙為書狀官的使團來瀋陽接駕。樸來謙一行於八月二十九日來到瀋陽，三十日繆公恩來訪，並與使團成員有詩歌唱和：

> 促膝筆談，如舊相識，即席書示一絕，故余與上使亦皆即席和之。[2]

　　大家相處融洽，當繆公恩離去後，樸來謙還有悵然之感。九月初四日，繆圖箕來訪，樸來謙的印象是「文筆俱佳，亦可謂稱其家兒也」[3]。九月初七日，樸來謙見到了繆公恩的侄子繆聯奎，此後繆圖箕又帶著兩個兒子繆景文和繆景昌來訪，繆景昌帶來了兩幅扇面，樸來謙的印象是「畫法、題字俱為奇妙，文學種子不可誣也」[4]。十三日、十五日樸來謙與繆公恩相會，「筆談以終日」，十五日的會面繆公恩還帶來了「其婚劉生書紳號謹齋」者。九月二十日，樸來謙在繆公恩家中赴宴，遇見了瀋陽文士符芝和金富錫。九月二十一日，繆公恩送給樸來謙「印刻《感應篇》一帖」，因為此前曾向樸來謙借抄《蘭溪集》「以示子孫」，此次當為答謝。九月二十六日，繆公恩父子與文士陳敬宣一起來訪。九月二十七日，因朝鮮使團歸期臨近，繆公恩向樸來謙贈送了繪蘭扇面、柱聯和送別詩。九月三十日，繆公恩再次來朝鮮使團送別。

　　通過這些描寫，可以對瀋陽文壇名士繆公恩的家世、交遊、造詣有更全面的理解。

---

[1]　轉引自張傑：《韓國史料三種與盛京滿族研究》，瀋陽：遼寧民族出版社，2009年，344頁。

[2]　同上，342頁。

[3]　同上，344頁。

[4]　同上，345頁。

　　此外，樸來謙筆下還有多位瀋陽文士的行蹤，如九月初一日午後來訪的「文士張多賜歡者，文筆俱妙，可愛者也」[1]；九月初三日在瀋陽書院遇見教授生徒的「湖南長沙人陳亮號庾樓者」，「面目清雅，文筆爛熟，書籍筆研亦甚整楚，一見可知爲佳士也」[2]，而且在九月初五日陳亮還帶著兩個兒子陳洪京、陳洪寬一起來訪，「二妙皆鳳儀秀朗，玉雪如也，文翰夙就，已成巨儒」，而且陳亮還與樸來謙進行了唱和，「和贈昨日詩韻二首亦佳作也」；九月初五日還有「劉教授承謙號溪南、彭秀才兆棣、郭秀才清鑒並隨來，皆湖南文士」。就在這一天，樸來謙與諸位湖南文士「對坐筆談，水湧山出，可知湖南人士並不以北也」[3]。九月初七日穆明祿來訪，「時年十七而眉目清秀，文華夙成，袖其所制科體詩，又即席致示七絕二首，而才情清敏真可愛」[4]。當天又通過張多賜歡的介紹認識了陳敬宣，「其爲人頗奇傑，酒後高談，旁若無人，見我國衣冠顯有欽羨之意，而惜其文識少短」[5]。九月十八日，「陳庾樓及彭兆棣聯訪，陳袖柱聯、彭袖詩章見贈」[6]，當天還對中國婦女纏足問題提出了批評，稱之爲「足厄」。

三、主動進行中朝文化比較

　　朝鮮文人來到瀋陽後，能夠積極主動地考察當地的文化環境，將之錄入筆端，並時常與本國文化進行比較，這在客觀上讓我們得窺當時瀋陽的文化氛圍。柳得恭在《燕台再遊錄》中記載嘉慶六年（1801）再遊瀋陽書院的情景：

[1] 轉引自張傑：《韓國史料三種與盛京滿族研究》，瀋陽：遼寧民族出版社，2009年，342頁。
[2] 同上，343頁。
[3] 同上，343頁。
[4] 同上，344頁。
[5] 同上，345頁。
[6] 同上，348頁。

瀋陽書院,舊所遊也。旋車歷造,見諸生森集。有曰八十太,
曰吞多布,曰明文,曰雅隆阿,滿洲人也;曰覺羅富坤興祖,
直皇帝之後孫,雲于澡、王開緒,漢軍也;吳化鵬,承德縣
人也;溫岱、徐祥霖,復州人也;董理、馮天良、王潔儒,寧
海縣人也。有金尚綱者,字美含,舊交金科豫笠庵從子,年
二十,美貌,恭執後生之禮。問其伯父安,信知射洪縣,係川
省,距此八千里。問諸生,此處文溯閣可登否?答:禁地,非
有功名人不能也。六月六日曬書,學院大人率僚屬始得一登。[1]

　　此段文字不僅詳細記述了瀋陽書院諸生十三人的姓名,而且能
看出當時瀋陽書院學生旗漢並收,而且還有宗室子弟。此外,還介紹
了六月六日登文溯閣曬書的情況。而繆潤紱《陪京雜述》「盛典」欄
「晾書」條曰:「殿闕西為文溯閣……每年九月,學政派教授率書吏
至閣,恭晾一次,並放潮腦。」[2]而「聖容」條則曰:「大內鳳凰樓
上設金龍櫃十五頂,供奉太祖以下九帝聖容並高宗行樂圖十三分,仁
宗、宣宗行樂圖各一分。每年六月,將軍、府尹及各侍郎,上樓恭晾
一次。」[3]兩者參證可知,柳得恭所記「六月六日曬書」當為「九月」
之誤。
　　再如樸來謙《瀋槎日記》中所載道光九年九月初三:

飯後詣太學,外門扁(按:區)曰「儒學」。下馬入門改服青
袍、幅巾、黑靴入殿庭,四拜訖,入室奉審,則殿內奉五聖、
十哲及朱夫子。蓋康熙以來並黜陸王之學,專尚朱夫子,至於
獨享聖哲之列者,可見其尊慕之篤也。……東西廡奉七十二弟
子及漢唐宋元明清諸儒。庭有乾隆辛亥重修碑,而無一人守

[1]　[朝]柳得恭:《燕台再遊錄》,《遼海叢書》,瀋陽:遼瀋書社,1985年,333頁。
[2]　繆潤紱:《陪京雜述》,瀋陽:瀋陽出版社,2009年版,22頁。
[3]　同上,19頁。

直者，蒿蓬蕪於庭中，塵埃滿於殿內，明倫堂上牛馬踐踏，大成殿內雜人橫行。嗚呼！孔子萬世之師，而崇奉之節若是其褻耶？[1]

　　儒家文化精神的沉淪引起了他極大的震撼。而當他來到「西北隅十字街，訪數三處冊肆」，在書店裏看到的卻是「所儲者半是小說稗史，無足觀者」，其不滿之情更是顯而易見。而在「聞見事件」中，他更是由「自前駕幸盛京時，盛京文士競獻詞賦歌頌聖德，使成已例。而今番則預下特旨，勿許來呈」而得出「皇帝尚武不尚文」的結論，而「右文之治遜於尚武」[2]顯然是與以儒家精神爲核心的中華文化相悖的，作者對此隱約地表達了不滿。

　　總的來看，瀋陽古代文學史料相對缺乏，正史的「文苑傳」、「藝文志」中關於瀋陽文壇的表述寥寥無幾，而《燕行錄》中所記錄的瀋陽文壇內容無疑能夠大大豐富瀋陽古代文學的研究資料。而且其作者是外國人，沒有太多的忌諱，有較大的獨立表述空間，能夠真實表達自己的觀點，從異域的角度來關注瀋陽文壇的發展情況，客觀描述了瀋陽的文化氛圍和文人的精神風貌，這樣的資料無疑是彌足珍貴的。

---

[1]　轉引自張傑：《韓國史料三種與盛京滿族研究》，瀋陽：遼寧民族出版社，2009年，342頁。

[2]　轉引自張傑：《韓國史料三種與盛京滿族研究》，瀋陽：遼寧民族出版社，2009年，363頁。

朝貢與創作
──越南使節燕行詩文研究意涵探析

王晨光

武漢大學哲學學院博士候選人

　　《越南漢文燕行文獻集成（越南所藏編）》是2010年由復旦大學文史研究院和越南漢喃研究院合作出版的文獻叢書。該書所輯錄的燕行文獻主要為越南使節北行中國朝貢期間沿途所作詩文，這種使程詩文不僅對中國風土進行描寫，其與朝野士紳的吟詠問答也展現了故朝人物細微的言情風貌。因此不僅可作為明清中越兩國使節邦交往來的歷史文獻，也可借域外漢文史料而「攬鏡自鑒」[1]並重新審視東南亞漢文文化圈的文學形態。

　　貢使自越南北上多沿水道，總體上先後經廣西之左江、鬱江、龔江、桂江，湖南之灕江、湘江，過洞庭入長江後至江蘇轉行京杭大運河一脈北行。明清越使詠景賦詩多與此途所遇景物相關，此種記錄一則需呈予越南國王以備考察中土風物，故作為宮中檔案得以保存。二則因其以詩載物，更兼以詞章婉轉，坊間亦多有傳抄。察此種筆記，雖為行程觀瞻的記敘，然亦可考見一代人物的思想與時代風貌，其中除景物吟詠、政治諷誦、朝野交流外，更涉及明清地方貿易、鄉野舊俗等逸趣，至於貢使的詩文藝術性更可賞玩。筆者摘括其中代表作品數篇藉以分析貢使詩文文獻的研究意涵，以此引玉，求教於海內外方家。

---

[1]　葛兆光：《攬鏡自鑒──關於朝鮮、日本文獻中的近世中國史料及其他》，載於《復旦學報（社會科學版）》（第二期），2008年，9頁。

一、越南詩文的文化形態

　　自始皇征百越、漢武設三郡起，越南即內屬中國而受漢文化薰
染，然而迄唐朝，中原政府始終認為安南地處邊遠，君臣均未給予足
夠關心，亦並未實施計有劃的經營策略，以致安南地區對中央缺乏向
心力，土著經常作亂，加上南詔屢犯安南，又逢唐宋五代時期，中國
內部分裂，無力過問安南，遂種下安南獨立建國的因數。越南詩詞自
丁、黎朝逐漸興盛，察其原因，便是因獨立之後欲借詩抒志建立國族
意志而與中原正統「抗衡」[1]。之後隨歷代經營，迄黎、阮朝則儼然
詩詞之邦。阮朝明命二年（清道光元年，1821年）所刊潘輝注《歷朝
憲章類志》即載：「自丁黎肇國，抗衡中華，命令詞章，浸浸漸著。
至於李陳繼治，文物開明，參定有典憲條律之書，禦制有詔救詩歌之
體。」[2]然而，即使在越南北屬時期，文化傳播的沉積深淺也與交通有
關。由於越南位於兩廣以南，雖同為嶺南文化區，但由於古典時代帝
國統治的邊際效應往往僅能保證其所轄郡縣的統治階層和士人與中原
政權關係密切，因此，在政教宣化未及的地方，中央王朝的文教系統
則未必深化民心，最終受中國文化薰陶較深的僅為交通要道與郡縣治
所附近的地區。如越南李朝《皇越太傅劉君墓誌》和《奉聖夫人黎氏
墓誌》二篇墓誌便可窺一斑，二者皆是在中國影響下產生的，既與中
國碑誌類似，而其文字運用與寫作手法又具有獨特的風格，這即是秦
漢以降越南邊緣地區文化在中原政權統治下獨立發展表徵。[3]而對越南
貢使詩歌的研究也印證這點，其一方面使用漢文書寫且秉承中原遣詞

---

[1]　參考王壽南：《從〈安南志略〉論唐朝政府對安南的經營》，載於《國立政治
　　大學歷史學報》（第七期），1990年，1990年1月，35頁。
[2]　潘輝注：《歷朝憲章類志・文籍志》，載於《李陳詩文》（第一冊），越南社
　　會科學委辦，文學院，河內：社會科學出版社，1977年，54頁。
[3]　參考湯佩津：《從越南李朝二篇墓誌探討中越文化關係》，《崇仁學報》（第
　　三期），2009年。

造句之章法，另一方面，又不斷的凸顯域外的獨立觀察視角，而這又與華夷之辨及明清鼎革等問題交融，無不映射出特有的文化符號。

二、「發洩中州」與故跡追憶

越使經行得以領略中州文物，而明清以來中越關隘除戰亂之外，不得輕啟，故北上所得詩篇詠景記事，必為國內一隅所羨。且越南久慕中華文化，昔日典籍傳入，而北使一途則得以遍訪遺跡名勝，書中所學，於此逐一得證，故詩作輒為騷人視為珍異。如《華程詩》序言所載：「先生詩學，蘊之於心，而發洩於中州，山水之觀，可謂有遭矣。教之於家，而顯揚於朝，風雲之會，可謂有傳矣。豈直流連光景，陶冶性靈，區區諸與晉唐諸公說聲韻云乎哉。」[1]在晉唐之時，越南仍北屬中國而置郡縣，門閥世族之下，經學多注重義疏之學，音韻注經之風亦盛行，然越南自獨立之後交往不便，縱使邦交亦需「先遣使議定，移文經略司，轉以上聞。有旨許其來，則專使上京，不然則否」[2]。因此文化逐漸與中原斷裂，至明清之時，華夏禮儀文物印象已湮滅，故越使北上雖為朝貢，實則感慨於昔日空談的經籍禮樂與名山大川逐一印證。又如時人對乾隆三十七年（景興三十三年，1771年）貢使武輝珽的讚頌亦透露此種情結，其曰：「是集之作也，以周遊萬裡之眼力，寫馳騁千古之心胸，精神意氣，自倍尋常，宜其歆動觀者，不覺踴躍有如此。」[3]其中透露出越使詩作特點，即依憑中原故跡而抒發積蓄壓抑的文化嘆羨之情，這正表明越南在經籍長久薰陶下仍保有對中原的文化認同。因此，使節之詩除卻對風土人情的記載

---

[1] 武輝珽：《華程詩》，據《越南漢文燕行文獻集成》（第五冊），上海：復旦大學出版社，2010年，244頁。
[2] [宋]周去非著，楊武泉校注：《嶺外代答校注》（卷二）《安南國》，北京：中華書局，1999年，58頁。
[3] 武輝珽：《華程詩》，據《越南漢文燕行文獻集成》（第五冊），上海：復旦大學出版社，2010年，242頁。

外，也反映了處於科舉功利場外的域外士人對中原古跡與風物的真實
情愫。而作為貢使自身，其與客觀世界遭遇之後的相互作用遠比單一
主體在情感中的陷溺更為重要，從這個角度看，使節文化書寫對於開
拓抒情傳統之外的視野也蘊含豐富的潛能。[1] 不僅如此，在使節詩歌寫
作中並呈現一種前後因循之意，後來者因仰慕前人北使詩集中所載名
勝，因此重探前使入貢道路，如胡士棟在《使華叢詠集》一集卷首即
自言因久慕乾隆七年（景興三年，1742年）北使之阮宗窒所作詩歌，
故在其北行之時重循其道一一探訪。[2] 其曰：「余因懷遊京辰先生角
巾私第，每以不能及門為恨，今幸踵其後塵，觀光上國，凡山川風物
一路經緒徵之，即景辰及小序，皆可一一領會，不假諮訪，至於述懷
遣興諸作，閒中批閱，尤興足以見其意之所之，是亦一邂逅也。」[3] 可
見，越南燕行詩作多被國內傳唱傳抄，儘管乾隆四十三年胡士棟使華
相去乾隆七年阮宗窒燕行已三十六年之久，後者仍慕前人之風而循路
北上，足見使節本身的詩作已經形成一種「傳統」，因這種異域的視
角而不斷激引後人踵繼其志，後人的詩作縱使處於同一場景之下亦會
不斷的進行文化層的堆積，最終使得沿途普通的寺院、灘頭等也成為
一種使節文化符號，詩作詠景也被賦予國族意志。

三、「文字酬答」與尊卑拿捏

北使一程，除卻詠景之外，主要則為酬唱應答，迄清，伴送官
制度完善，《廣東通志》載：「貢使入京伴送官，文職應委道、府大

---

[1] 廖肇亨：《從「搜奇獵異」到「休明之化」——由朱之蕃看晚明中韓使節文化
書寫的世界圖像》，《漢學研究》（第二期），2011年。

[2] 其敘述詩作緣由時即言：「阮舒軒公北使詩，國人傳頌久矣。」阮宗窒：《使
華叢詠集》，據《越南漢文燕行文獻集成》（第二冊），上海：復旦大學出版
社，2010年，133頁。

[3] 阮宗窒：《使華叢詠集》，據《越南漢文燕行文獻集成》（第二冊），上海：
復旦大學出版社，2010年，134頁。

員，武職應委參、副大員。」[1]故伴送官不僅為對貢使資財的保護，其中文職伴送即為與貢使唱和顧慮，而這無異於是對貢使的一種考驗，如《北使通錄題辭》中即道出使臣作詩之艱難與內中惶恐。這種贈詩的使程自出關即開始，如黎氏所言「渡南關即遇查儉堂送詩索和」，而使程經行中更是一種不斷進行博弈的任務，其曰「沿途見中州官僚士大夫，問難談辨殆如遇敵，又有朝鮮貢使、欽差、伴送官，皆一時文豪，不以海外見鄙，累相接語」[2]。因此，作詩不僅非為想像中的詠歡抒懷，而是沿途不斷的應答與對國體的維護，此處「不以海外見鄙」自然是謙詞，其實意自然是指使程之中「累相接語」，貢使差官不斷題詠使其應接不暇而露出破綻，故黎氏發出「僕仰仗洪福，文字酬答之間，倖免輕哂」。足可見其內心惶恐。而在胡士棟《花程遣興》卷首序言中，其自敘「至於贈答諸作，即所謂矢在弦上者」[3]一句則更將此種情感躍然紙上。因此，所謂「遇敵」者絕非僅為音韻對仗與遣詞工夫，更關鍵在於使臣所需之應對運籌與卑亢拿捏。對於應和詩作，越使黎貴惇即道出其中三昧：「夫古人論奉使，以文學則需博洽多聞，以詞命則須婉正得體，然氣自不可不善，蓋內外尊卑勢位殊別，若望風而先餒，與以荒遠而自處，簡交寡言，必為人所鄙薄，而以彝官彝使視之矣。」[4]這則更見孟子的養氣工夫，望風而餒者往往恭順吹捧，而遭時人所鄙，如康熙十二年陶公正奉使遇人便作「南使遠來誠懇謁，扶持願大聖神功」及「日指長安遙拜祝，南山壽歲帝王尊」。[5]蓋其因陶公正時安南國內危機尚未解決，黎莫爭奪尚有餘孽，

1　（清）阮元《道光‧廣東通志》（卷一百七十），《經政署‧暹羅國入貢儀注事例》，清道光二年刻本。
2　黎貴惇：《北使通錄》，據《越南漢文燕行文獻集成》（第四冊），上海：復旦大學出版社，2010年，12頁。
3　胡士棟：《花程遣興》，據《越南漢文燕行文獻集成》（第六冊），上海：復旦大學出版社，2010年，5頁。
4　黎貴惇：《北使通錄》，據《越南漢文燕行文獻集成》（第四冊），上海：復旦大學出版社，2010你，12頁。
5　陶公正等：《北使詩集》，據《越南漢文燕行文獻集成》（第一冊），上海：

且黎朝更替君主踐祚，因此陶氏詩句自然是謙卑有餘而中氣不足。總括而言，越南的漢詩文性質已不同於中國、朝鮮的漢詩文，其主要價值不在審美，不在賞玩，而在用於專對。[1]因此，貢使詩作中言辭回轉尊卑折中之巧妙，往為後世稱頌，而這更應結合地緣政治進一步予以分析。

四、朝堂吟唱舊有文化觀察

越使北上入京師後，往往有與諸國貢使之間作詩場景，傳統研究多關注此點，並竭力探討明清之際朝貢國之間的態度[2]，此點在《集成》中亦不少見。如阮公沆在與朝鮮使臣唱和的《貴國使公座下求次原韻》詩中寫道「文章風骨追三代，義理淵源續九籌」。又曰「威儀共秉姬家禮，學問同尊孔氏書」。而朝鮮使臣所和的詩中亦有「從知萬國同文軌，更喜炎邦美稱讚」[3]。而在馮克寬《使華手澤詩集》之《送琉球國使》一詩中，作者寫下「山川封域雖云異，禮口衣冠是則同」[4]。胡士棟《花程遣興》中《贈朝鮮使回國》詩中亦曰「敷文此日車同軌，秉禮從來國有儒。萬里相逢知匪易，六年王會一成圖」[5]。而其實，此類詩歌在與國內官員應對所作中已汗牛充棟。如馮克寬《使華手澤詩集》與《旅行吟集》所作：

復旦大學出版社，2010年，220頁、223頁。

[1] 劉玉珺：《越南漢喃古籍的文獻學研究》，揚州大學中國古代文學專業博士論文，2005年，2頁。

[2] 如李根碩：《朝鮮的中國想像與體驗（從17世紀到19世紀）》，北京大學比較文學與世界文學博士論文，2012年。

[3] 以上數詩並見阮公沆：《往北使詩》，載於《越南漢文燕行文獻集成》（第二冊），上海：復旦大學出版社，2010年，28-32頁。

[4] 馮克寬：《梅嶺使華手澤詩集》，據《越南漢文燕行文獻集成》（第一冊），上海：復旦大學出版社，2010年，103頁。

[5] 胡士棟：《花程遣興》，據《越南漢文燕行文獻集成》（第六冊），上海：復旦大學出版社，2010年，49頁。

「北南今慶一家同，萬里□河使道通。」[1]（《南使題扇》）

「今天下一軌文同，萬裡夤緣快此逢。」[2]（《與滕尹趙侯相見》）

「皇朝鴻業今□古，一統車書大混同。」[3]（《詠畫山》）

阮公沆：《往北使詩》中亦有：

「北南雖異域，詩禮共儒流。」[4]（《過靈渠題飛來石詩》）

「北南封域異，身心學問同。」[5]（《和浙江一舉人詩》）

胡士棟：《花程遣興》中亦有：

「瀛海東南天各別，燕臺玉帛地相同。」[6]（《又三陪臣詩》）

「脈脈遙看意暗通，朝差並出太和宮。孤槎溟渤要荒外，偏壤東南天地中。言語由來雖有別，衣冠還喜與相同。百年自此音容隔，溯徃那堪每響風。」[7]（《海東鄭宇淳拜》）

---

[1] 馮克寬：《使華手澤詩集》，據《越南漢文燕行文獻集成》（第一冊），上海：復旦大學出版社，2010年，60頁。

[2] 馮克寬：《使華手澤詩集》，載於《越南漢文燕行文獻集成》（第一冊），上海：復旦大學出版社，2010年，64頁。

[3] 詩尾附言「時到梧桐城，謁欽差梧桐道整理軍務，駐鬱林州兵備案使張爺如文輝禮畢，使人給以筆札煙墨來，命以越裳獻白雉詩韻，余揮筆立就。」馮克寬：《旅行吟集》，載於《越南漢文燕行文獻集成》（第一冊），上海：復旦大學出版社，2010年，193頁。

[4] 阮公沆：《往北使詩》，載於《越南漢文燕行文獻集成》（第二冊），上海：復旦大學出版社，2010年，22頁。

[5] 同上，25頁。

[6] 胡士棟：《花程遣興》，載於《越南漢文燕行文獻集成》（第六冊），上海：復旦大學出版社，2010年，50頁。

[7] 同上，51頁。

261

阮忠彥：《介軒詩集》中亦有：

> 「江山有限分南北，胡越同風各弟兄。」[1]（《丘溫驛》）
> 「共飲啣盃終日語，卻愁南北不同音。」[2]（《因廣韻》）

黎貴惇：《桂堂詩彙選》亦有：

> 「楚子包茅無缺貢，越裳白雉有常儀。衣冠異域風猶古，
> 箋表同文字不奇。」[3]（《附錄儉堂元詩》）
> 「從來玉帛勝金戈，輶傳交通盛世多。兩地山川分畛域，
> 一源洙泗共流波。文章法古同機杼，學術尊經破竄白。雅句高
> 門聆雅教，徃還有幸使星過。」[4]（《次儉堂奉旨迎使臣記事四
> 章》）

除此之外，在《徃北使詩》卷末更記載了明正德七年（後黎朝
洪順四年）翰林院編修湛若水與刑部給事中范希曾出使越南冊封洪順
帝為安南國王時，其互相唱和之作。洪順帝所作詩中言「恩覃越甸山
川外，人仰堯天日月風。文軌車書歸混一，威儀禮樂藹昭融」。湛若
水所和詩中亦曰「山城水郭度重重，初誦新詩見國風。南服莫言封土
遠，北辰長在普天中。春風浩蕩花同舞，化日昭同海共融，記得傳宣
天語意，永期中外太平同」[5]。儘管此段史料為湛若水、范希曾與安

---

[1] 阮忠彥：《介軒詩集》，載於《越南漢文燕行文獻集成》（第一冊），上海：
  復旦大學出版社，2010年，22頁。
[2] 同上，25頁。
[3] 黎貴惇：《桂堂詩彙選》，載於《越南漢文燕行文獻集成》（第三冊），上
  海：復旦大學出版社，2010年，52頁。
[4] 同上，51頁。
[5] 以上數詩並見阮公沆：《徃北使詩》，載於《越南漢文燕行文獻集成》（第二

南國王所作，彌足珍貴，然自史料價值而論，其實並無異於以上所列諸種陳辭，因此不應過度重視。由此可見，此類廟堂之上所作，常為應對之辭，並無多大討論價值，以《集成》所見而論，越使與朝使唱和所作，不僅見於京師，在其與地方官員之間亦多此類辭調，弗足為觀。故後來治史者應跳出固有對史料的考察框架，重新審視此類文獻。故筆者認為，如今研究應走出傳統的視角格局，而從更多細節與片段處深度挖掘資訊，如此方能突破。

五、詩歌寫作與政治資本

傳統往往僅注重使節廷爭面折言辭，其實，詩歌寫作這一行為本身即可展開探討。貢使途中酬唱應和與觀察所得已然形成一種文化現象，此絕不限於文學意義之寫作，更在於對地方國情民俗之考察，而對於作者本身，亦成為朝廷之上的政治資本。如《花程遣興》所載《年契汝慎齋溫如贈》詩首即道出此中意味，其曰：

> 使豈易言哉！鄰邦之敬忽、國體之重輕所係，自非博學重望未足以當此，兄侯以兩元村望膺，簡膚葉簽期，詠皇花於燕北，無論歷涉之多，見聞之廣，詩情酒興之間且美，即所謂專對四方不辱。[1]

可見，胡士棟即提出賦詩的情形，不僅是在宮廷之上，凡所歷涉之地、見聞奇異之處乃至詩情酒興之間皆可賦詩，而這即是所謂貢使「專對四方」之意趣。而在黎貴惇之《桂堂詩彙選》中所載《踐阮公仲　北使》詩中更言出「道在中州應問禮，人遊上國好題詩。江淮花

冊），上海：復旦大學出版社，2010年，34-37頁。
[1] 胡士棟：《花程遣興》，載於《越南漢文燕行文獻集成》（第六冊），上海：復旦大學出版社，2010年，64頁。

柳維舟處，河朔風煙搵轡時。臺閣當今虛席待，能聲張著我相期。」[1]
之句。其不僅將「題詩」與「問禮」二事並稱，更不乏風趣的將題詩
的場景拋出，從「維舟處」與「搵轡時」皆應一一作詩。而末句文筆
一轉而提「臺閣虛席」者，更無疑是對阮氏的激勵，而使華詩集回國
後多流傳坊間，即成為作者之政治資本，此亦可證《使華叢詠集》卷
首胡士棟所言「阮舒軒公北使詩，國人傳頌久矣」[2]之意。而通觀《集
成》提要所敘使臣簡介，無一回國後未得高擢，以《桂堂詩彙選》作
者黎氏為例，其出使前僅為翰林院侍讀一職，而回國後則陞翰林承
旨，之後又轉海陽道督同。至於「能聲張著我相期」一句則更將此炫
媚之情勾出，於此亦不難理解在康熙十二年出使回國後的陶公正呈奉
其《北使詩集》並於卷首所題「然既叨奉王命，德音在耳，敢不以固
陋推諉，謹述蕪詞以進。」[3]其中三昧。此中意涵在《餞阮探花輝
北使》詩中所敘「八千迢遞終當瞬，九萬扶搖會有因。好把文章增國
勢，黃樞翹足待經綸。」[4]《清花處署參政翰林院校討阮輝倬》詩中之
「此間使節九千里，他日葩詩三百篇。吾榜從今名繼踵，這回應看志
山川。」[5]及《唐師頻城侯桂堂黎先生惠贈》詩中所稱「籛幣旅庭程式
舊，軺車歸國寵光新。演州氣脈元宅厚，自昔陪臣是輔臣。」[6]皆透露
出詩作與貢使的政治關聯性，亦正為《默翁文集引》中所點出「要其
情詞感慨，不外乎忠君孝親兩端而已。」[7]之旨。可見北使詩作絕非僅

[1] 黎貴惇：《桂堂詩彙選》，載於《越南漢文燕行文獻集成》（第三冊），上海：復旦大學出版社，2010年，42頁。

[2] 阮宗窐：《使華叢詠集》，載於《越南漢文燕行文獻集成》（第二冊），上海：復旦大學出版社，2010年，133頁。

[3] 陶公正等：《北使詩集》，載於《越南漢文燕行文獻集成》（第一冊），上海：復旦大學出版社，2010年，219頁。

[4] 黎貴惇：《桂堂詩彙選》，載於《越南漢文燕行文獻集成》（第三冊），上海：復旦大學出版社，2010年，38頁。

[5] 胡士棟：《花程遺興》，載於《越南漢文燕行文獻集成》（第六冊），上海：復旦大學出版社，2010年，56頁。

[6] 同上，66頁。

[7] 丁儒完：《默翁使集》，載於《越南漢文燕行文獻集成》（第一冊），上海：

為唱和與述懷所作,其個人與國家的雙重政治意識甚強。黎貴惇思想是李、陳和後黎朝學術與思想觀念的折射,其既體現著十七世紀越南的綱常倫理與思想形態,同時詩作自身也影響著越南朝野的觀念。[1]相比於上節所述,筆者認為詩歌與貢使個人仕途的聯繫更具有多變性與研究空間,且較少空泛論調,然為傳統治史者忽略,故應引起後來者之重視。

六、詩作本身的文學筆法

越南貢使本身即因其乃國內通儒之才、文華之士而擢任,故其詩作自文學角度本就有可觀之處。按《清代越南燕行文獻研究》一文列表統計,其中僅《集成》一書所錄清代使節中進士及第者即占四成,而若以秀才以上功名合計則更逾七成,故知越史以博學鴻儒為重。[2]而其中如《南翁夢錄》載「阮忠彥早有才名,頗自負,嘗有長篇詩。其略云:『介軒先生廟廊器,茂齡已有吞牛志,年方十二大學生,纔登十六充廷試,二十有四入諫官,二十有六燕京僕。』其自負矜伐如此。」[3]又如黎伯品世業儒醫,「天資敏悟,獵文史起家」,吳位為諒山督同吳仕之子,「以文學名」,阮攸因「相家子有文氣,嘉隆十二年充如清歲貢正使,尤長於詩善國音。」[4]則更為其尤。而乾隆

復旦大學出版社,2010年,303頁。

[1] 參考于向東:《試論18世紀越南學者黎貴惇的世界觀》,載於《哲學研究》(第十一期),2009年,2009年11月。于向東:《黎貴惇的著述及其學術思想》,載於《東南亞研究》(第三期),1991年。

[2] 參見「越南使節科舉出身比例表」。周亮:《清代越南燕行文獻研究》,暨南大學中國古代史專業碩士論文,2012年,8頁。

[3] 黎澄:《南翁夢錄》,《〈詩言自負〉篇》(叢書集成新編本第九十七輯),臺北:新文豐出版有限公司,1986年,485頁。

[4] [越]越南阮朝國史館張登桂等編:《大南實錄》(Đại Nam Thực Lục)(影印本),《正編列傳初集·諸臣列傳》,東京:日本慶應義塾大學語言研究所(言語文化研究所)整理,1961-1981年。轉引自于燕:《清代中越使節研究》,山東大學專門史專業碩士論文,2007年,20頁。

三十七年使華之武輝珽所作最為上乘，據武氏門生寧遜光中三年庚戌
（1790）為《華程詩》所撰序，則知其「黎朝景興中名進士也，雄文
大筆，領袖詞林，尤邃於詩學。良辰美景，舉酒吟章，每脫稿，輒為
騷人珍異傳頌。」[1]亦為越使擅詞章一例，至於其所作詩篇流入士子
之間，廣為傳抄，乃至「一時詩社皆嘖嘖擱筆，蔽之石洞范攸，天
才卓異，詩文自出機杼，每不可天下士，見是集亦悚然驚歎。」至於
其所作，稱讚之辭甚至言曰：「頤軒公筆力，非吾輩所及，蓋先生之
詩，雄渾閎奧，妙達真機，其命意精深，其摛詞典□，其格致飄逸似
陶淵明，其字句工練似杜子美。」[2]其影響士林者足見一斑。而在《使
華叢詠前集序》中則記載了乾隆八年金陵張漢昭對越南使臣阮宗窐的
描述，其曰：「阮子峨冠博帶，儒雅風流，聆其言論不煩譯語也，接
其豐裁藹然可觀也，及叩其所學，諸子百家靡所不貫，始知為讀書稽
古之士，尤長於詩學，其聲韻格律悉學唐人，使君公務之暇，吟哦不
旬日間得詩近若干首。」[3]這正是對越使的整體概況。而對於使臣的詩
歌印象，則更是褒揚至極，同序曰「寫景則工練如畫，陶情則襟懷逼
真，沉著痛快似少陵，高華流利似太白，其詩題小序簡古有法，非深
於書卷在所不易幾也。」[4]此足見詩作本身作為文學作品而受到國內士
子之傳習。[5]至於越南詩歌寫作，黎貴惇更總結為三要，其曰「詩之要

---

[1] 其述該詩集所作乃「專對之暇，觸興吟題，詩凡千百首，顏《華程學步
　集》」。參見武輝珽：《華程詩》，載於《越南漢文燕行文獻集成》（第五
　冊），上海：復旦大學出版社，2010年，242頁。
[2] 參見武輝珽：《華程詩》，載於《越南漢文燕行文獻集成》（第五冊），上
　海：復旦大學出版社，2010年，242頁。
[3] 阮宗窐：《使華叢詠集》，載於《越南漢文燕行文獻集成》（第二冊），上
　海：復旦大學出版社，2010年，136頁。
[4] 阮宗窐：《使華叢詠集》，載於《越南漢文燕行文獻集成》（第二冊），上
　海：復旦大學出版社，2010年，138頁。
[5] 通觀越南文學，陳朝前期偏向佛學作品與禪詩為主。自陳朝中期與元朝戰爭
　起，其文學基調則轉為激烈的民族情結，陳朝中後期，隨著儒學與儒生的主宰
　文壇，詩文則以言志為主，至陳末又轉為憂時傷世之作。而黎朝之後，詩風
　為之一轉，則頗具氣勢，少有陰柔之辭。參考賀聖達著：《東南亞文化發展

有三焉：曰情、曰景、曰事。天籟內鳴，情動乎機；眼根外接，景觸乎意；印古證今，記行述跡，事究乎收攬之精神。雖作者非一端，其大概不出乎此三要之中。」[1]而燕行詩文正是越南詩學與越南學者創作環境、藝術實踐相結合的產物。[2]陳朝中後期，隨著儒學與儒生的主宰文壇，詩文已漸趨言志為主，至陳末又轉為憂時傷世之作。而黎朝之後，詩風為之一轉，則頗具氣勢，少有陰柔之辭。[3]這都應在詩文分析中引起注意。

七、結語

　　明清的外交行記中，詩歌所占的比重凸顯，詩歌特點主要為三點：其一總體上為行程歌詠之作，其二贈答酬唱之作數量逐漸增加，其三外交記行的詩歌與酬唱詩歌的界限明確區分。[4]可以理解，這正是隨著明代之後國家疆域擴展而形成的意識投射，即對「記事」、「記文」差異的重視，一方面對於域外地理的考察逐漸脫離感情色彩而偏向紀實考察，如龔用卿於《使朝鮮錄》所言「使之來者，得有所考，而不繆於所從」[5]即出於此意。而在同時期的越南亦受此書寫方式影響，如黎貴惇《北使通錄》四卷自序所言「僕隨筆所記也，始於奉命始行，終於度關修聘，訖於回朝奏啟表本、書柬文移、手帖尺牘、應對談論，皆在焉。……南國前輩奉使詩集甚多，惟紀事未有。永佑丁巳，遜齋黎先生充賀登極，始述日程道里、應酬贈遺，與所見聞、風

　　史》，昆明：雲南人民出版社，1996年。
[1]　黎貴惇：《芸台類語》，越南國家圖書館藏抄本，R.118。
[2]　王昆吾：《從敦煌學到域外漢文學》，北京：商務印書館，2003年，355頁。
[3]　參考賀聖達：《東南亞文化發展史》，昆明：雲南人民出版社，1996年。
[4]　參見王皓：《宋代外交行記與語錄研究》，四川師範大學中國古代文學專業的博士論文，2012年，197-201頁。
[5]　龔用卿《使朝鮮錄》，殷夢霞、於浩所選編：《使朝鮮錄》，北京：北京圖書館出版社，2003年，4頁。

俗、事蹟，為《使北紀事》一卷。」[1]即是此種寫作意圖之表徵。另一方面詩歌所具有的政治性色彩增強，逐漸脫離簡單的景物吟詠。而這一點，在本文對越南燕行文獻的考察中也屢見不鮮。近年常有學者將越使詩歌做成地域化研究，雖氣象不大，亦有地域價值。[2]然而筆者認為，此類研究一旦脫離了時代背景與歷史環境，極易做成對越使詩歌的文學賞析或地方誌補充，如此，則新史料的價值亦被埋沒。正如張伯偉先生所言：「（域外漢籍）不僅是學術研究中必需的材料，不僅是古典學研究的對象，不僅是一個學術增長點或學術新領域，在更重要的意義上說，這是一種新的思考模式和新的研究方法。」[3]因此，應將域外漢籍與中國典籍比照考察，域外漢籍如同中國典籍主幹的「枝條」[4]，兩者結合方才能將文學性的詩文提升至史學乃至經學的高度。

---

[1] 黎貴惇：《北使通錄》，據《越南漢文燕行文獻集成》（第四冊），上海：復旦大學出版社，2010年，7頁。

[2] 如張京華：《「北南還是一家親」——湖南永州浯溪所見越南朝貢使節詩刻述考》，《中南大學學報（社會科學版）》，2011年10月。（類似的以地域劃定範圍做越使詩歌研究的文章還有，詹志和：《越南北使漢詩與中國湖湘文化》，《中南林業科技大學學報（社會科學版）》，2011年12月。）

[3] 金程宇：《近十年中國域外漢籍研究述評》，《南京大學學報（哲學，人文科學，社會科學版）》，2010年5月，129頁。

[4] 張伯偉：《域外漢籍研究答客問》，《南京大學學報（哲學，人文科學，社會科學版）》，2006年1月。概言之，中國目前使用的「漢籍」既傳承古漢語基因，又吸納日語詞血液，經揚棄而創制出一個新詞——不僅包括中國傳統的經史子集，還涵蓋佛經及章疏、變文之類，甚至有人建議將簡帛、碑刻、尺牘、圖贊之屬，凡傳遞漢字文化資訊之載體盡納其中，以構建面向未來的新漢字文化圈。王勇：《從「漢籍」到「域外漢籍」》，《浙江大學學報（人文社會科學版）》，2011年11月，41頁。

讀書

佛教新生活運動：臺灣入世佛教的日本化
——從《作為入世佛教的臺灣慈濟：起源、組織、訴求及社會影響》入手[1]

姚玉霜

佛光大學宗教學研究所專任副教授

　　本文以筆者最近出版的一本書：《作為入世佛教的臺灣慈濟：起源、組織、訴求及社會影響》（下文簡稱《臺灣慈濟》）入手。[2]這篇文章被作為對這本書的後續行動。該書從社會學的角度審查了「佛教

---

[1]　感謝方昭文女士對本文寫作上的諸方協助與意見。

[2]　*Taiwan's Tzu Chi as Engaged Buddhism: Origins, Organization, Appeal and Social Impact.*（在本文中皆以*TTC*代稱）Global Oriental/Brill: Leiden and Boston, 2012.

克難慈濟功德會」（下文簡稱慈濟），形成了對它的另一種研究，以及如何結合歷史背景來考量其影響。然而，任何人在探討慈濟的最近演變與發展時，Mark O'Neill的*Tzu Chi: Serving with Compassion*[1]則是必讀之書。

　　慈濟是一場佛教新生活運動（即NRM，new religious movements，又譯為新興宗教運動），屬於宗教社會學的範疇，本文亦會從這一點出發進行論述。[2]就大多數情況而言，在基督教背景下論述新生活運動，則是採取與主流基督教傳統和西方文明相反、並與傳統標準相關聯的範式。其中最精彩且極少遭受批評的研究之一，就是Bryan Wilson和Karel Dobbelaere對「創價學會」如何在英國傳播的著述，[3]本文深受該著作之影響，通過仔細對臺灣的佛教新生活運動的研究，並通過比較它與佛教的傳統和中國主流宗教文化之間的關係，希冀有助於給宗教社會學提供一個新的維度。

　　我們都知道佛教有著近兩千五百年的傳統，期間在相當多元的文化領域內進行著傳播。而中國也有類似悠久文化與歷史。如果我們忽視慈濟與其他宗教間的差異性，而將其放置於佛教或與中國傳統文化的脈絡中進行研究，我們可能會喪失慈濟的特性並導致研究過於簡化。因此，為避免這一問題，本文將選擇從幾個方面來探討佛教傳統與中國傳統文化，竊以為，這一研究範式可使我們了解幾個相對比較明確的結論。

　　至於佛教，重點則在觀照其早期的歷史，包括佛陀本人和他當時的門徒與其產生的歷史與社會背景，進而分析慈濟佛教運動所造成的影響，我們不完全拘泥於早期佛教，但這仍將是比較的出發點。而在

---

[1]　Singapore: John Wiley, 2010.

[2]　本學界的開闢歸功於Emile Durkheim與Max Weber的努力。

[3]　*A Time to Chant: the Soka Gakkai Buddhists in Britain*. Oxford: Oxford University Press, 1994.

中國文化中，我們注重在與儒家傳統進行比較，因為儒教仍然活躍在臺灣——慈濟的發祥地。

一、慈濟

慈濟誕生於臺灣東部的一個小鎮，在1966年由證嚴法師（出生於1937年）創立，她現在仍然繼續領導這個組織，慈濟開展的佛教新生活運動，是臺灣規模最大的佛教修行運動，估計現在約有1000萬成員，其中近三分之二為婦女，在海外有許多分支機構，[1]其中包括一個由中國大陸政府正式准許的分支組織。該運動的主要語言是閩南語，這是大多數臺灣人的母語。慈濟一開始作為一個醫療慈善機構而存在，是其最突出的特點，自1991年起，它就開始進行國際救災，包括臺灣及海外。千禧年以來，它在資源回收和其他環境問題上做出了許多的努力，而且它有自己的醫院（截至目前有六家）和大學。

在《臺灣慈濟》的書末，我們寫到：由於缺乏傳統教義與修行，使得慈濟運動成為中國佛教世界中最「世俗」的宗教之一。本研究看來，「世俗」在這裡的意義是關注這個世界（即此生），而不是「下一個」（即來生），此外還有一個特點就是「理性化」，即它規定了實現這些目的的手段，一般是理性接受的。[2]

一些局外人往往第一眼會懷疑，慈濟是否是真正的佛教？是否是宗教運動？但我認為這是無庸置疑的。在慈濟主導的佛教新生活運動中，創始人所推崇的教義無疑是佛教，因為她給了這個組織佛教特有的名字，當然，這也包括了玄妙的一面；對慈濟的追隨者而言，該團體強調對觀世音菩薩的信仰，觀世音菩薩最能體現整個中國佛教傳統中慈悲的特點。而且慈濟的教義認為，證嚴法師是觀世音的人間化

---

[1] 根據最新的田野資料，慈濟現在全球74國家和地區設有分支機構。

[2] *TTC.* pp. 229.

身，她不只是體現觀音的外形和靈感，熟悉證嚴法師或其出版著作的人都知道，她對於佛教的教義是虔誠的。因此，在這些人裏，沒有誰對慈濟運動這被稱之為「人間佛教」（見下文）並且被認為是現代中國佛教中最廣泛運動的一部分而有任何的懷疑。

二、社會組成的成員資格

首先，我們從佛教的歷史來看慈濟的人員組成，與佛教的早期歷史相比，雖然慈濟有著截然不同的一面，但兩者在社會成員上卻有著極高度的相似。學界往往會將慈濟與古代印度佛教運動及其當時特定的社會變化相聯結。遠距離貿易和剩餘收入帶來了一個所謂的中產階層，其中大部分是商人與部分的國家官員，這帶來了相對穩定的政治環境，促使社會急遽上升的發展，並帶動了城市化的蓬勃發展，這一切都與貨幣制度形成相關聯。在此之前，文化的霸權由世襲的祭司如婆羅門所把持。這個霸權及其世襲性的原則（在這裡主要指婆羅門制度帶來的種姓觀念）受到了城市多元新文化與大量農民、地主的質疑。[1]

研究顯示，慈濟中的成員多半是由農村遷往城鎮，尤其是臺灣都會區的人所組成。[2]此外，其中很多人從事商業活動，當中不少人還是工商業體制內的白領階級。[3]

簡單地說，佛陀和證嚴法師都提供了一種「新生活運動」：在新秩序和穩定的社會裏，對那些經歷過社會大變革的人（即新興中產階級）而言，傳統的社會階級制度及與之相關聯的儀式對他們並無吸引

---

[1] For our view of the sociology of early Buddhism, see Richard Gombrich, *Theravāda Buddhism* (hereinafter *ThB*). pp.73-83. Sections "Buddhism as Religious Individualism" and "An Ethic for the Socially Mobile".

[2] *TTC*. pp.110, table 5.2.

[3] *TTC*. pp.116, table 5.4.

力；相較之下，他們更需求自由意志與個人責任，但不是現代主義、形而上的宇宙論；而且，慈濟信徒青睞穩定且可預測的原則，其中一個就是能夠讓自己獲得安置的個人主義。這兩種教義都是基於道德的規定，對信徒而言，對生活方式要求比任何形而上的理論都重要。事實上，核心的教義原則就是道德本身，即業力、道德因果關係的律法。

當我們寫下「佛陀與釋證嚴的這兩種教導」時，是因為我們將比較研究作為起點，證嚴法師與佛陀都認為來自個人責任的中心道德極為重要，他們在這方面是相同的。值得注意的是，歷經許多個世紀並受到不同因素干預的大乘佛教卻如此完美地保留道德與個人責任這兩個原則，並將其作為他們教學的基礎與首要，這是令人驚訝的。

三、宗教語藝（Linguistic Character）

慈濟滿足了中產階級與新興農村人口的信仰訴求；這些現象與佛教早期興起的背景明顯相似，這相似性還從語言方面表現出來。佛陀拒絕使用婆羅門的語言——梵文，他告訴他的追隨者要使用白話，而且自己也身體力行，認為白話才是他們真正的母語。就他而言，白話是印度——雅利安語的中間形式，也稱為克利特（Prakrit，或Pracrit）語。在保存最早且完整的《大藏經》中，巴利語是克利特語的一種形式，雖然上座部佛教徒相信它是佛講的語言，但這並不能完全確定。

以此類推，慈濟的語言是中文中的閩南語分支，這是福建省南部老百姓普遍使用的一種方言。除了慈濟之外，所有其他形式的佛教在臺灣皆使用普通話（即國語），普通話是基於北京方言的中國通用語言，所有中國流傳的書面語言都是普通話。但就臺灣的絕大多數人而言，閩南話卻是他們的母語。作為方言閩南話和作為官方語言的普通話是兩種不同的語言。普通話是政府機構、教育部門以及大多數公眾溝通的語言，慈濟創立以閩南語為主的臺灣社會，因此，閩南語成為

其交流的語言，雖然證嚴法師已發表的作品是以普通話寫成，雖然近來有學者試圖創建閩南語的書面文字，但它並不成熟、普及，因此閩南語與克利特語相似，而普通話亦猶如是梵語，這種類比的關係是相當密切的。

如果將本論的重點擴大，會發現所謂新教（Protestant）運動的特點就是跨宗教：成員要對自己的個人行為，主要在道德、責任上負責，而不是拘泥於宗教儀式中。因此，他們不須使用任何一種語言。這標誌著他們的日常生活上的障礙被解除，使用閩南語對其慈濟的傳播來說至關重要，因為教徒能清楚地瞭解被傳達的意思。此外，他們以閩南語從事宗教工作，猶如為證嚴法師所做。因此，講閩南語的目的在於傳教。但其中有一部分信教者認為，說閩南語是一件令人愉快的事情，但往往卻不能像那些在社會中占主導地位的語言（如普通話）般運用自如。[1]

四、在家居士

現在看看女性在整個慈濟運動中的地位。慈濟是在家運動（此問題的複雜度將是本文的要點之一），在家人在慈濟中有幾種不同狀態與地位，[2]信徒在組織中有地位的差異，但所有的信眾都必須與他們的家人同住。他們採取的誓言與其他佛教僧侶是不同的；極大部分都與正常俗世生活相容。

佛教有很多深奧的教導，但簡單的來說，佛陀對其弟子有明顯的區分：出家（僧侶）與在家（信徒），在家者需要給出家者提供物質支持；而出家者則給予在家者精神教導（每種教導都進一步地分為男性和女性）。僧侶和信徒可以描述為兩個相互依存的但不平等的階

---

[1] 對慈濟的創始元老，此點是極為重要的，包括其創教者。

[2] See *TTC*. pp.139 ff. The movement stresses that they do not consider the ranks to constitute a hierarchy; they are said to be functional.

層：信徒提供僧侶與他們生活物質的必需品，但僧侶則必須回報信徒：即提供佛陀的教義，這是更大的恩惠。雖然在家人士，可能會獲得極大的精神領悟，但是欲獲得更高如阿羅漢（arhant）境界，通常只有出家者才能獲得。出家者需捨棄一切，不參與經濟或家庭生活，而是生活在他們自己的Saṅgha社區（Saṅgha是指「僧團」）接受組織及其議事規則的約束。Saṅgha是一個身心完全受其控制的體制機構[1]，出家者是全職的。[2]

古代印度佛教的特點是：「社會人士要供養任何來到了他門前的人，就如同，國王在他的王國要保護所有神聖的人，這是國王義務，也是地主的責任。」[3]在這方面，慈濟非常遵循古代的模式：考慮加入慈濟的決定絕對不是一個偶然或不經意的承諾，在我們的研究中，有一個發現：「超過一半的『信徒』仍信仰多個宗教。」[4]

關於這點我們必須回到慈濟的結構高層來研究。證嚴法師於1963年由中國近代高僧印順法師剃度出家，從她的宗教職業生涯早期開始，她就從未住進任何宗教社區，佛陀本人制定作為比丘或比丘尼的要求來看，她這樣的出家方式是完全不符合規則的，證嚴法師自己也剃度了大約150名女性作為比丘尼，跟著她住在該團體的總部臺灣花蓮。證嚴法師和她所有的比丘尼都遵守所有的佛教規則與修行要求，甚至還要更嚴格。但是她們這種非傳統的出家方式，或許在其他佛教徒眼中缺乏傳統的出家者地位，然而這並不值得關注，真正值得重視的是，證嚴法師為其團體創新了新的傳教（或神職）人員，可以是男性或婦女，叫「清修士」，他們發誓像修道士一樣，幾乎服從所有的傳統規則，但並不剃度，清修士在慈濟接受高度教育，期待能在未來

---

[1] A total institution is one which decisively influences every aspect of the lives of its members. The army is an example.

[2] See *ThB.* pp.76-8. For a detailed analysis.

[3] *ThB.* pp.77.

[4] *TTC.* pp.125.

能成為這一組織的領導者，這些事實應該得到更充分地分析；我們在此提出，只是為了說明慈濟如何繼承古代佛教並予以創新且相結合的一面。

如果我們將慈濟置入中國傳統文化中來比較研究可以發現，華人常常效忠於各種宗教傳統。事實上，「效忠」一詞可能不太準確：應該是說會去信仰一種為自己和社會上可接受且有效的宗教。在大部份情況下，大多數人是否被認為信仰，或實踐儒家、道家、佛教或自然崇拜，已經司空見慣；但佛教僧團（Saṅgha）對中國社會，卻是一個大例外。佛教中的男眾和女眾，是一個明顯獨特的機構，它有著自己的服飾、生活方式和世界觀。換句話說，Saṅgha的顯著特徵一直在中國佛教的主流傳統中被彰顯，其中也包括出家／在家之間的鴻溝差異（這是泛稱，個別的中國佛教僧侶或許不受其他宗教的影響）。

在這種背景下，我們看到慈濟，就有了非常獨特的感覺，因此，透過研究理解在其歷史背景下的「非在家人運動」，結果發現，「成員越深入慈濟，他們會變得越排斥其他宗教」。[1]因此，這一方面（實際上其他的宗教也有）慈濟的「在家人」或許也會變成一種Saṅgha。

其中有一個值得注意的問題，縱觀整個中國歷史，佛教是時常與儒家思想相抗衡的。因為儒家思想認為：一個人的首要職責是服務其家人，傳統佛教Saṅgha是反對這個民族性倫理的；然而，決定加入慈濟的信眾，完全可以同時保持與他們的家庭的密切聯繫，至少他們仍然在良知上忠於儒家這一原則。但是當他們接受越多佛教的價值觀，他們就會越想接受剃度，但是慈濟的教導卻是：允許他們擁有家庭生活與宗教追求。這可能是為什麼其證嚴法師，往往勸阻旗下成員剃度的主要原因之一。

儘管慈濟是在家運動，那麼，這源頭是來自於哪裡？慈濟真的可以繞過佛教的傳統並廢除「在家／出家」的區別嗎？

---

[1]　*TTC.* pp.152.

五、婦女的地位

有一種吊詭的現象與婦女地位的問題相關：佛陀顯然認為，婦女在本質上與男性平等，尤其是在精神方面的進步，更是如此，其中包括啟蒙的實現能力。但佛陀的秉性與當時的歷史背景決定了，婦女與男性的地位是不同的：婦女不能發揮領導作用，一個女性永遠不會成佛，無論年齡或精神上，比丘都高於比丘尼。

大多數中國人認為，婦女的精神在傳統意義上一般是不如男人的。在中國，一個女人不能成為一個各行各業中的領袖。[1]雖然有比丘尼，但它實際上是不可被認為是女性的表率，或被視為一種人格典範。

因此作為一個女性的證嚴法師，創造和領導一個宗教運動是非常了不起的；並且毫不含糊地提出佛教在家人的主張。但於此同時，這會使她的位置更加地不穩定，因此她提出了自己的觀點：「雖然我是一名女性，但至少我是出家人。」只要她一日作為比丘尼，她就不可能完全拒絕配合其他的婦女成為比丘尼的；但特別的是，她試圖限制比丘尼的人數，並重複強調這一行動的重要性。

而且，證嚴法師非常嫻熟地在將其推行婦女本身功用的這一面與佛陀的觀念產生聯繫，讓婦女不會背負違反儒家傳統的罪名。她說：「男子是明智而有力的，就像一個大廳的樑柱……，他們比婦女更有活力、更強大，而婦女則軟和溫柔如水。」在運動內的職責分配也是相應的：婦女應該「尊重她們的丈夫，並在自己得救之前，優先地履行其家庭職責。」同時，她也對婦女提出了要求：「她聲稱婦女與男人具有相同的潛力，她敦促婦女可以有集中的生活（做大事）。」[2]她不想過於強調男性和婦女之間的差異，而是試圖改善兩性之間的關

---

[1]　或許不免懷疑臺灣目前不少寺廟是由女性領導，乃是因為缺乏男性出家眾的緣故。

[2]　*TTC.* pp.85, which see for more detail.

係，特別是在婚姻當中的關係。從田野調查中，我們也發現，她在這個領域裏時常獲得成功。

六、慈濟與日本佛教

證嚴法師成立一個在家人的佛教運動的想法，可能來自日本。儘管在中國歷史上曾經有過類似這樣的運動，但日本自從在十三世紀起，就有在家的佛教運動，今天已經是相當繁榮了，其中，最著名、規模最大、影響最深遠的就是「創價學會」。

當然，我們可以這麼說，臺灣之所以在宗教上受日本強烈的影響，乃是因為臺灣曾是日本的殖民地，雖然1895年到1945年期間，證嚴法師沒有到過日本，而且《臺灣慈濟》一書也並未明確地交代她與日本佛教的聯繫，可是她至少接受過一門日本的函授課程教育。更重要的是，她第一次離開家時，曾與一位法師一起住了幾年，這位法師恰是在日本接受教育。[1]詳細來說，證嚴法師以完全新穎的處理方式創立了慈濟的葬禮，其儀式完全由在家人來進行，這與一個法師的作用是相同的。這種方式在創價學會裏也有，死亡後事僅由信徒來處理而無法師參與，這不僅在日本是創新，在中國文化裏更是如此。

它也顯示了在家人如何走入慈濟的核心位置，這不是只是一個正式角色和狀態的問題，而是揭示其宗教精神的核心已經排除了神職人員的作用，我們冒昧地將慈濟比擬為新興宗教，認為所有信徒皆為祭司，他們在同一時間邁出了世俗化這一大步，這是他們的跨文化特徵。

此外，雖然慈濟受日本影響遠勝基督新教，但新教傳教士在臺灣的存在及意義仍然難以僭越慈濟的關注。

---

[1]　*TTC*. pp.62.

七、維持排他性嗎？

隨著近幾年慈濟在海外的迅速發展，「排他性」成為了一個學界感興趣的話題。在2011年，慈濟發言人就稱：「慈濟雖然是佛教的運動，但包括了與數千名非佛教志願者，甚至包括基督徒以及南非和印尼的穆斯林。」他繼續說：「轉換或改變宗教信仰不是慈濟所關注的。通過修行，慈濟希望基督徒將會成為更好的基督徒，而穆斯林成為更好的穆斯林，我們是主張利他主義的。」[1]雖然這不是本研究的主旨，但這的確表明慈濟進一步走向了世俗化。

也許進一步的研究將揭示基督徒和穆斯林如何看待這一問題，然而，明確的是，慈濟的領導層準備要在教義的正統理論下更進一步地提出關於成員資格的準則。如果「慈濟旨在為所有信仰的人變得更接近他們的『神』並將他們聯結在一起，共同為保護地球與環境而努力」，[2]本研究不得不去找尋一個核心問題：慈濟的常規教義究竟是什麼？

八、宗教教義

最後一個問題則是關於宗教教義的。據我們觀察，《靜思語》連續三期不斷轉載、翻譯並給予這一問題以最顯著地位。然而，教義在慈濟運動中的作用，以及正統教義（orthodoxy）和正統修行（orthopraxy）的重要性之比較，是我們對正統教義比較調查的研究關鍵。

佛陀經常對道德行為（śīla）、冥想（samādhi）和洞察力（prajñā）予以總結，有時也將解脫（vimukti）加入進來，作為第四個目標。佛陀認為自己必須揭示從轉生到輪迴（saṃsāra）的規律，這是生命的永恆、死亡和重生，一個可以翻譯為「輪迴」週期的路徑。這是一個每

---

[1]　These quotations are from a private document, a proposal for a book he intended to write with Professor Peter Clarke. (Prof. Clarke's death put an end to the project.)

[2]　同前注。

個人必須經歷的、反覆重生的路徑，關於這個概念，我們在下節將與
證嚴法師的教導相比較。一旦開始對這一細節予以思考，就不能忽略
證嚴法師在傳教這一範疇上與佛陀之間兩個較明顯的相似處：第一是
傳教者與追隨者的關係，第二個是「實踐」的重要性。

九、權威理論

簡單地說，我們可以參考《大藏經》裏的兩個段落。

第一：某日，Kālāmas村的一群民眾告訴佛陀，好幾個導師來探訪
他們，宣揚他們的教義，但他們感到困惑，不知所從。佛陀回答，每
個人對這類事宜都要讓自己下定決心，不應從教學的角度來判斷，而
是要從個人經驗這試金石上進行測試。[1]

第二：當佛陀已老年時，身體非常薄弱，他從一場病症中恢復。
他助理Ānanda鬆了一口氣，表示佛陀不會就此離去，因為他還沒有為
僧團留下一些遺言與指導。佛陀回答道：「僧團希望我說什麼？我的
教導不分自己人與外人，沒有老師學生之間的區別。如果任何人現在
認為他可以領導僧團或僧團對他特別重要，他現在應該對僧團表示。
至於我，是沒有這樣想法的，所以我也無須留下任何口諭。我已經
八十歲，並將走完我的人生……所以你們每個人都應該靠自己而非別
人，靠的是教導（佛陀），而不是別的。」[2]

---

[1] *Aṅguttara Nikāya* I. pp. 188-193.

[2] *Dīgha Nikāya* II. pp. 99-100. Our translation of the last sentence omits the metaphor. The
original more literally reads: "Having the self/Teaching as an island, having the self/Teaching
as a refuge." The Pali word for "island", *dīpa*, is a homonym of the word for "lamp", and
this has led some modern interpreters so to translate it. They no doubt have in mind such
expressions as "by his own lights". The commentary, however, takes it as "island", which
shows that the reference is to the common Indian comparison of life in this world to a flood
which one tries to cross but which can carry one away.

　　雖然我們不能從證嚴法師的教導中將這些精確匹配，但這卻符合她的一貫態度。截至目前為止，她沒有安排任何的繼承人，包括個人或一些理事委員與理事會，當她被問及此相關問題時，她說她就像佛陀一樣，她的追隨者是有自己的思想，並因此遵循自我良心的個人。這再度證明了慈濟的意識形態之一就是：所有信徒都是祭司。

　　這與佛教史上的史實有著驚人的相似度。佛陀明確地拒絕任命任何繼承人，也從未聲稱某個人將會未來繼承僧團的管理。另一方面，僧團同時也分裂成無數的分支。一開始，這種分裂是對涅槃的爭議與僧團修練方式看法的不同；但這些分歧並非總是由於意見不合，也包括地緣差異、政治干預（當地統治者創建的官僚結構）等等因素。所以，他們只對與之互動的個人或小理事會負責任。因此，佛教的繼任者只是安排本地僧團的負責人而已。這一直是中國佛教寺院的做法，但中國政府一直很希望佛教和其他宗教機構應該有官方的領導人，這樣政府就可以行使其管理權力。

　　沒有了「信念」，個人必須對自己負責，這是一個微妙的狀況，並不是非黑即白，權威（having authority）和權威者（being authoritarian）有細微的不同。如佛陀對Kālāmas的忠告，「信念非常重要，精讀經典將會堅定信念」，至少可以說，佛陀的建議將讓證嚴法師有所循帶領信眾繼續接她的教導。

　　極少的例外是，個人加入一個宗教組織，乃是因為他們信任某些權威，想要遵循它，但它可能會反映出另一個問題，宗教領袖的權威往往是來自信徒的要求，而遠勝於上天的賦予。慈濟的整個公共立場與佛陀給Kālāmas的忠告不謀而合，而研究者也注意到，宗教領袖的確不會行使相當大的權力。沒有必要在任何細節上浪費時間。結合相關研究，我們發現，證嚴法師只是關注於所有重要的決策，並會晤來訪成員和定期視察臺灣地區的各大分支機構。因此，要判斷她如何掌握權力，不能與現代的基督教教派作比較，而是應與傳統的中國社會相

聯繫，而因著強大傳統保守主義的影響，使慈濟成員連不參與慈濟的宗教或社會活動時，都被要求穿著慈濟的制服，並梳理規定的髮型，這以現代社會觀點來看簡直有些不可思議，但以儒家男性為主的觀點來說卻是恰當的。

十、結論：救贖論（soteriology）

與其他人間佛教運動一樣，慈濟的最終目的是在現世創建人間淨土，我們也注意到其教義與修行探觸了末世與千禧的思想。然而，慈濟有更多成員關注的是現實生活和未來是什麼，這可視為是某種與自己的未來命運有關的信仰或信念。

我們的標題叫「佛教新生活運動」，這是與傳統佛教相比而言，這裡所指的佛教，乃是傳統的佛教概念，「新生活」則是一個有著政治隱喻的想法，這裡指的是證嚴法師如何打破佛教部份傳統而與日本佛教相趨近。

從日本佛教的發展史來看，自十三世紀以來，佛教在日本出現了不同於傳統佛教的救贖觀念，較為人所知的即是日蓮體系的入世主義，其最特別的是現世即可成佛的思想，與在家人高於出家人的觀念；另外對日本新興宗教的研究發現，女性在宗教團體中成為領導者的情形是被普遍大眾所承認。如天理教的中山美伎就是例證。

而慈濟雖然在許多方面與中國傳統佛教有著密切的關聯，但證嚴法師對現世生活的務實與堅持態度，某種程度上就如同二千多年前的佛陀給封閉印度社會一個全新思維生命問題的新觀念；可是，慈濟更從實用主義出發，因此證嚴法師立定從事醫療救助來開始她的新生活運動，看似與基督教慈善傳統模式一樣，且當年社會對醫療事業的看法幾乎等同於慈善行為，容易被大眾接受。當我們問慈濟成員，是什麼是吸引他們投身這一運動時，有不少人提到感覺自己是被肯定的，

並不因為不是出家人而低人一等，是有機會在現世就被救贖；而慈濟三分之二的婦女，更因為證嚴法師以女性身份統理慈濟這龐大的宗教團體，而對自己的地位更有信心，這些都是日本佛教獨有的特質，研究發現相較於傳統佛教的結構，慈濟的確帶有日本佛教的明顯色彩，證嚴法師也籍著慈濟新生活運動開始一個不同於以往佛教的「新興宗教」。

新聲

盡在有神無神間：論毛澤東宗教觀的矛盾性

薛娜

華中農業大學文法學院碩士研究生

作為一位有著世界影響力的政治家，毛澤東是中國乃至世界近代史上一個相當有代表性的研究個案。因此，他的宗教觀歷來為國內外學者所關注和探討。中國大陸學者大多認為毛澤東繼承和發展了馬克思主義宗教觀，為中國共產黨在執政之後正確認識和處理國內複雜的宗教問題指明了方向，而海外學者則通常採取批評和否定的態度，認為毛澤東宗教觀具有尖銳複雜的矛盾性，從而導致1949年以來的宗教政策產生了嚴重失誤。在新的歷史條件下，如何實事求是地認識和評價毛澤東的宗教觀及其矛盾性，仍然是目前學術界所面臨的重要任務和難題。因此，深入開展對毛澤東宗教觀的研究與探討，無疑具有重要的歷史價值和現實意義。

一、毛澤東宗教觀的基本內涵及其矛盾性

關於宗教的本質問題，歷來見仁見智，其中以馬克思關於「宗教是人民的鴉片」的論斷影響最大。列寧在《論工人政黨對宗教的態度》中指出：「宗教是人民的鴉片──馬克思的這一句名言是馬克思主義在宗教問題上的全部世界觀的基石。」[1]自20世紀80年代以來，學術界對馬克思的「鴉片」本質論展開了激烈的爭論，並形成了兩種絕然對立的觀點。贊成者從社會批判的角度出發，對宗教在哲學上的

---

[1] 列寧：《列寧選集》（第二卷），北京：人民出版社，1995年，247頁

「唯心主義」與現實中的「麻醉功能」進行否定和批評，而反對者則從宗教的實用價值方面立論，強調宗教具有「世俗基礎」，並將長期合法存在。這場爭論在實質上就是有神論與無神論鬥爭的繼續，而「靈魂的有無」則是人類與生俱來的一個永久話題。由於一時間找不到任何人都可以接受的準確答案，所以作為一個謎題漸漸被擱置起來，人們更傾向於去解決具體的現實問題，以致現代宗教出現了大眾化、世俗化與去宗派化等新趨勢。

列寧曾經認為：「那些輕率看待馬克思主義的人，那些不善於或不願意動腦筋的人，覺得這種經過只是表明馬克思主義荒謬地自相矛盾和搖擺不定：一方面主張『徹底的』無神論，另一方面又『寬容』宗教，這是多麼混亂的思想；一方面主張同上帝進行最最革命的戰爭，另一方面怯懦地想『遷就』信教的工人，怕把他們嚇跑等等，這是多麼『沒有原則』的動搖。在無政府主義空談家的著作中，這種攻擊馬克思主義的說法是可以找到不少的。」[1]儘管列寧對無政府主義空談家的批評，是為馬克思主義的宗教理論進行辯護，強調既要堅持馬克思主義宗教觀的科學性和嚴肅性，又要講究對待宗教具體問題的策略性和靈活性，然而一個無法回避的問題是，有神論與無神論作為相互矛盾與對立的觀念，在哲學上卻是水火不容、難以統一的。如果有誰試圖採取實用主義的做法，將兩者加以折中調和，那麼由此而產生的宗教觀也就難逃自相矛盾的宿命了。

在中共建政的過程中，毛澤東以科學的無神論為基礎，將馬克思主義的宗教理論和中國具體國情相結合，形成了具有中國特色的宗教觀。在宗教的本質方面，毛澤東認為：「宗教的本質是崇拜自然力，認為超自然支配個人、社會及世界。這完全是由於不理解自然力及社會力這個事實而發生的。其最初形態有兩種：一是崇拜祖先，二是崇

---

[1] 列寧：《列寧選集》（第二卷），北京：人民出版社，1995年，249頁

拜自然物。」[1]在宗教起源方面認為：「自然支配，社會支配，萬物有靈，是原始宗教的三個來源。」[2]在宗教的發展方面認為：「生產發達，對自然力逐漸理解的多，宗教發生的第一個根源漸漸失去。然社會的階級制度確立，社會力仍覺不可理解；加以萬物有靈論深入人心，故宗教仍然存在，但依各個特定社會形態而變化了宗教的形式與內容。」[3]孫瑞認為：「毛澤東宗教觀的主要內容包括：從唯物史觀認識宗教的根源；宗教是長期存在的社會歷史現象；要正確區分和處理宗教矛盾；宗教具有群眾性、民族性和文化屬性。」[4]這一觀點較為全面，大致概括出了毛澤東宗教觀的基本內涵。

　　毛澤東的宗教觀是以馬克思主義無神論為基礎的，而馬克思主義對宗教則是採取批判與否定的態度，並認為宗教總有一天會自行消亡。然而，世界上所有的宗教都是以「萬物有靈論」為基礎，以人的現實世界為藍本所虛構的有神世界。無論是從歷史與現實的角度，還是從哲學與文化的角度來看，有神論與無神論作為兩種絕然不同的世界觀，總是相互矛盾和相互鬥爭的。按照馬克思主義的辯證法原理，矛盾是永恆不變的，而對立統一則是相對的和暫時的。因此，無神論與有神論這種難以調和的矛盾性，也就決定了毛澤東的宗教觀必然具有複雜的矛盾性。這是因為毛澤東既是無神論者，又是中國共產黨和國家領導人；既要面對無數的信教與不信教的民眾，還要制定各種政策均衡各方利益，以及解決彼此之間的矛盾與衝突。在這種充滿矛盾性的宗教觀的指導下，毛澤東對宗教問題的認知態度、政策措施與處理方式等，必然會產生了一系列的矛盾乃至嚴重錯誤，而歷史的實踐也充分證明瞭這一點。

---

[1]　中共中央文獻研究室：《毛澤東哲學批註集》，北京：中央文獻出版社，1986年，214頁。

[2]　同上，213頁。

[3]　同上，214頁。

[4]　孫瑞：《論毛澤東的宗教觀》，載於《改革與開放》（第十六期），2012年。

二、毛澤東宗教觀的矛盾性的具體表現

毛澤東作為一位「堅定的馬克思主義者」（中共官方語），按理說他當然應該無條件地信奉唯物主義和無神論。然而，毛澤東並非是天生的無神論者，且恰恰相反，他早年因受母親的影響而篤信佛教。他在與斯諾的談話中說道：「我第二次到北京期間，讀了許多關於俄國情況的書，我熱心地搜尋那時候能找到的為數不多的用中文寫的共產主義書籍。有三本書特別深地銘刻在我的心中，建立起我對馬克思主義的信仰。……到了1920年夏，在理論上，而且在某種程度的行動上，我已成為一個馬克思主義者了，而且從此我也認為自己是一個馬克思主義者了。」[1]雖然毛澤東早在青年時代就開始接受從西方傳來的馬克思主義，但他也仍然無法擺脫傳統文化觀念的制約，以及家庭與社會環境的影響。現代與傳統的交匯，東西方文化的碰撞，有神論與無神論的鬥爭，必然會對毛澤東思想的形成產生重要的作用，並最終導致他的宗教觀存在複雜的矛盾性。

在20世紀初期，青年毛澤東開始接受馬克思主義理論，初步形成了自己的人生觀與世界觀，實現了從一個佛教徒向無神論者的轉變。然而，在毛澤東的世界觀發生轉變的過程中，卻出現了宗教信仰與宗教情感的嚴重對立與分化，這也是毛澤東宗教觀的矛盾性的重要表現。向文梅指出：「20世紀初對於毛澤東來說，是世界觀轉變時期，對宗教的虔誠感情逐步地削弱，宗教信仰也隨之淡薄，但對宗教理論的興趣反而加強了。」[2]毛澤東在湖南一師讀書期間，曾對德國倫理學家弗里德里希・泡爾生的《倫理學原理》進行大量批註，從中可以反映出他對佛教研究的心得，包括「無我」、「惟我」、「三世一時」和「一多相容」等多方面的內容。「在批註中毛澤東還用佛教術

---

[1]　斯諾：《西行漫記》，北京：三聯書店出版社，1979年，116頁。

[2]　向文梅：《毛澤東宗教觀探析》，載於《青海師範大學學報（哲社版）》（第一期），2011年。

語『差相別』來說明宇宙及世界的千差萬別，對於佛教所倡導的『泯差別』持反對態度。」[1]唐魏娜和朱方長認為：「青年毛澤東還深受譚嗣同『靈魂說』的影響」，「在《祭母文》中說到『軀殼雖隳，靈則萬古』」，即是「承認性靈不滅的」。[2]此外，毛澤東還認為「馬列主義」的出現就是為了挽救所有的窮人，這也是「佛」，因為「從共產黨員的獻身精神來看，和佛教的獻身精神是有一定的相似之處的」。[3]

由此可見，毛澤東的宗教觀從表面上看是有複雜性和包容性，而實質上則是相互對立、難以統一的矛盾性。探究這種矛盾性的根源，無疑就是馬克思主義無神論與宗教有神論的矛盾性、對立性和鬥爭性的具體反映。由於毛澤東深受少年時期佛教認同的影響，經常運用佛教理論來認識和思考其他學派的哲學與宗教理論，喜歡借助不同學派的理論來彼此解釋和闡明事理，這樣形成的世界觀必然會帶著自相矛盾、雜糅並舉的特徵。然而，這種思想交鋒帶來的思辨樂趣與智識進步，又促使毛澤東閱讀更多的書籍，接受更具差異化的思想。隨著接觸越來越多的宗教理論，毛澤東的宗教信仰反而越是淡薄，但對宗教的興趣卻越來越濃厚。他在吸取與批判、否定與肯定、認知與實踐的探索過程中，逐步實現了向一名馬克思主義信徒的轉變。

作為一個政治家和思想者，毛澤東始終對宗教理論和宗教文化保持著濃厚的興趣。他廣泛結交宗教界人士，四處遊覽寺觀廟堂等宗教建築，尤其喜歡閱讀宗教經典和研究宗教的文章著述。據毛澤東的圖書管理員逢先知回憶，毛澤東曾經閱讀過佛教經典如《金剛經》、《六祖壇經》、《華嚴經》及其相關研究著述，基督教的《聖經》也讀過。「他不僅自己研究，還不止一次地提倡和號召學術界的同志們

[1] 向文梅：《毛澤東宗教觀探析》，載於《青海師範大學學報（哲社版）》（第一期），2011年，41頁。
[2] 唐魏娜、朱方長：《論佛教文化對毛澤東的多重影響》，載於《船山學刊》（第二期），2012年。
[3] 同上，133頁。

進行這方面的研究。」[1]毛澤東的兼職秘書李銳指出：「毛澤東曾一
再自稱他對佛學有興趣有研究，並且要求身邊的工作同志讀《六祖壇
經》。但是，我們很難想像他真的會對講求虛無寂滅的佛學有興趣。
他在《五燈會元》中看到的是階級鬥爭而不是見性成佛。不過，『文
革』時的『一治一亂』，『天下大亂達到天下大治』，乃至『文化大
革命七、八年要來一次』，從中似乎可以看到佛教哲學的『劫』和道
家發展觀的『循環論』。」[2]從毛澤東的各種講話和文章中，也能發現
宗教對他的影響。在《毛澤東選集》中引用最多的不是馬列語錄，而
是古代文獻、歷史典故和佛典成語，諸如「覺悟」、「自覺覺他」、
「大慈大悲」、「救苦救難」、「一相情願」、「立地成佛」、「回
頭是岸」等。據胡喬木回憶，毛澤東在晚年談起遲遲不能結束「文
革」的憂慮時，還引用了成都寶光寺的一幅楹聯：「世外人法無定
法，然後知非法法也；天下事了猶未了，何妨以不了了之。」[3]

如果說毛澤東不是出自內心的熱愛與認同，而僅僅只是為了批判
和否定宗教，那麼學習宗教典籍就不會成為他日常相伴的閱讀愛好之
一。從毛澤東的言行、著作和他人的回憶中可以看出，他對宗教思想
與觀念是有部分欣賞與認同的，而且還在一定程度上影響到了他對國
家政治的判斷和考量。毛澤東認為佛教文化是「中華民族燦爛文化遺
產」，要加以認真研究和保護。他所確立的中國共產黨的宗旨如「全
心全意為人民服務」、「毫不利己，專門利人」等，實際上與佛教所
提倡的理念非常相似，可以說是毛澤東借鑒佛教文化的結果。既然毛
澤東是一個信仰馬克思主義的無神論者，卻對傳統的宗教文化有著強
烈的愛好與興趣，這只能說明他的宗教觀是多元化與矛盾性並存的，
這也是毛澤東思想的豐富性與複雜性之所在。

---

[1]　韓府：《試論毛澤東的宗教觀》，載於《宗教學研究》（第三期），1995年。
[2]　李銳：《毛澤東的早年與晚年》，貴州：貴州人民出版社，1992年，311頁。
[3]　常家樹：《毛澤東與佛教文化》，載於《黨史縱橫》（第三期），2008年。

《中華人民共和國憲法》規定，每個公民都有宗教信仰的自由，這也是毛澤東宗教觀的核心內容。他在《論聯合政府》中指出：「根據信教自由的原則，中國解放區容許各派宗教的存在。不論是基督教、天主教、回教、佛教及其他宗教，只要教徒們遵守人民政府法律，人民政府就給以保護。信教的和不信教的各有他們的自由，不許加以強迫或歧視。」[1]雖然毛澤東反複強調宗教信仰自由，但自中共建政以來的宗教政策及其執行情況卻不能讓人滿意。有海外學者指出，毛澤東的宗教觀與具體的宗教政策差距很大，充滿了矛盾性、模糊性和多變性。譬如秦家懿、孔漢思就指出：「中國的難題是如何既不丟棄中國固有的文化主體性和寶貴的文化傳統又實現現代化。在漫長的努力中，一家西方思想，馬克思主義，取得了勝利。它擊敗了傳統文化，以它為落伍、封建，是國家進步的障礙；同時又攻擊基督教，稱它為西方帝國主義侵略中國文化的走狗。」[2]劉鴻懷則認為：「允許宗教活動是與一向仇視宗教信仰，無神的中共政權互相矛盾的，也許這正是十年文革所造成人民心靈空虛乾枯的補救政策。」[3]因此，毛澤東這種允許民眾信教的做法，被認為是與無神論相矛盾的，是一種機會主義的表現。

事實上，宗教信仰自由一旦到了具體的操作層面就比較難以界定和把握，尤其是當政教衝突發生時，信仰自由往往就會被強權政治所壓制甚至剝奪。從中國的歷史與現實來看，宗教信仰問題往往與政治問題、少數民族問題相關聯，如果處理不當，往往就會導致政教衝突和社會動蕩。中國政府自1957年至1966年間實行對基督教、伊斯蘭教、藏傳佛教的民主改革，但改革過程中一度出現了非常過激的做法，宗教問題一度被與階級鬥爭聯繫起來，宗教信仰與政治立場混為

---

[1] 毛澤東：《毛澤東選集》（第三卷），北京：人民出版社，1991年，1092頁。

[2] 秦家琳、孔漢思：《中國宗教與西方神學》，臺灣：聯經出版事業公司，1989年，21頁。

[3] 劉鴻懷：《教會與中國》，臺灣：輔仁大學出版社，1990年，23頁。

一談，宗教被當成反動的意識形態遭到批判，信教群眾被視為落後群眾。後來「文革」期間的政治鬥爭則更加殘酷和嚴重，禁止、鎮壓和破壞正常宗教活動的行為極為普遍。歷史的實踐證明，正是由於毛澤東宗教觀的矛盾性導致了宗教政策與管理的錯誤性，從而給社會安定帶來了嚴重的負面影響，同時也給宗教自由造成了無可彌補的損失與傷害。

三、毛澤東宗教觀的矛盾性的原因分析

　　毛澤東宗教觀的矛盾性既是客觀存在的，也是各種主客觀因素共同作用的結果，其中家庭環境的影響非常巨大。毛澤東的外祖母和母親文七妹都篤信佛教，並堅持吃「觀音齋」。毛澤東的小名叫「石三伢子」，就是緣於母親讓兒子拜石頭為乾娘的結果。毛澤東自小跟隨母親拜佛、供像，按照時令規矩燒香、吃齋、念佛。同時，母親因為篤信佛教而心地善良，同情和接濟窮人。在耳濡目染之下，少年毛澤東也信仰佛教。父親毛順生早年和中年都不信佛，一門心思追求發家致富，對妻兒接濟窮人的行為非常不滿，家中時有衝突。毛澤東曾說：「因為我母親虔誠地信奉佛教，她向孩子們灌輸宗教信仰，我們都因自己的父親不信佛而難過。我九歲時，就同我母親認真地議論過我父親缺少對佛菩薩虔敬的誠心。從那以後，我們曾多次試圖改變他，但卻沒有成功。」[1]可是，當父親毛順生中年以後開始信佛的時候，毛澤東卻成為了一位無神論者。

　　由此可以看出，毛澤東的少年時期成長在宗教信仰交鋒激烈的環境中，這無疑會對他的宗教觀的形成產生一定的影響，從而使他的宗教觀具有複雜的矛盾性。他當時雖然信仰佛教，但父親的無神論思想勢必會引發他對宗教問題的思考。由於當時年齡和學識的限制，他只

---

[1]　斯諾：《西行漫記》，北京：三聯書店出版社，1979年，95頁。

能通過行為的善惡來判斷信仰的對錯。母親因信仰佛教而善良友愛，父親因不信佛教而冷酷無情。這使他很早就確認宗教具有勸人向善的效果，而並非一無是處。即使後來成為馬克思主義的信徒，毛澤東也依然肯定宗教具有教化群眾的積極作用。

毛澤東宗教觀的形成時期，正是中國社會發生翻天覆地變化的特殊歷史年代。東西方文化的激烈碰撞，社會思潮的多元化，是導致了毛澤東的宗教觀產生矛盾性的又一個重要因素。毛澤東少年時代因受母親影響而信仰佛教，相信萬物有靈。青年時期又時值戊戌變法與辛亥革命，西方文化如洪水潰堤般席捲中國，各種各樣的政治主張、哲學觀念和文化思潮輪番衝擊，毛澤東因而無可避免地受到了各種社會思潮的影響，經歷了從信仰社會改良主義、無政府主義到社會主義的轉變。比如，梁啟超所倡導的「應用佛學」，促使毛澤東重新思考宗教與信仰的關係，從而認識到可以摒棄宗教當中的迷信因素，通過信教群眾的虔誠來培養國民道德，實現宋代張載所謂「為天地立心，為生民立道，為往聖繼絕學，為萬世開太平」的崇高理想。可以說，青年毛澤東是在唯心論的前提下，面對紛紜複雜而又相互矛盾的各家理論學說，通過理性、冷靜與客觀的思辨，去其糟粕，取其精華，最終實現了向馬克思主義宗教觀的轉變。

眾所周知，宗教觀歷來是哲學思想的重要組成部分。毛澤東宗教觀的矛盾性，顯然與他的亦中亦西、中西雜糅的哲學觀有重要關係。李澤厚認為，毛澤東的哲學思想是馬克思主義理論結合中國實際的產物，他的唯物論哲學是直接服務於現實鬥爭的「實踐論」，其辯證法哲學與《老子》和《孫子》有更深的淵源。他的許多戰略、策略、思想與手段等，也都是從實際出發、善於總結經驗所致。「具有高度現實和冷靜的理知態度，抓住關鍵的矛盾的思維方式和用以直接指導行動的實用特色的兵家辯證法，便非常適應毛的需要。」[1]因此，毛澤東

---

[1] 李澤厚：《中國現代思想史論》，北京：生活・讀書・新知三聯書店，2008年，

的宗教觀具有辯證法的既矛盾又統一的特徵，也就是最自然不過的事情了。

　　毛澤東宗教觀的形成與發展，除了受到家庭環境與各種文化思潮的影響之外，還與個人的成長經歷以及社會實踐活動密切相關，而很多研究者卻往往忽視這一點。早在1917年4月，毛澤東在《體育之研究》中指出：「釋氏務求寂靜。」「釋迦往來傳道，死亦年高；邪蘇不幸以冤死；至於摩訶末，左持經典，右執利劍，征壓一世，此皆古之所謂聖人，而最大之思想家也。」[1]這是毛澤東最早論述宗教的文章，反映出他對宗教的肯定與虔誠態度。後來在1927年初，毛澤東在《湖南農民運動考察報告》中談到農民打菩薩時說：「菩薩要農民自己去丟，烈女祠、節孝坊要農民自己去摧毀，別人代庖是不對的。」[2]毛澤東因受澎湃從事農民運動而又不「排斥神明」的影響，所以對農民信奉菩薩的行為採取了寬容態度。1940年1月，毛澤東在《新民主主義論》中指出：「共產黨員可以和某些唯心論者甚至宗教教徒建立在政治行動上的反帝反封建的統一戰線，但是決不能贊同他們的唯心論或宗教教義。」[3]解放以後，毛澤東曾多次對宗教問題發表講話指出：「我們不能用行政命令去消滅宗教，不能強制人們不信教。不能強制人們放棄唯心主義，也不能強制人們相信馬克思主義。凡屬於思想性質的問題，凡屬於人民內部的爭論問題，只能用民主的方法去解決，只能用討論的方法、批評的方法、說服教育的方法去解決，而不能用強制的、壓服的方法去解決。」[4]

　　由此可見，毛澤東作為一個無神論者，從本質上是反對和排斥宗教的，並認為將來有一天要消滅宗教，但由於宗教屬於思想觀念的

147頁。

[1]　毛澤東：《毛澤東早期文稿》，長沙：湖南出版社，1990年，69頁。

[2]　毛澤東：《毛澤東選集》（第一卷），北京：人民出版社，1966年，33頁。

[3]　毛澤東：《毛澤東選集》（第二卷），北京：人民出版社，1991年，707頁。

[4]　毛澤東：《毛澤東文集》（第七卷），北京：人民出版社，1999年，209頁。.

問題，而且還有很多人信仰宗教，所以不得不採取了臨時妥協和實用
主義的做法，一方面提出要限制和消滅宗教，另一方面又要實行宗教
信仰自由。後來在「文化大革命」期間，毛澤東運用極端殘酷的階級
鬥爭方式，將宗教連同「舊思想、舊文化、舊風俗、舊習慣」等所謂
「四舊」一起蕩滌殆盡，以圖早日實現馬克思關於「宗教自然消亡」
的預言目標。晚年毛澤東的這些所作所為，既是他的實用主義哲學觀
的具體反映，也是其自相矛盾的宗教觀的最佳注腳。

　　最後必須指出的是，毛澤東的宗教觀是「毛澤東思想」的重要組
成部分，他的大部分論述都是站在國家領導者的角度，從宗教的政治
與社會功能出發，以推行政令的形式來表達的，體現出鮮明的實用主
義的特徵。因此，通過對毛澤東宗教觀的分析研究，可以為我們解決
當代宗教問題找尋思想根源，推動中國社會的發展與前進。

現場

上海社會管理狀況的調查分析（2013）

李瓊

華東理工大學社會與公共管理學院專任副教授

一、調研事實

當前，上海社會正處於從以計劃經濟為基礎的單一社會結構向以市場經濟為基礎的多元社會結構過渡的轉型時期，不僅歷史上長期積累起來的深層次社會問題凸現，而且出現新的社會問題和不確定因素，與原有的社會問題相互交織在一起，使得社會系統性的風險加大，或使得社會的脆性加劇，隱含潛在的發展風險。基於科學嚴謹的社會調查，認真分析上海社會管理的現實狀況，這對於我們準確把握當前影響上海社會和諧穩定的突出矛盾和問題，顯然十分必要。從2013年6月至7月，華東理工大學社會與公共管理學院按照社會抽樣調查方法，在上海進行了一次「上海社會管理狀況民意調查」。此次調查覆蓋上海19個區，隨機抽樣訪問900餘人，獲得有效問卷891份，調查誤差小於2%，符合統計推斷的科學要求。根據此次調查數據，本文對上海社會管理狀況進行以下分析。

（一）上海當前社會管理狀況的總體分析

調查結果顯示，上海絕大多數城鄉居民認為，現階段上海社會基本上是穩定的，各種主要社會關係在總體上呈現比較和諧的狀態。

303

1、四分之三左右的上海居民認為上海當前總體上是和諧穩定的

　　根據調查統計（參見表1），76.4%的城鎮居民認為現階段上海社會是「比較和諧」，而認為「不太和諧」或「非常不和諧」的合計為13.49%。79.78%的人認為現階段上海社會「比較穩定」或「非常穩定」，認為「不太穩定」或「非常不穩定」的人合計為16.85%。總體而言，在大多數人看來，社會基本和諧與穩定是上海目前社會形勢的主要特徵。

表1　現階段上海社會是否和諧穩定的看法分佈

（單位：%）

問題：您對當前上海社會狀況的總體感受是		問題：您認為當前上海社會形勢是否穩定？	
答案	比例	答案	比例
非常和諧	0.00	非常穩定	5.62
比較和諧	76.40	比較穩定	74.16
不太和諧	11.24	不太穩定	15.73
非常不和諧	2.25	非常不穩定	1.12
說不清	10.11	說不清	3.37

2、五成左右的城鄉居民對上海民生狀況比較樂觀

　　現階段上海經濟社會發展進入了一個關鍵時期，工業化也在總體上進入快速發展的中期階段。從國際經驗來看，這個階段也是社會發展容易出現矛盾和問題的轉型期。上海現實民生狀況中也確實面臨不少矛盾、挑戰和壓力。但是，從調查結果來看，絕大多數人對於上海在中央政府的領導下解決問題、應對挑戰獲得進一步的發展是有信心的，態度是樂觀的。

　　調查顯示，對「上海住房狀況」這一判斷（參見表2），表示很滿意或基本滿意的人占32.59%；對「上海食品安全狀況」、「上海人民

收入差距狀況」、「上海執法機關的執法力和公平性」、「上海民眾
就醫狀況」、「上海學校教育狀況」、「上海社會治安狀況」、「上
海環境保護與治理狀況」、「上海反映民意的管道暢通程度」的判斷
表示很滿意或基本滿意的人分別占55.05%、15.73%、44.95%、40.45%、
66.30%、65.17%、49.44%、49.44%。

表2　對上海民生狀況若干判斷的態度分佈

（單位：%）

民生問題	很滿意	基本滿意	一般	不滿意	很不滿意
上海住房狀況	8.99	23.60	37.08	17.98	12.36
上海食品安全狀況	6.74	48.31	28.09	13.48	3.37
上海人民收入差距狀況	0.00	15.73	32.58	39.33	12.36
上海執法機關的執法力和公平性	8.99	35.96	34.83	14.61	5.62
上海人民群眾就醫狀況	5.62	34.83	23.60	24.72	11.24
上海學校教育狀況	14.61	51.69	16.85	12.36	4.49
上海社會治安狀況	24.72	40.45	22.47	5.62	6.74
上海環境保護與治理狀況	8.99	40.45	38.20	7.87	4.49
上海反映民意的管道暢通程度	2.25	47.19	31.46	10.11	8.99

3、生活水準明顯改善是上海社會和諧穩定的基礎

近年來，上海經濟社會發展在提升民眾生活水準方面取得了一定
的成就，人們在主觀上也對生活水準的提高表示認同。調查表明（參
見表3），82.02%的城鄉居民認為，自己的生活狀況與五年前相比有所
上升；認為「沒有變化」的人占7.87%；認為有所下降的接近7%。有
76.41%的人相信其未來五年的生活會「上升很多」或「略有上升」，
認為「不會有變化」的占5.62%；認為會「略有下降」占4.49%，而無人
認為自己的生活水準會「下降很多」。

表3　上海居民對生活狀況的評價分佈

（單位：%）

問題：與5年前相比，您的生活水準是		問題：您感覺在5年後，您的生活水準將會	
答案	比例	答案	比例
上升很多	28.09	上升很多	39.33
略有上升	53.93	略有上升	37.08
沒變化	7.87	沒變化	5.62
略有下降	4.49	略有下降	4.49
下降很多	2.25	下降很多	0.00
不好說	3.37	不好說	13.48

4、多數民眾對上海社會存在的矛盾衝突有明顯感受

　　然而，在認同社會狀況總體和諧穩定的同時，民眾也明顯感受到社會群體間的矛盾衝突。根據調查，對於「上海各個社會群體之間是否存在利益衝突」這一問題，只有4.49%的人認為沒有衝突；37.08%的人謹慎地認為「有一點衝突」，23.6%的人認為有較大衝突，還有5.62%的人認為存在嚴重衝突，後三項合計占到66.3%；其餘29.21%的人感到「說不清」。對於「上海社會群體利益矛盾是否可能激化」這一問題，持否定態度（即認為「絕對不會激化」或「不太可能激化」）的人合計占30.34%，持肯定態度者（即認為「絕對會激化」或「可能會激化」）合計占44.95%，還有24.72%的人態度猶疑，說不清是否可能激化（參見表4）。這些結果表明，原本可能是潛在的群體利益矛盾，已經顯化為被意識到的社會利益矛盾；社會利益矛盾激化的趨勢也相當明顯。

表4　關於上海社會群體利益衝突的認知分佈

（單位：%）

問題：上海各社會群體之間是否存在利益衝突？		問題：上海各社會群體利益矛盾是否可能激化？	
答案	比例	答案	比例
有嚴重衝突	5.62	絕對會激化	2.25
有較大衝突	23.60	可能會激化	42.70
有一點衝突	37.08	不太可能激化	30.30
沒有衝突	4.49	絕對不會激化	0.04
說不清	29.21	說不清	24.72

　　從城鄉、區域、社會基本群體的認知差異來看，對於社會和諧穩定、生活變化、利益衝突等問題的看法，呈現出共同的趨向。總體而言，浦東地區的評價高於浦西地區，城郊地區的評價高於中心城區，農民、幹部、專業技術人員和個體經營者的評價高於工人。郊縣、農村和農民的評價較高，可能與社會開放程度以及比較參照對象有關，但也表明矛盾衝突更容易在同一比較體系利益差異較大的地方發生，如中心城區、城郊結合部、郊區部分工人群體中。對群體利益衝突激化可能性的判斷，城區明顯高於郊縣，城鎮明顯高於農村，專業技術人員、幹部、在校學生明顯高於工人、農民、個體經營者甚至無業失業人員。

（二）影響上海社會和諧穩定的主要問題

1、「住房價格過高」、「貧富差距過大」和「看病難看病貴」是最突出的社會問題

　　在調查的16個社會問題中（參見表5），根據上海居民的看法，排在第一至第三位的社會問題依次為「住房價格過高」、「貧富差距過大」和「看病難、看病貴問題」，排在第四至第六位的是「貪污腐敗

問題」、「社會風氣問題」、「就業失業問題」，排在第七至第九位
的是「環境污染問題」、「養老保障問題」和「勞資矛盾問題」。而
且，這種排序總體上不存在明顯的地區、城鄉、群體差異。參考以往
的社會調查，就業失業、收入差距、貪污腐敗、社會保障通常是排在
前四位的社會問題，而「住房價格過高」被排在第一位，說明這個問
題在上海居民中反映非常強烈，比例高達57.3%，這也從一個側面反映
了近年來上海居民住房支出負擔上升過快的問題。

表5　上海發展亟待解決的社會問題綜合排序

（單位：%）

社會問題	百分比	排序	社會問題	百分比	排序
住房價格過高	57.30	1	勞資矛盾	11.24	9
貧富差距過大	44.94	2	徵地、拆遷補償不公	10.11	10
看病難　看病貴	22.47	3	城鄉／地區差距	7.87	11
貪汙腐敗	21.35	4	司法不公	6.74	12
社會風氣	17.98	5	賣淫嫖娼	5.62	13
就業失業	16.85	6	教育收費	4.78	14
環境污染	13.48	7	幹群關係	4.49	15
養老保障	12.36	8	社會治安	2.25	16

當調查問卷中提出「上海住房改革需要從哪些方面入手」的問題
時，各有近三成的上海居民認為應「加快建設經濟適用住房」、「擴大
中小套型普通商品房比例」和「完善廉租住房制度」三個方面改善住房
問題。然而，也有居民認為，上述三方面都不能從根本上解決問題，且
從全球金融體系看，中國房價不下降，各項改革將難以繼續進行。

**2、在「財富及收入分配」、「工作與就業機會」、「城鄉之間的待
遇」等領域有較強的不公平感**

儘管收入分配差距較大，但多數城鄉居民對上海社會的總體公平
狀況持基本肯定的態度。但是，人們對不同社會領域的公平性的看法

是不同的。在12個具體領域中，不公平感高於30%的領域有「財富及收入分配」（48.31%）、「工作與就業機會」（35.96%）、「城鄉之間的待遇」（30.34%）三個領域（參見表6）。

表6　上海居民對不同社會領域的不公平感分佈

（單位：%）

社會公平領域	不公平感	排序	社會公平領域	不公平感	排序
財富和收入分配	48.31	1	財政和稅收政策	13.48	7
工作與就業機會	35.96	2	政治權利享有	12.36	8
城鄉之間的待遇	30.34	3	幹部提拔	11.24	9
地區與行業間的待遇	28.09	4	個人發展機會	10.11	10
養老等社會保障待遇	24.72	5	司法與執法	8.99	11
公共醫療	23.60	6	教育制度	1.12	12

3、「社會道德因素」、「不完善的社會主義市場經濟體制機制」、「機會不均等」成為影響上海社會和諧的主要原因

　　為解析影響上海社會和諧的問題因數，問卷提出兩個相應問題試做比較。首先，39.33%的上海居民將上海社會不夠和諧的主要原因歸結為社會道德因素，另有33.71%和31.46%的居民則認為是「社會主義市場經濟體制機制還不完善」和「機會不均等」，而僅有15.73%的居民視「政府政策因素」為主要原因，這在一定程度上說明上海居民對上海政府政策的制訂與推行較為滿意。其次，根據調查中對上海政府具體事務工作滿意度的計量，居民對上海「治安管理」的滿意度高達52.81%，而「食品安全控制」、「低保工作」等工作分別也達到34.83%和33.71%，而民眾最不滿意的是「基層民主工作」，僅為11.24%（參見表7）。

表7 影響上海社會和諧的因數分佈

(單位：%)

問題：造成上海社會不夠和諧的主要原因是？		問題：對於上海政府工作，您感到較滿意的是？	
答案	比例	答案	比例
社會道德因素	39.33	低保工作	33.71
個人努力和心態因素	22.47	流動人口管理	24.72
社會主義市場經濟體制機制還不完善	33.71	信訪問題的解決	20.22
		基層民主工作	11.24
行業、企業壟斷和城市壟斷	17.98	社會應急機制	25.84
政府政策因素	15.73	食品安全控制	34.83
機會不均等	31.46	勞動就業工作	19.10
		社會治安管理	52.81
		社會誠信	15.73

（三）應當引起高度關注的幾個新問題

1、社會經濟地位認同普遍偏下的狀況值得警惕

把人們的社會經濟地位劃分為上層、中上層、中層、中下層和下層五個層級，根據調查結果，認為自己屬於「上層」的僅占1.2%，屬於「中上層」的占5.6%，屬於「中層」的占39.8%，屬於「中下層」的占29.3%，歸入「下層」的占24.1%。這表明，上海城鄉居民社會經濟地位認同出現普遍偏下的情況。和其他國家的同類調查比較[1]，上海城鄉居民的「中層」認同比例，不但低於美國、法國、日本等西方國家，也低於巴西、印度等發展中國家（參見表8）。這種社會經濟地位認同普遍偏下的情況，說明在快速變遷過程中，由於分配秩序的問題，不僅低收入群體不滿意，一些中層和中上層收入群體也不滿意。

---

[1] 資料來源：國外資料及中國2002年調查資料引自李培林：《社會衝突與階級意識：當代中國社會矛盾問題研究》，社會科學文獻出版社，2005年，56-57頁。

表8　居民經濟社會地位歸屬與比較

（單位：%）

	上層	中上層	中層	中下層	下層
美國	1.9	15.7	60.7	17.4	3.6
法國	0.4	10.9	57.7	25.2	5.3
巴西	4.4	13.1	57.4	17.2	5.5
日本	1.1	12.5	56.0	24.4	5.0
韓國	1.1	14.7	51.0	23.7	9.0
印度	1.2	12.0	57.5	21.7	7.5
中國（2002）	1.6	10.4	46.9	26.5	14.6
上海	1.2	5.6	39.8	29.3	24.1

2、社會支持系統的個人化趨勢應引起關注

　　為了測量現階段上海廣大民眾的社會支持體系現狀，我們列舉了12種人們碰到生活困難時可能去尋求並獲得幫助的管道。調查結果顯示，支持度排在前兩位的依次是「私人關係網」、「家庭、家族、宗族」，排在第三至第六位的分別是「工作單位」、「社區組織」、「地方政府」和「新聞媒體」（參見表9）。這說明，隨著上海社會管理體制的改革以及就業方式從「單位人」到「社會人」的變化，社會支持系統也在發生從「單位」到「社區」的變化，但目前社區和民間組織建設仍然跟不上發展的需要，從而產生社會支持系統個人化趨勢，存在從「單位」回歸私人關係網和家庭、家族、宗族的狀況。

表9　上海居民遇到生活困難時各種幫助管道的支持度

（單位：%）

幫助管道	比例	排序	幫助管道	比例	排序
私人關係網	53.93	1	慈善機構	17.98	7
家庭、家族、宗族	52.81	2	司法／執法機構	8.99	8
工作單位	25.84	3	中共基層組織	3.37	9
社區組織	23.60	4	宗教組織	2.25	10
地方政府（信訪辦）	21.35	5	共青婦組織	1.12	11
新聞媒體	19.10	6	行業／專業協會	1.12	12

3、社會價值追求的離散態勢值得深思

我們在調查中設計了一些與價值觀相關、但相互之間並不是和諧一致以便防止誘導性的提法，讓被調查者根據自己的思想和行為取向做出選擇。從調查結果看，雖然理想追求仍居重要位置，認為「為社會做出較大貢獻」和「為共產主義而奮鬥」這兩個說法上「比較符合」和「很符合」自己情況的人分別占82.02%和51.68%。然而對照起來，「只求家庭生活舒適和睦」、「希望賺更多的錢」、「充分發揮個人才能」、「追求個人生活情趣快樂」則已成為絕大多數人價值趨向，選擇「很符合」和「比較符合」的人分別達到83.14%、82.02%、94.39%、86.52%。另外，有近1／4的人追求「做官」，超過1／3的人追求「出名」，社會價值追求呈現一種離散態勢（參見表10）。

表10　社會價值追求狀況

（單位：%）

社會價值	很不符合	不大符合	比較符合	很符合	不大確定
只求家庭生活舒適和睦	2.25	10.11	50.56	32.58	4.49
希望賺更多的錢	2.25	6.74	47.19	34.83	8.99
充分發揮個人才能	1.12	1.12	39.33	55.06	3.37
追求個人生活情趣快樂	1.12	8.99	47.19	39.33	3.37

為社會做出較大貢獻	0.00	7.87	52.81	29.21	10.11
為實現共產主義目標而奮鬥	13.48	19.10	31.46	20.22	15.73
希望出名並爭取越來越有名	14.61	33.71	25.84	15.73	10.11
希望做官並做更大的官	23.60	35.96	16.85	10.11	13.48

二、框架設計

（一）上海政府履行社會管理職能存在的突出問題

政府職能是一個歷史範疇，隨著社會的發展變化，政府職能在性質、內容、手段和方向上都會發生相應的變化。政府職能可以大致區分為政治統治與社會管理兩大職能，其中政治統治職能主要由中央政府行使，而地方政府的職能更側重於實施社會管理。廣義的社會管理泛指政治統治之外的全部政府職能，包括宏觀經濟調控、公共服務和公共事務管理在內。在本研究中，「社會管理」是指執政黨及其領導下的國家機構對社會的組織結構、動員方式和行為模式（制度模式）以及應急反應機制等方面直接與間接的干預，並且由國家機關出面直接與間接地向公眾提供相關的社會服務。

近年來，上海政府管理體制已持續進行了一系列重大的改革。「兩級政府、三級管理、四級網路」的社會管理體制改革極大地拓展了政府職能履行的自主性空間，調動了上海政府推進上海經濟建設，加強上海公共事務管理的積極性和主動性。同時，隨著市場體系的逐步建立健全，以及市場主體的逐漸發育成熟，上海政府的社會管理、社會服務職能進一步得到了強化。

然而，基於上述調研事實，發現上海政府的職能履行依然相當明顯地體現出「經濟建設型政府」的烙印，社會管理職能難以適應上海社會和諧發展的需要，存在下列突出問題：

第一，多元分化的社會利益。

改革開放以來上海經濟、社會體制的一系列變遷，使得社會結構、經濟成分、民間組織形式、利益分配方式、就業方式等發生深刻變化，社會生活呈現出了經濟成份和經濟利益格局多樣化、社會生活多樣化、民間組織形式多樣化、就業崗位和就業形式多樣化的趨勢，為上海的經濟和社會發展注入了生機和活力，但同時也對社會的整合、社會和諧秩序的維繫提出了嚴峻的挑戰。利益及觀念的多樣化易導致人們思想認識的分歧和社會離散的傾向。特別是當一些社會群體的利益受到損害而又缺乏合理解決的途徑時，可能會採取一些激烈的方式表達自己的利益訴求，形成對社會穩定的威脅。

第二，歷史遺留的社會矛盾。

從改革實踐的內在邏輯來講，上海的改革開放實踐遵循的是一種漸進性的推進模式，在「摸著石頭過河」的過程中，各種體制改革走的基本是「先易後難、先邊緣後核心」的路徑。這種「繞開難題」的務實策略一方面為各種體制改革創造了有利的條件，另一方面也使得許多深層次的社會矛盾的解決長期延宕、懸而未決。因而，一旦改革進入攻堅階段，各種複雜的社會矛盾，包括歷史遺留下來的問題和新產生的矛盾不斷湧現。如何在保持最低限度的社會和諧，保證社會整合秩序不被瓦解的同時，緩解社會矛盾，並從體制上解決一些關鍵的社會問題，就成為上海政府面臨的一個突出的社會管理難題。

第三，弱化的社會管理職能。

從政府自身的職能履行來看，儘管上海政府一直在維護社會秩序、解決社會矛盾等社會管理領域發揮著積極的作用，但在GDP考核「指揮棒」的引導下，一個直接後果就是上海的社會發展、公共服務滯後於經濟建設，政府的社會管理職能為經濟職能和政治職能所沖

淡。由於社會管理職能的長期弱化，直至今天，上海政府尚缺乏足夠有效地履行社會管理職責的理論準備和經驗積累。另外，政府的權能具有有限性，不可能深入社會生活的各個領域，而只能在一定管理界限以內進行管理。政府與社會是一種互動關係，在政府沒有觸及到的邊界，是社會進行自我管理的範疇。

第四，模糊的社會管理體制。

從縱向關係來看，上海各級政府的社會管理職能還沒有得到清晰的界定，政府對社會管理職能的認知與承擔依然還處於含混不清的狀態。兩級政府在社會管理方面的職能、許可權分工，以及資源配置等問題，也沒有形成一個相對穩定的制度性安排。等級制的行政體制還會造成社會管理的責任追究逐級向下推的現象，從而缺乏內在激勵機制。就橫向來看，目前突出的問題是，政事不分，各自為政，改革思路混亂，如，一些本應作為營利性市場主體存在的經營性機構存在於事業單位之中，而某些承擔社會公益職能的事業單位，按企業化方向轉制或依企業化管理要求被推向市場後，則被迫放棄了公益目標使社會事業和國家目標受到損害。同時，上海的社會管理體制也不適應全球化加速的現實，國際發展合作應在上海的社會政策制定、執行中扮演重要的角色。

第五，「指揮式」、「控制式」的社會管理方式。

傳統的管制型行政，是建立在政府作為唯一的公共事務管理主體，擁有絕對行政權威的基礎之上的。它突出了政府與社會公眾之間關係的不對等性，忽視社會公眾對公共事務管理的參與以及社會公眾的需要對政府管理行為的導向性作用，忽視社會公眾對政府管理的主體及其行為的制約和監督，忽視政府管理過程中公共責任機制的建設。在推行依法行政的過程中，上海政府的法治意識有了較大的增

強，政府行為的主觀隨意性受到了一定的約束，但由於政府的行為動力機制和責任約束機制主要還建立在傳統的自上而下的行政壓力機制之上，在履行社會管理職能的過程中，依然習慣於運用行政強制和經濟處罰手段管理社會公共事務。這種「指揮式」、「控制式」的管理方式與現階段要求已難以適應，充其量只能解決一些應急性的問題，而無法從源頭上解決社會管理中的一些突出問題。

第六，弱小的民間組織細胞。

公眾社會參與意識較差，民間組織不發達，社會參與尚處於起步階段。民間組織是公眾參與管理社會事務的一個有效管道，高度發達的民間組織是提高公眾參與水準的必然要求，也是社會管理體制不可或缺的部分。目前，上海民間組織雖然有了很大發展，但還遠遠不能適應社會經濟的發展要求。政府職能轉移，很大一部分就是轉向民間組織。因此，扶植和促進與中國經濟發展水準相適應的民間組織成為中國政府轉變職能，以及社會管理體制創新，構建社會主義和諧社會的當務之急。

（二）國外政府社會管理的理論與實踐

西方國家在其發展的歷史進程中，對社會事務的管理經歷了漫長和複雜的過程。從早期的古典自由主義到凱恩斯主義，再到新古典主義的興起，西方國家政府在社會事務管理中的作用不一而足，經過了幾次重大的調整。從總體上來看，這些國家在社會事務的管理上不是面面俱到，而是有側重點地進行管理。通過對影響整個經濟社會發展的關鍵事項的管理，西方國家實現了其宏觀經濟發展的有序和平穩，在經濟增長和社會財富迅速增加的同時有效地解決了經濟發展中所出現的社會公平和公正、貧富差距懸殊等問題，並且實現了人與自然的和諧與良性互動。這些努力很好地化解了資本主義資本積累過程中所產生的各種矛盾，並為其持續發展提供了長久和穩定的動力。

基於對西方國家社會管理的理論和實踐的考察[1]，本研究認為：

其一，社會管理主要意指政府力量對獨立於政治、經濟領域之外的那部分社會公共事務的管理。一方面，這種管理提供成其為國家所必需的基本秩序；另一方面，現代政府社會管理的主要方向是為經濟發展和人民生活提供一個穩定良好的社會環境。

其二，社會管理與公共服務相比帶有更強的「規制」色彩。這在西方國家整體「服務型政府」的背景下構成了其剛性但又不可或缺的職能。

其三，社會管理職能主要由政府來行使，但是越來越多的私營部門和社會團體也開始進入部分社會管理過程。

從實踐上看，西方政府社會管理的具體領域各不相同，但是綜合梳理西方國家的政府管理實踐，主要表現為：

第一，較為合理的組織設計。

由於西方國家大多有較長的自治傳統，因而在「中央——地方」和「聯邦——州——地方」之間基本不存在嚴格統屬的條塊關係，而是在各自的法定職責範圍內各司其職。西方國家政府在處理社會管理職能的組織設計上，充分注意因地制宜和因時制宜，如美國政府的社會管理在聯邦層次上是通過50多個獨立的管制機構來實現的，這50多個社會管理機構的內部設置和下屬分支機構的設置就充分考慮到了管理領域的實際情況和資源預算約束，幾乎沒有統一的組織設計模式。這種適中的管理幅度既照顧到了各個區域不同的歷史文化背景，又不至於出現管理重心過低而帶來的繁重管理任務。

西方國家社會管理機構的設計考慮到了組織整合和權責一致問題。如針對環境管理領域存在的多頭管理、權責不明等問題，1970年

---

[1] 登哈特：《新公共服務：服務，而不是掌舵》，北京：中國人民大學出版社，2004年，67頁。

成立的美國聯邦環境保護局就對社會的環境管理領域進行了整合，將分散在不同部門的環境管理權由該局統一行使，對環境行使全面管理。當然，社會管理也是一個牽涉面極廣的領域，由於各種原因，管理機構設置很難歸整到一個部門。對此，美國政府按照管理對象的性質特徵，借用組織間流程再造的思想，對幾個管理部門之間的管轄程式和前後銜接做出了比較清晰的設計。相關管理部門之間都有法定的或管理實踐中約定俗成的協同規範，很少出現多頭管理、管理真空、扯皮或者「爭著管」等現象，管理效率較高。

第二，分權化的管理取向。

以20世紀80年代為座標，西方國家開始了放權運動。澳大利亞聯邦政府上世紀60年代開始曾經追求中央集權的社會管理模式，70年代惠特拉姆政府擴大了政府的社會管理職能，但是其後暴露出許多弊端，後又趨向適度分權，霍克政府時期下放了許多權力，完成「社區參與體制」，這一分權化模式在以後的基廷政府和霍華德政府一直被沿用。

在這個過程中，西方國家的政府比較注意在向地方下放社會管理權的同時，用中央和地方政府間協議的方式對放權後雙方的職責許可權做出明確規定。即使在高度中央集權的法國，從上個世紀80年代開始，也明確規定市鎮、省、大區和中央政府的職責範圍，取消了中央政府對地方政府的監管，授予地方民選機構較大的權力，將地方社會事務的管理權更多地賦予地方民選官員手中。在分權化浪潮下，地方政府在社會管理上有了更多的自主權，更有可能對地區內的利益格局進行調整。尤其是在放鬆管制理念的指導下，地方的經濟社會更具活力，政府的管理績效得到提高。

第三，重視制度建設。

完善政府的社會管理運作體制、建立順暢的社會流動機制和合理的利益協調機制。近些年來，西方國家通過合理的社會分層構建合理的社會結構，使得社會各個階層都能各盡所能、各得其所。通過協商、談判、對話等途徑，各階層掌握了其利益訴求的主動權，利益關係能夠不斷得到協調。

為了減少社會領域的各種摩擦，西方國家試圖建立一個沒有身份歧視，每個社會階層之間相互開放、階層關係融洽、社會流動暢通的開放社會，以達到社會的公平和公正。經過長期的發展和完善，西方國家在社會管理的各個領域都建立了健全和行之有效的管理體制。如在公共衛生領域，美國建成了包括聯邦——州——地方三級的完善的公共衛生管理體系，聯邦政府的人類服務與衛生部承擔主要職責，設計實施了一個廣泛的監視疾病爆發的網路，將所有醫療機構在網際網路上聯網，建立提供疾病資訊的網上資料庫，同時向所有醫療保健人員提供培訓和資訊，使他們能夠識別有可能是疾病爆發的跡象和症狀。另外，建立了美國應急行動中心電子網路疾病檢驗報告預警系統、大都市症狀檢測系統、全國公共衛生實驗室快速診斷應急網路系統等，以確保對重大公共衛生事件做出及時的反應。

第四，社會管理的市場化。

20世紀80年代以後，以英國柴契爾政府為首、紐西蘭迅速跟進，西方國家大多進行了社會管理的市場化改革，這其中最為引人注目的就是民營化[1]。西方國家的民營化最早開始於自然壟斷行業，如郵政、電信、鐵路等部門，而後擴展到一般公共服務。新近的民營化最終進入到了社會管理這一主要以規制為管理方式的政府活動領域，政府謹

---

[1]　奧斯本：《改革政府——企業精神如何改革著公營部門》，上海：上海譯文出版社，1996年，第52頁。

慎地將諸如監獄管理、就業指導、消防服務等職能授權給私營部門或民間組織來行使。在社會管理市場化的趨勢下，幾乎達成這樣的共識：在政府與市場之間選擇更多的市場、更少的政府。

第五，較強的社會自主管理能力。

政府與私人以外的民間組織一直是西方社會中重要的一支力量，它們是連接政府與社會、政府與市場、政府與企業的橋樑，民間組織的這些特點決定了它願意參與政府部分社會管理的功能輸出過程。一些非營利的民間組織以互助友愛為宗旨，一些行業自律組織本身也有社會管理的職能，這些無疑更有利於保持其參與部分政府社會管理過程的持續動力。西方國家深厚的公民社會傳統為民間組織的發展壯大直至參與社會管理提供了良好的基礎。

第六，重視社會監測體系及危機預警系統的構建。

敏感的社會預警機制是構建和諧社會的重要方面，這個監測預警機制要能夠及時發現不和諧因素，並能為政府和民間提供充分的社會運行資訊。在實踐中，西方國家建設社會指標體系及社會系統核算的經驗值得我們認真借鑒。事實上，在西方西方國家，危機管理並不僅僅限於公共安全和公共衛生等特定領域，在幾乎全部的政府社會管理領域，都有危機管理的機制。突發的氣象或生態變化、人口的異常流動、突發的大規模人口流動等等都被定義為公共危機。

（三）轉型期上海社會管理的格局轉向

其一，其組織結構是一種企業（單位）、社區和民間組織構成的多元化的社會結構體系。

其中，企業主要是針對市場，完成經濟發展的任務；社區需關注民生，完成社會發展的任務；而民間組織是社會仲介，既是公眾

參與社會的管道，也是政府、單位、社區等其他組織與社會大眾溝通的管道。

其二，其社會動員方式是從政府的行政體系向公眾自覺的行動轉變的社會化機制。

在中國行政體系中，從上到下都是通過下發檔、召開會議等方式傳達和貫徹上級精神以實現資訊的傳遞。但是，到了基層，再用這種方式就行不通了。鄉鎮、街道和基層社區面對的是一個個活生生的人，他們必須成為一個「轉換器」，要用「自治」的方式把中央下達的指令轉化為公眾的社會行動。在充分保證公眾的知情權的前提下，以達到各階層、各地區之間的溝通、對話和協商一致的目標。

其三，其行為模式是在各階層、各地區談判、協調和相互妥協的基礎上，奔向同一目標。

而國家權力機關和政府是遊戲規則的制定者和執行者，最重要的是他們不能下場「親自」參加遊戲。因為下場的運動員總是要分出輸贏的，而裁判員則不必。而就裁判員扮演的社會角色而言，他總是「公正」和「正義」的化身。

最後，其應急反應機制則是既考慮長治久安，又著眼解決當前問題的「制度化的備有應急預案的危機管理體制」。

與此相聯係的「社會管理」，也就是在承認個性化、多元化的基礎上，通過溝通、對話、談判、協商、妥協、讓步，整合出讓社會各階層都能接受的社會整體利益，最終形成各方都必須遵守的社會契約。最終在執政黨和政府的政治權威之下，實現以法治國並提供公共服務。

（四）上海社會管理的發展路徑

1、協調各社會階層的利益使之趨於一致

近年來的研究表明，社會各階層之間的利益是不一致的。而市場經濟的「遊戲規則」是允許甚至鼓勵社會各階層充分表示各自的利益立場的——把問題擺到桌面上來。因此，要正確處理好各階層之間的利益關係，人民代表大會與政府所扮演的角色和所持的立場極為重要。政府的立場應該是中立的、公正的，其本身與長期所擔負的職責之間必須沒有利益關係。只有這樣，社會各階層之間才能在一個得到社會公認的秩序下，通過協調和妥協來維護和遵守遊戲規則，也只有這樣才能保證市場經濟和社會生活的良性運行。

在各階層之間的利益關係中，有兩點是必須要處理好的。一是關乎經濟利益的，要使社會各階層都來分享社會經濟發展的成果，最起碼的要求是「上不封頂，下要保底」；二是與人民的基本權益相關的，講求的是「公平」和「公正」。所以，在這兩方面，常常要求公共政策要偏向於社會弱勢群體，以國家的權威來平衡強勢階層與弱勢階層之間在社會經濟地位方面「與生俱來」的不平衡。

（1）使社會各階層都能分享社會經濟發展的成果。

因為社會經濟發展成果是所有社會成員共同創造的。在市場經濟社會中，資本和「知本」常常表現為稀缺資源，所以其佔有者在競爭中容易占上風。如果我們假設獲得稀缺資源的機會本來對於每一個人來說都是均等的，但從結果看，這些稀缺資源最終卻被一部分人所佔有。那麼，從最初的機會均等到最後的贏者通吃之間，必然暗含著競爭失敗者對機會的「出讓」。贏者所以成為贏者，是輸者對遊戲規則大度的認可，如果輸者蠻橫不認輸甚至借助於陰謀和暴力，那麼，這樣的市場上是不可能有贏家的。所以，社會經濟的發展是所有社會成

員共同努力的結果，佔有了稀缺資源的贏者也應該「出讓」他們的一部分贏利來回報社會，以爭取社會對他們佔有的合法性的認可，亦即以此來換取輸者對機會的「出讓」。當然，共用結果不應是平均主義的「大鍋飯」，而是有差別的分享。

（2）使社會各階層都能充分表達自己的利益訴求。

上述成果分享的制度或政策設計的原則，應該以社會各階層，尤其是弱勢階層能夠充分表達自己的利益訴求為基礎。如果弱者沒有話語權，或者在資訊方面不對稱，就不能與其他社會階層溝通，於是也就沒有後續的協商一致。同時，作為弱勢群體的一員，個人是無法與強勢者對話的，所以，這就要重視社會仲介組織——各類民間組織的作用。這樣才能形成弱勢階層的集體話語權和對相關資訊的公眾知情權，這些權利應該得到國家的保護。以遊戲規則的制定者和裁判員角色和立場，國家應該考慮建立一種體制、機制和法制來保證所有社會階層能夠充分表達自己的利益訴求並且保證資訊的暢通。

（3）使社會各階層之間社會流動的管道通暢無阻。

社會各階層之間的社會經濟地位是不同的，而「人往高處走」卻是人的本性。階層理論認為，一個正常的社會，向上的社會流動管道應該是暢通無阻的。即，一個人可以憑藉自己的努力來改變自己的社會經濟地位，爭取在階層的層級次序中向上流動。這樣的社會流動使競爭中的失敗者有可能翻身的預期，從而坦然地根據遊戲規則「出讓」這一次機會並且再等待及爭取下一次。這就是在制度經濟學中所強調的，「好」制度應該是可預期的。

（4）使社會各階層對社會整體利益的認識趨於一致。

社會各階層之間的溝通、協商和妥協是建立在對社會整體利益認識一致的基礎上的。社會整體利益高於一切，參與競爭的人都必須維

護它，以使這場遊戲能夠可持續地進行下去，而不是當自己不如意時就用非理性的方式來毀了這場遊戲。各階層都應該認識到，只要遊戲繼續進行，所有的人就都能從中分一杯羹。同時，在遊戲中取勝的期望可以寄託在下一次。所以，從這個意義而言，整體利益就是使一個可以被社會各階層接受的遊戲可持續地進行下去。

2、以社區為組織架構基礎來重構社會

中國的城市社區建設源於20世紀80年代中期崛起的城市社區服務。90年代初，在體制轉軌的過程中，原先構成中國城市社會的組織架構基礎的單位體制動搖了，並且趨於回歸其本性——經濟的或工作的單位。因此，中共中央與中國國務院適時推出了「社區建設」的新思路，明確了城市社會的主要載體是社區，並將解決社會問題和社會矛盾的重任寄希望於城市社區及其民眾自治組織——社區居民委員會。[1]

（1）以「公共服務」來建構服務社區。

在社會學的意義上，構成社區的五大要素中，「人群」和「地域」是最基本的要素，「服務」處於中間層次，而「社區認同」和「社區文化」則是我們追求的理想目標。因此，只有把承上啟下的社區公共服務做好，使社區居民日常生活的方方面面都要依賴社區。在社區中，他們的需求能夠得到滿足，困難也能夠得到解決。這樣，他們才會對社區產生認同感。當他們有了當家作主的社區意識後，就會願意為社區建設出力，而社區民主也只有在這樣的背景下才對他們有實際意義，社區的凝聚力也由此而產生。於是，最高層次的個性化的社區文化或社區精神才能凸顯。

---

[1] 楊圑：社區公共服務論析，北京：華夏出版社，2002年，第90頁。

（2）以「政社分離」來建構自治社區。

近年來，在單位體制日趨式微的背景下，社區得到了重視。但是，由於計畫的慣性，政府又常把社區居委會作為行政系統的一個終端設備來對待。這種行政手段一插到底的工作方式，如前所述，與當前的形勢已經不相適應。因為在行政體系中，從上到下各個層次都只需保證資訊暢通和不變樣就算完成了任務。但是到了基層社區卻不行，基層幹部面對的是一個個活生生的人，上級佈置的任務，在這裏要具體轉化為實際行動。所以，給基層社區以適當的自治空間，讓他們自主地和自覺地來完成從行政資訊到社區行動的轉化，使上級的「要你做」變成社區的「我要做」。從這個意義上講，「政社分離」是社區自治的前提。

（3）以「草根組織」來建構民主社區。

社區居民為滿足某種社會需求，會自發形成各種非正式的「小組」。這些小組是鬆散的，沒有規章約束的，甚至是自生自滅的。在社會學中這被稱為「草根組織」，意即從社會土壤中自然萌生出來的小草。這樣的草根組織應該得到重視，使之成為社區的一個重要的構成部分。因為個人需求常常表現得較為分散和個別，難求一致。而草根組織已經在自願的基礎上將居民的需求整合過一次或若干次，這就便於對話、溝通和協商。因此，以此作為民主的基礎，可以收到事半功倍的效果。

（4）以「扶弱濟貧」來建構溫馨社區。

當我們還在理論上言之鑿鑿地談論從「單位人」到「社區人」這個命題時，實際上早有相當一部分居民已經從單位上被剝離出來，沉澱到社區中，譬如退休人員和下崗失業人員。這些人大多屬弱勢群體，甚至是貧困群體，社區有義務給他們人文關懷。社區有責任幫助

他們重新找到在社會中立足的位置，找到一種適合他們的生活方式。只有這樣，才能提高他們的生存品質和生活品質。同時，也使全體社區居民產生一種安全感和歸屬感。

總之，轉型期上海的社會管理應該強調「政社分開」，政府要讓出一個可以由「民間」——社區和民間組織實行自治的社會邊界空間，以實現公共政策向公眾的自覺的社會行動的適時轉換。

對話

黑人文學研究先驅楊昌溪
——對話楊昌溪之子楊遠承

　　楊昌溪先生（1902-1976）是「後五四」時期中國傑出的作家、翻譯家、學者與戰地記者。早年畢業於瀘縣川南聯合縣立師範學校、聖約翰大學，並短期留學日本。抗戰前後曾任《貴州日報》總編輯、《幸福報》主編。1949年之後擔任貴州省直屬機關幹部業餘文化學校高中部語文教員。因為與魯迅發生過筆戰，在1949年之後遭受政治迫害，於「文革」的最後一年1976年病逝於貴州省貴陽市，1987年，為中國大陸官方所平反，但仍然被迫「失蹤」在中國大陸學界。在大陸官方主編的《魯迅大辭典》中，對楊昌溪的注釋是「楊昌溪，生平不詳。三十年代在上海從事文學活動，追隨『民族主義文學』」。

　　但一些學者仍未忘記楊昌溪，譬如同時代的毛一波曾回憶：「今只就治學的成績來看，如文學的楊昌溪、哲學的周輔成，教育的王介平等，何嘗不各有其一時之貢獻呢？」已故知名學者倪墨炎先生曾舉例：「（哥爾德）的代表作自傳體長篇小說《沒有錢的猶太人》，中國有楊騷的譯本和楊昌溪的譯本。」武漢大學已故教授、知名學者陸

耀東先生在德國特里爾大學演講時，曾將楊昌溪與郭沫若、馮至、田漢、吳宓、沈雁冰與梁宗岱等人並列，認為他是「在這幾十年中，譯介、研究德國文學，用力最勤、成果最多的」學者之一。

楊昌溪平生著有《三條血痕》、《給愛的》等文學作品與學術著作《黑人文學》，並有大量翻譯著述。楊昌溪係國內最早研究黑人文學的學者。2014年，兩卷本《楊昌溪文存》在臺灣出版，在學界產生了一定的影響。

《黑人文學》是楊昌溪的代表著述，也是目前有案可查的、最早關於美國黑人文學研究的漢語學術著述，見證了「哈萊姆文藝復興」（Harlem Renaissance）對中國學界的影響，楊昌溪代表了這場世界文化運動中中國作家的身影。北卡羅來納大學教堂山分校是黑人文化研究的學術重鎮，本刊的創刊號在「對話」專欄中特邀楊昌溪之子楊遠承，訪談其父楊昌溪及其文學活動，以饗讀者。

《東亞人文》（以下簡稱「JEH」）：楊遠承先生您好，很感謝您給我們刊物這個機會，讓我們對楊昌溪這位文化史上的「失蹤者」做一個透徹明白的瞭解。通過《楊昌溪文存》的出版，我們知道，楊昌溪先生是您的父親，但我們知道，在您真正成長的歲月裡，楊昌溪先生已經因為政治運動而「封筆」，您認為您的父親對您最大的影響是什麼？

楊遠承（以下簡稱「楊」）：

是的，真遺憾！在我讀初中以前，我父親已經沒有機會也沒有資格再發表作品了。但血濃於水，他在我一生中對我最大的影響莫過於他淵博的學識和正直耿介的品性以及勤勉好學的精神。

我高中畢業考大學時他仍在監獄服刑，所謂的「殺、關、管」子女，「政審」自然不合格，「名落深山」後便做了一名「孩子王」。我高中三年學的是俄語，對英語一竅不通。而我父親不僅是正規師範科班出身，又還到上海聖約翰大學深造，就讀期間不斷有作品問世。

我工作之後不久，父親提前出獄了，但又遇上「十年動亂」，家裡的書籍幾經查抄已蕩然無存，但我和我的親友們在與父親的相處和交談中仍十分佩服他的學識和閱歷，私下裡常向他討教，並把學寫的一些東西請他評點，他或侃侃而談，勉勵自學成才；或親自動筆修改。

「文革」十年中，他已淪為「牛鬼蛇神」，是「批鬥」對象了，但我曾多次見到他與來自全國各地找他「瞭解情況」，要他寫「外調材料」的人發生不愉快的情況。他堅持：「我知道的情況就是這些，是什麼就是什麼，我知道就知道，不知道就不知道，不能亂說嘛！」

晚年時期，他境遇很不好，為不拖累兒女，自食其力，勞碌奔波。但只要稍有閒暇仍手不釋卷，或看書報，或研究易經、醫學、占卦、古詩詞、並勤於動筆，多有記錄，甚至還學習一些新英語詞彙、向人請教或自己推敲賴以生存的泥木石工技藝。

　　總之，他的這些秉性和作為不僅深深地影響了我，還讓我受益終身！另外，還值得一提的是：我父親一輩子煙酒不沾，也不喝茶。我想，這一定是當年他在江西南昌因是「新生活運動」的宣傳者，須身體力行而養成的好習慣吧！可惜這些我卻沒學到！

JEH：**毋庸諱言**，對於楊昌溪先生的評價，是一個「貶大於褒」的傾向。因為長期以來，民族主義文藝為中國內地「正統文學史」所批判，但我們同時也看到，楊昌溪先生的貢獻決非「民族主義文藝」一點，他不但是一位傑出的戰地記者，還是中國最早研究美國「黑人文學」的先驅，對於楊昌溪先生在中國新文化運動建設期的貢獻，您如何看？

楊：

　　坦率地說，由於歷史的諸多原因，我們父子之間相處時總是「心照不宣」地「怕談以往」。致使我對於父親於上世紀20年代至50年代在仁壽、上海、南昌、成都、重慶、貴陽等地的學習生活和文學創作與政治活動的具體情況還知之甚少。去問母親，她更是「一朝被蛇咬，十年怕井繩」，不敢也不願提及，更害怕被父親繼續株連，讓她和我失去好不容易才求得的賴以生存的教師工作，而隨父親一起被「疏散下放農村」。

　　記得「十年動亂」期間，有一位叫李登俊的友人曾私下告訴我說：「遠承，我在《魯迅全集》（第五卷）裡的一條注釋中，看見你父親的名字了。只可惜，不像提到塞先艾先生那樣！」當時，我雖有所心動，但在感謝他並稱讚他書讀得仔細後，卻沒敢去查閱。李登俊和我一樣只是個小學一般教師，後來他調到貴陽市南明區教育局教學研究室擔任教研員，之後在教研室主任的位置上退休。可歎逾古稀之年後他竟然在一個陰雨天悄然離家出走了！現在，我很想再見到他，問一問他：當年他所看到的是不是魯迅那一篇短文《刀「式」辯》後

的注釋呢？但他至今仍不知所蹤！時隔兩年後，經他的家人及朋友們商量後，為他開了個追思會。他或許是活得太清醒了，厭倦了人生，才獨自悄然離去。其實，他大可不必這樣做，能活著多好！

　　現在，學術界的有識之士對先父經探尋研究，能有「傑出的戰地記者」、「中國最早研究美國『黑人文學』的先驅」這樣客觀而中肯的評價，說明我父親並非「反動文人」，而是一位在中國新文化運動建設期做出了貢獻的作家和學者！姑且不論其貢獻的大小，不歪曲，不誇大，不扼殺，還其歷史真面目，這多好啊！我和我的家族對此都十分欣慰，並由衷感謝！父親如在天有靈，聞此喜訊，相信也會和我們一樣吧！

JEH：其實，像楊昌溪先生這樣被魯迅罵過而導致終生默默無聞甚至去世多年之後才被「重新發現」的學者、作家並不在少數，譬如翻譯家邵洵美，因為魯迅的一句諷刺，在去世多年之後才有了「邵洵美熱」，另一位現代主義小說大師施蟄存，因為與魯迅的爭論，晚年不得不放棄文學創作，而成為了一名文學學者。至於另外一位作家葉靈鳳，則更是幾乎曾長期消失於主流文壇視野當中，作為楊昌溪先生的兒子，您如何評價與令尊有筆墨官司的文壇巨匠魯迅？

楊：

　　應該承認，魯迅先生是中國新文學史「主流文壇」中一個地位十分特殊而顯赫的作家，令人敬佩！他的許多作品長期以來一直被選入國內中小學和大學語文教材。我從教40餘年，曾無數次給學生講解分析過他的作品，如〈少年閏土〉、〈從百草園到三味書屋〉、〈一件小事〉、〈故鄉〉、〈藥〉、〈紀念劉和珍君〉、〈論「費厄潑賴」應該緩行〉，等等。

　　但是，魯迅先生畢竟是人不是神，他也如普通人一樣有七情六慾。是人，處事也會有失卻偏頗之處。我想，當時先生處於「手擎大旗」而「須側著身子站」的境況下，聽了「愛徒們」的「舉報」之

後，心緒難免焦躁，尚未冷靜辨析，對那些「不馴服」的「文學後輩」，在舞動手中「匕首」時難免造成誤傷，而有損於了其應有的「王者風範」。

「以個人好惡劃分營壘」，古來有之，累見不鮮。但因這樣做極不科學，故而很難服眾。俗話說：「人上一百，形形色色」、「天外有天，人外有人」。也曾聽父親說過：「魯迅孤傲，說話刻薄，喜歡罵人。」歷史已證明，當年曾被魯迅罵過或嘲諷過的人不少，但也並非都是「壞人」或「無能鼠輩」。其中大都各有專攻和修為，且不乏卓有建樹者。

個人認為，我父親那一時代的文學被「政治化」後，既然有「主流」，也就會有「非主流」，「主流」和「非主流」的彙聚才是「潮流」的全部，這是客觀存在著的歷史。因而，作為文學歷史研究，不能只承認「主流」而否認「非主流」的存在，將其統統「一棍子打死」！我相信讀者一旦瞭解「潮流」的全部後，一定會做出客觀而公正的評判。

JEH：在轉型期的現代中國，對於一個歷史人物尤其是現代史的人物，評價往往是多元的。學界一般認為，楊昌溪先生身上貼有多重標籤：翻譯家，文學研究者，記者，官方文人等等。當然，這些都是學界的評述，您作為他的兒子，如何評價您的父親？

楊：

從所排列的「標籤」的順序上看，我原則上認同學術界對家父所作的評判。因為無論是從他個人的履歷，還是從其作品問世的時間先後來判定，這樣的評價還是客觀的，有歷史依據的，這可以從《楊昌溪文存》一書後的〈楊昌溪創作年表〉中明顯地看出來。

至今我對「官方文人」的概念還比較模糊，有待加深認識。先父在致力於文學研究前也曾創作過小說之類作品，後來聽從巴金的勸告

轉而專攻外國文學評介，並有所成就。「報告文學作家」又是一種提法，「多重標籤」中似還有「作家」、「學者」的名分。如排序放於何處合適呢？我的想法大有「為親者庇護」之嫌，大家不必在意。

JEH：在中國現代文學史上，做過學者、翻譯家、小說家、戰地記者的人並不多。除了楊昌溪先生之外，還有另一位傑出的作家蕭乾。他們共同反映了抗戰時期中國文化人士共紓國難的頑強精神。作為全世界第一個報導川軍抗戰的報告文學作家兼戰地記者，他發表的作品如《站在國防前線的川軍》、《川軍滕縣血戰前後》等等，在當時名噪一時，但與此同時，這也是他文學創作、研究與翻譯事業的終結。您如何看待您父親的這一選擇？

楊：

家父處於不同的歷史時期，隨著境遇的不斷變遷，其謀生的手段和生活的出發點以及人生的奮鬥方向也有所不同。個人認為，抗日戰爭的爆發對其一生的影響很大。之前，他在上海聖約翰大學求學期間和之後的那些年間，翻譯外國文學作品和做文學研究，尤其是研究評介外國文學作品，成果頗豐，如能繼續堅持下去一定會成績斐然，或終成大家。

「天下興亡，匹夫有責」，抗日戰爭爆發後，舉國上下，同仇敵愾。正如你所說，中國文化人士也不例外，與全國人民一道共紓國難。家父作為一個愛國文人自然不能坐視？敵機「武漢轟炸」時，其第一任夫人王滌之遇難，他縱然未能投筆從戎，卻毅然以作家和戰地記者的身份奔赴前線，及時地書寫出歌頌自己家鄉子弟兵出川後英勇抗戰的文學作品，去鼓舞和激勵全國軍民。於是，他的文學創作和研究與翻譯事業因此而終結了。

對於他當時所做出的選擇，我感到十分惋惜！現在我無法考證他當時做出這樣的選擇其動機何在。但在國難當頭時，他能與中國文化人

士共紓國難，用自己的行動證明自己是個熱血男兒，是個愛國文人，那就夠了！儘管我個人現在還認為，他當時所做出的是一個痛苦的選擇，因為他完全可以「躲進小樓成一統，管他春夏與秋冬」，找一個僻靜之處去潛心做學問，繼續他的外國文學研究評介工作。但是，他沒有這樣做。我在十分惋惜的同時，為他的選擇感到驕傲和自豪！

JEH：近年來，對於新文學運動建設期一些傑出學者、作家的著述開始重新修訂出版，他們大多數都是文學史上的「失蹤者」。邵洵美先生的文集已經編輯出版，陳西瀅、葉靈鳳的著述也都開始再版。《楊昌溪文存》目前也已經出版，作為楊昌溪先生的兒子，您如何看待當下普通讀者對新文化運動早期作品的熱衷與接受？

楊：

中國有句大家耳熟能詳的古話：「成者為王，敗者為寇。」於是，便形成一種「歷史是為成功者書寫的」誤導。久而久之，中國新文學早期許多歷史的真相人為地或被掩蓋或被扭曲了。

隨著時間的推移，社會的進步，科學技術的不斷向前發展，人們的認知水準和判斷能力以及求知慾望都在不斷提升。據我瞭解，尤其是當下的許多中青年讀者，當然也不乏老年讀者，已不再滿足於各種中國文學史書籍中那些被「政治化」後司空見慣的陳詞濫調，或老一輩人在追問之下的敷衍或說教，而是積極主動地通過諸多資訊管道，採用各種不同的手段，去探尋那些被封存多年的人與事，瞭解其中原委，以便還原歷史的真實，從而更加透徹地瞭解中國文學史。

因而，我認為多管道、多層次、多規格地擴大相關中國新文學史的研究，對於當下的眾多讀者是積極而有益的。相信只要是客觀的、公正的、公平的、真實的，就一定會受到歡迎，讓人樂於接受。於我而言，則期盼在有生之年還能更多地瞭解到中國新文學史中那些被封存多年人和事。

JEH：我們知道，美國的「黑人文學」是楊昌溪先生最耀眼的學術成就，其代表著述《黑人文學》反映了「哈萊姆文藝復興」這一文化運動裡中國學者的身影。對於您父親這一傑出貢獻，您以前瞭解多少？今日您對這一貢獻，又作何評價？

楊：

「十年動亂」中幾經被查抄，家中書籍蕩然無存。在此之前，曾見過父親珍藏的《卓別林傳》、《西線無戰事》等書，但沒見到過《黑人文學》。1974年他在寫給巴金的信中有所提及，可是，在當時的情況下，根本無法也無處找到《黑人文學》的原著來閱讀。父親也沒有具體提及書上都寫了些什麼，也就無從瞭解。

至今，我也沒能親眼見到當時在上海出版的《黑人文學》原裝本。但是，在《楊昌溪文存》出版前的搜集資料組稿編輯過程中，我遠在山西財經大學的女兒，即主編之一的楊筱堃，從網上查找到了《黑人文學》、《雷馬克評傳》、《給愛的》、《中國軍人偉大》等書，並即刻通過網上書店購得複印本快遞給我。就這樣，這才得以第一次閱讀到《黑人文學》全文。隨後，我按編輯工作的具體安排和要求，協助她做了一次原本影本的錄入和初校工作。就在沉浸於鍵盤上一字一句的敲擊過程中，多次瞭解和感受到《黑人文學》的一些寫作狀況和具體內容。

《楊昌溪文存》正式出版後，我再次閱讀了《黑人文學》。全書按「黑人的詩歌」、「黑人的小說」、「黑人的戲劇」三個不同的文學樣式，分別進行了紹介和評述，真實地再現了在種族歧視下受壓迫和剝削的黑人們的痛苦和抗爭、追求和嚮往，讓人感受到黑人文學作品中所蘊含著的強烈民族意識。

現今，世界上一些國家仍存在著種族歧視，許多黑人朋友還生活在水深火熱乃至於槍林彈雨之中，正在為爭取獨立解放和自由、平等的權利而鬥爭著。我想，家父在上世紀三十年代初期，美國種族歧

視還陰魂不散的情況下，作為一個中國年青作家能夠在收集篩選資料後、去研究評論黑人文學，是既要花費大量精力更須具有一定的勇氣和膽識。

記得在「十年動亂」的一個夜晚，我和幾個朋友與家父在一起閒聊，朋友們鬧著要他用翻書的辦法給我們「測字算命」。輪到我時，按例翻到書的第幾頁第幾行第幾個字，定睛一看，竟然是個「悔」字！家父微微一笑，衝口而出：「遇事每每橫不下心來！」大家聽了，頓時啞言。是啊，所謂「初生牛犢不怕虎」，年輕時遇事是應當有自己的決斷，否則後悔晚矣！當初家父30多歲，他會料到所寫下的《黑人文學》如今能獲得如此讚譽嗎？看來要做成一件事，就必須有一股子敢闖敢幹的精神。

JEH：通過《楊昌溪文存》我們知道，楊昌溪先生在1949年之後基本停止了創作，其主業是一名教師，所留下的文學作品是幾十首感時傷懷的古體詩詞。這很有意思，一個新文化運動的作家，一位傑出的外國文學研究者，在生命最後的年限裡，所創作的是古體詩詞。而且您還將這些詩詞做了校對與說明，您如何評價這些詩詞在楊昌溪先生創作生涯中的地位？

楊：

人生在世，誰不想有所作為？但世事叵測，縱令才高志大之士，往往難有如其心願而終為集大成者。與先父同時代的知識份子多矣，但大多迭遭困頓，尤其是在「十年動亂」裡，在謀求生存的空隙中，只好把心血凝聚在詩文的字裡行間，以「抒發人生感慨，傾吐文士悲幸」。由此看來，這邊、便是先父所寫三十首七律遺稿的主旨所在。這，是我為先父三十首七律詩所做評注的後記中的一段話。

我之所以要整理他的這些七律詩遺稿，一是他因政治原因而「封筆」早，那是被迫無奈的。一個長期舞文弄墨的人，一旦不寫手癢

癢。所以，一旦稍有空隙，他便坐不住，或看書看報，或抄錄有關易經、醫學、八卦、古詩詞，筆記好幾個。有時就也寫古體詩，有還有「吟安一個字，撚斷數根鬚」的毛病，自得其樂，且「敝帚自珍」。作為後人，自當珍惜並盡人事。更何況，我將這些詩詞做校對說明之時，何曾想到會有《楊昌溪文存》將編輯出版呢？後來，主編作為遺作而決定收錄。

個人認為，先父晚年詩稿雖也頗見功力，足見其教養，還能從中窺見其晚年內心世界和生活境遇，以及他對時態的觀察和評價，可看作先父一生中一段歷史的記錄。但是，從他的整個創作生涯看，站在中國文學研究的角度，他晚年詩稿與其前半生所公開發表的諸多作品，尤其是文學評論以及報告文學作品，不可相提並論。

JEH：我們將最後一個問題回到現實中來，我們聽說，您發現了一封1949年之後楊昌溪先生寫給巴金先生的信，您可否向我們介紹一下這封信的大概內容？

楊：

是有這麼一回事。當時我的一位文友叫周樹仁，寫詩的，是上海知青，貴陽棉紡廠的工人，當時工人詩人很是吃香，在報刊上發了不少作品。認識我父親後，不但請教韻律之類還向我父親學習英語。1974年11月間，周說元旦節他將回上海探親，聽老伯父說過與巴金認識，可不可以給巴金寫一信由他帶去？父親欣然同意了。沒有想到，周返回貴陽後來說：「信弄丟了！」

幸虧父親在把信讓我交給周之前，當時在貴州日報工作的妹夫龔循忠多了個心眼，把父親寫好的信，原文謄抄了一份，並完好地保存了40年。只可惜先父的親筆信不明不白地就沒有了蹤影！

這封信父親滿含深情，落筆敘舊，撫今追昔，訴說當年與巴金的交往：「芾甘兄：闊別多年，時在念中。憶昔在滬時，同居閘北，時

常見面。菜市路美專側酒樓歡聚，至今宛在目中。後在魯西，曾接兄由天津來信，約至津一遊，因事牽累。未得如約。人間變換，凡此種種，均恍若隔世矣。」

　　緊接著，談及在上海期間與巴金在文學上的一些交往，對當年經巴金「提示」後，在「世界文學之批評與紹介」所取得的成績，既「深為服膺」，又深表謝意：「弟昔初至上海，深知『長安居之不易』，後經兄提示，棄創作而作世界文學之批評與紹介，深為服膺。後曾譯出美國左翼作家M. Gold: Jews Without Money（原文如此，即戈爾德的《無錢的猶太人》）及德國雷馬克之《西線無戰事》續編，美國黑人文學，雷馬克評傳及世界文學評介五六十萬字。兄之大作《激流》初出，弟曾作評介交開明書店發表，文章雖係少作（楊雄語）但深得郁達夫、趙景深、徐霞村等之賞識。略有虛名，皆兄指示之嘉惠也。」

　　信中也有對自身人已暮年卻不得志的無限感慨：「今老矣，念舊情深。毛尹若遠隔海疆，盧劍波廁處西陲。杜甫憶李白云：『眾人皆欲殺，吾意獨憐才。』少陵之言，不能視為迂闊。」

　　在信的最後，父親也順便告訴巴金自己自離滬入川赴黔後與舊友交往和生存境況：「弟來黔已廿餘年，與蹇先艾亦經常往還。今覺：老懷無奈悟生難，一切均從頭學起，與淵明之乞食差近，差堪溫飽。知關錦注，聊博一哂！」

《東亞人文》年刊稿約
CFP of *Journal of East Asian Humanities, JEH*

　　國際學術年刊《東亞人文》（Journal of East Asian Humanities, JEH）秉承「東亞問題、人文關懷、新銳視角」的辦刊理念，以繁體中文集刊的形式於2014年創刊發行，現向學界諸先進公開徵稿。

徵稿內容：與東亞地區有關的人文社科類學術論文、文藝評論、書評、調研報告，原則上要求中文，對於特別優秀的英文稿件，我們會翻譯使用。

字　　數：原則上不低於8000字中文。（不含中英文摘要與引注）

一、為利於審稿工作，本刊只接受Word文檔與Email投稿的形式，稿件隨到隨審，不設截稿日期，本期排滿則自動安排進入下一期，一切稿件應為未公開發表（含網際網路），擁有著作權的文章。

二、觀點創新，言之有物、立論有據、立意新穎。雖是學術論文，亦要有人文關懷與可讀性。

三、來稿文責自負，本刊有稿件刪改權，如不同意，請來稿時說明。一切來稿應遵守基本的學術規範，若摘編或引用他人資料，請務必注明。

四、除譯稿、對話、田野調查與調研報告之外，本刊原則上不接受兩名及兩名以上作者署名的文稿，基於文責自負之原則，所有刊稿一概採取真名署名，謝絕一切化名、筆名署名或匿名要

求，若確實在寫作過程中受到他人幫助，可在文後以聲明的形式感謝。

五、投稿時除全文外，請提供作者姓名、年齡、性別、工作單位、職稱或職務（若有）、通信地址、郵遞區號、聯繫電話、E-mail 等。此外，為便於識別，本刊按照國際慣例，將作者職稱統分為教授、副教授及助理教授三個等級，並以專任／兼任相區分，而在讀學生則分為博士候選人、碩士研究生與在讀本科生三個等級。

六、本刊以質取稿。無職稱與作者身份限制，尤其歡迎青年學者來稿。

七、按照國際學術慣例，本刊不收取任何形式的審稿費、版面費，出版後贈送樣刊一冊以抵稿酬。

八、本刊旨在為廣大學界同仁提供一個觀點表達、思想爭鳴的平臺，期刊乃學界之公器。惟本刊人手有限，而世間資料浩如煙海，編輯部無力具體核對所投之稿件是否有抄襲、剽竊之嫌。因此，本刊特此聲明：所有來稿，敬請珍惜名譽、文責自負，一旦有違背法律規章或學界倫理之文章，請作者自負其責，本刊不承擔任何連帶責任。

投稿信箱：uncjeh@gmail.com

通　　聯：Dr. Robin Visser, New West 210, CB# 3267, University of North Carolina at Chapel Hill,Chapel Hill, NC 27599-3267, USA

東亞人文學刊1　AF0162

東亞人文
2014年卷

主　　　編／樂　鋼、Robin Visser
執行主編／韓　晗
責任編輯／陳思佑
圖文排版／莊皓云
封面設計／蔡瑋筠

出版策劃／獨立作家
發 行 人／宋政坤
法律顧問／毛國樑　律師
製作發行／秀威資訊科技股份有限公司
　　　　　　地址：114 台北市內湖區瑞光路76巷65號1樓
　　　　　　電話：+886-2-2796-3638　傳真：+886-2-2796-1377
　　　　　　服務信箱：service@showwe.com.tw
展售門市／國家書店【松江門市】
　　　　　　地址：104 台北市中山區松江路209號1樓
　　　　　　電話：+886-2-2518-0207　傳真：+886-2-2518-0778
網路訂購／秀威網路書店：https://store.showwe.tw
　　　　　　國家網路書店：https://www.govbooks.com.tw

出版日期／2014年12月　BOD一版　定價／450元

獨立│作家
Independent Author

寫自己的故事，唱自己的歌

東亞人文. 2014年卷 / 樂鋼, Robin Visser主編. -- 一版.
-- 臺北市：獨立作家, 2014.12
  面； 公分. -- (東亞人文學刊；1)
BOD版
ISBN 978-986-5729-49-3 (平裝)

1. 人文學 2. 社會科學 3. 文集

119.07   103021996

國家圖書館出版品預行編目

讀 者 回 函 卡

感謝您購買本書，為提升服務品質，請填妥以下資料，將讀者回函卡直接寄回或傳真本公司，收到您的寶貴意見後，我們會收藏記錄及檢討，謝謝！如您需要了解本公司最新出版書目、購書優惠或企劃活動，歡迎您上網查詢或下載相關資料：http:// www.showwe.com.tw

您購買的書名：_____

出生日期：_____年_____月_____日

學歷：□高中 (含) 以下　　□大專　　□研究所 (含) 以上

職業：□製造業　□金融業　□資訊業　□軍警　□傳播業　□自由業
　　　□服務業　□公務員　□教職　　□學生　□家管　　□其它_____

購書地點：□網路書店　□實體書店　□書展　□郵購　□贈閱　□其他

您從何得知本書的消息？

　□網路書店　□實體書店　□網路搜尋　□電子報　□書訊　□雜誌

　□傳播媒體　□親友推薦　□網站推薦　□部落格　□其他_____

您對本書的評價：(請填代號　1.非常滿意　2.滿意　3.尚可　4.再改進)

　封面設計____　版面編排____　內容____　文／譯筆____　價格____

讀完書後您覺得：

　□很有收穫　□有收穫　□收穫不多　□沒收穫

對我們的建議：_____

_____

_____

_____

11466
台北市內湖區瑞光路 76 巷 65 號 1 樓
獨立作家讀者服務部　　　收

....

（請沿線對折寄回，謝謝！）

姓　　名：＿＿＿＿＿＿＿＿＿　年齡：＿＿＿＿　性別：□女　□男

郵遞區號：□□□□□

地　　址：＿＿＿＿＿＿＿＿＿＿＿＿＿＿＿＿＿＿＿＿＿＿

聯絡電話：(日)＿＿＿＿＿＿＿＿＿＿　(夜)＿＿＿＿＿＿＿＿＿＿＿

E-mail：＿＿＿＿＿＿＿＿＿＿＿＿＿＿＿＿＿＿＿＿＿